JN439178

도둑술 이야기

신극주 수필집

교음사

초꼬슴에

10대 이후 시문의 향기를 맡아오면서도 감성지수는 무디기만 했다. 쇠털 같은 하 많은 강산을 실없는 부채 손으로 넘고 건넜다.

희수의 나이에 분수없이 뛰어들어 문단 밑을 어정 서성인 게 근근 10년 세월이다. 살강 아래 구겨두었던 나부랭이들을 긁어모아 가다듬어 보니 그나마 한 책은 됨직했다.

블로그나 카페 같은 데에 맡겨서 누리꾼들 눈에나 띄게 하려던 판이었다. 아무런들 종이책을 따를 수 있겠느냔 좌우의 권면에 흔들렸다. 한 점 혈육으로 남긴다면 미우나 고우나 족보에 끼이지 않겠나하는 얄팍함도 한몫했다. 겨릅대에 종이옷 입힌 꼴이지만 따르기로 했다.

변덕도 연득없이 내민다. 잘 버무린 손맛은 아니라도 웬만한 손가락으로 페이지를 술술 넘겨준다면 좋으련만…….

이래서 나이 들면 속없어진다는 말을 듣는 것일까?

2015년 말복 날 嘉軒에서

辛 克 洲

| 신극주 수필집 |

도둑술 이야기

- 차 례

- 책 머리에

1부 국력과 김치

2부 떠가는 구름, 흐르는 물이여

3부 사람들의 입에 이름을 새겨라

4부 오방주머니

5부 이름으로 서다

6부 참살이

7부 앵 보

8부 아버지 우리 아버지

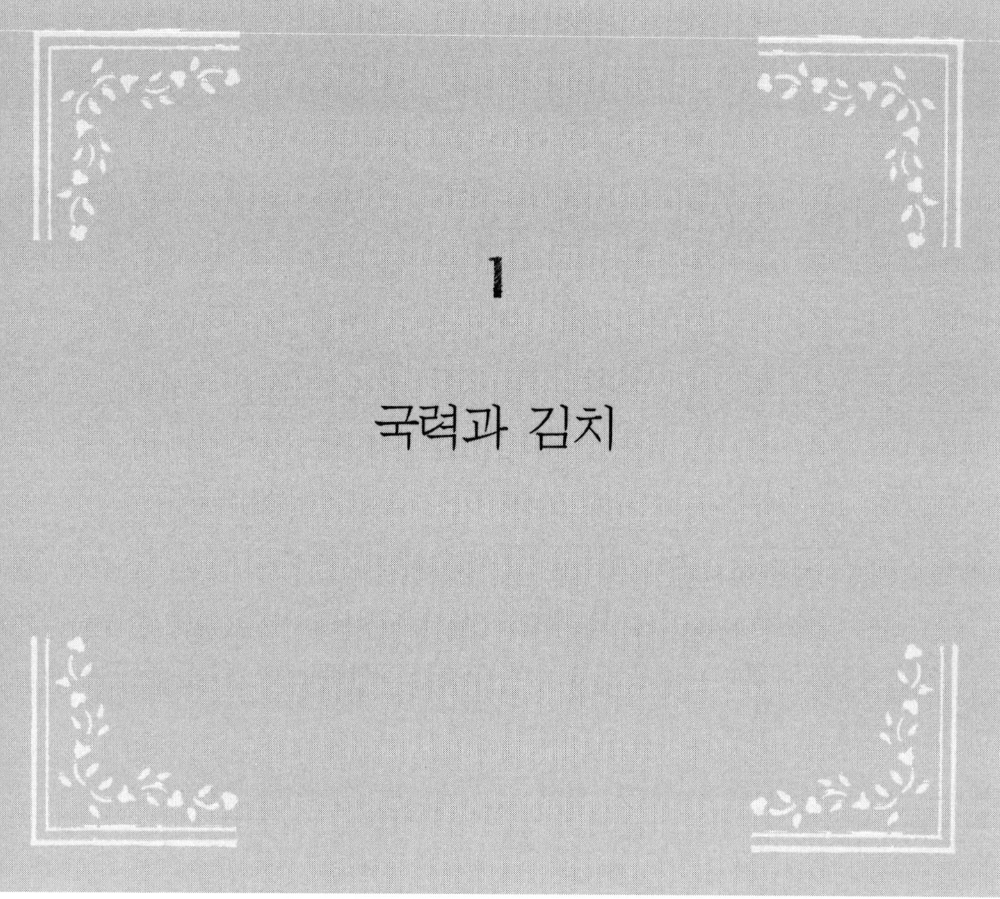

1

국력과 김치

우리의 김장문화가 인류무형문화유산으로 유네스코에 등재되었다.
"대한민국의 김장문화는 김장을 준비하고 담그고
이웃과의 나눔을 통해 공동체의 연대와 소통을 촉진한다."
생활 속에 녹아 있는 김장김치문화를 높이 평가한 것이다.
이로써 한국의 대표적인 식문화인 김장문화가 전 세계인이 함께
보호하고 전승하는 문화유산으로 자리매김하게 된 것이다.

거룩한 노안과 준비된 죽음

죽음의 준비는 어떻게 해야 하며, 거룩한 노안老顔으로 여유롭게 사는 방도를 고민한다.

죽음도 아름다운 죽음이 되려면 준비를 잘해야 한다. 모범으로 살다 가신 어른들은 하루를 살면서 오늘이 내 생애의 마지막 날이란 생각으로 주변을 말끔하게 정리한다. "서로 사랑하십시오, 용서하십시오." 라는 말을 남기신 고 김수환 추기경이나, "이제 시간과 공간을 버려야겠다."면서 떠난 무소유의 법정스님을 볼 때, 죽음을 의연하고 냉정한 마음으로 준비했기 때문에 뒷모습이 그렇게 아름답게 보일 수 있었다. 돌아가신 김대중 전 대통령도 가정사를 깔끔하게 정리한 것이나 용서와 화해를 유언으로 남긴 것을 보면, 역시 죽음을 치밀하게 준비한 것으로 보인다.

성선설의 아성亞聖 맹자는 "죽음을 태연히 맞이할 수 있는 사람이 군자"라 했고, 실존주의적 존재론의 하이데거는 "죽음을 똑바로 응시할 수 있는 자만이 인생을 참되게 살아갈 수 있다"고 했다. 죽음을 냉정히 보고 지혜롭게 대처해야 한다는 가르침이다. 죽음의 준비는 보편적으로, 나이와 관계없이 미리 채비한다면 지혜로운 일이다.

준비의 첫째는 성찰하며 살아가는 일이다. 나는 누구인가? 이는 우리의 삶에서 반드시 해결해야 할 숙제이다. 이 질문에 대한 답변을 마련하지 못하고 죽는 것은 미완성의 삶에 불과하다. 과거를 허심하게 회고하면서, 문제점을 분석하고 통렬히 성찰함으로써, 잘못을 씻고 나머지를 정갈하게 살아갈 수 있다. '과거의 잘못을 뉘우칠 줄 모르는 사람은 그 과거를 또 되풀이 한다'는 말이 있다. 회개한다는 말은 지은 죄를 고백하고 용서를 빈다는 뜻도 있고, 몸을 씻듯이 마음을 씻는다는 뜻도 있다. 죽음이란, 새로운 세상에 들어가는 일이다. 영욕과 성쇠의 세파에서 더러워진 마음을 깨끗이 씻고, 비뚤어진 대목은 바로잡고 들어가야 한다.

준비의 둘째는 정리정돈하며 살아가는 일이다. 정리는 질서이고 정돈이고 제자리를 찾는 일이다. 오래 살다보면 가치관과 규범이 바뀔 수도 있고, 원활하던 인간관계가 소원해지기도 한다. 사물의 전후좌우, 진위에도 엉킴과 흐트러짐이 생길 수 있다. 그것을 가지런히 빗어내려야 한다. 재산이 있다면 뒤탈이 없게 가르마를 곱게 타놓아야 한다. 작게는 일상용품이나 서재와 서랍도 정리하면서 살아가야 한다. 대인관계에서 용서하고 화해하는 것도 정리로 봐야 한다. "죽음 앞에서 용서는 자신의 고통을 치유하는 수단이다. 용서를 못하는 것은 마음속의 상처를 그대로 방치하여 고통스러운 기억의 감옥에 자신을 가두는 어리석음이다. 용서는 단순히 상대방의 나빴던 말이나 행위를 묵과하거나 수긍하는 것이 아니다. 자신의 상처로부터 고통의 가시를 빼내어 치유하는 것을 말한다. YS가 DJ병상을 찾아가 화해의 손을 내민 것도 정리이다.

셋째는 채무를 정리하며 사는 일이다. 세상을 살다보면 빚을 주기보다는 빚을 지는 일이 더 많다. 조상들, 부부간, 형제간, 자녀들에게도 도리를 다 하지 못한 빚이 있다. 친구들에게도 있고 후배에게도 있다. 그 빚을 다 갚지는 못하더라도 최선을 다해 갚아나가야 한다.

넷째는 떠나는 연습을 하며 살아가야 된다. 자신의 삶에 자족하면서 죽음을 겸허히 수용했을 때에야 수나로울 것이다.

죽음이란 무엇인가를 탐구하는 과정을 거쳐야 마침내 떠나는 연습이 가능하다. 소크라테스는 독배를 받고 다음과 같이 말했다.

"나는 삶이 무엇인지 알고 있다. 이제 죽음이 무엇인지 알고 싶다. 나는 커다란 신비의 문 앞에 서 있다. 그래서인지 흥분으로 가슴이 떨리는구나. 나는 마치 미지의 멋진 여행을 떠나는 기분이다."

죽음은 별처럼 반짝이는 밤의 어둠이다. 내가 분리되어 있다고 믿는 것에서 두려움이 시작된다. 죽음은 부분을 되돌려 받기를 요구하는 전체라면서, 700년 전에 페르시아의 한 신비주의 시인은 다음과 같이 읊었다.

> 나는 돌로 죽었다./ 그리고 꽃이 되었다./ 나는 꽃으로 죽었다. 그리고 짐승이 되었다./ 나는 짐승으로 죽었다. 그리고 사람이 되었다./ 그런데 왜 죽음을 두려워하나./ 죽음을 통해 내가 더 보잘것없는 것으로 변한 적이 있는가./ 죽음이 나에게 나쁜 짓을 한 적이 있는가?/ 내가 사람으로 죽을 때 그 다음에 내가 될 것은 한 줄기 빛이나 천사이리라./ 그리고 그 후는 어떻게 될까./ 그 후에 존재하는 것은 신뿐이니 다른 일체는 사라진다./ 나는 누구도 보지 못한 누구도 듣지 못한 것이 되리라./ 나는 별 속의 별이 되리라./ 삶과 죽음을 비추는 별이 되리라.

위의 설파는 죽음연습의 선행과제라 할 수 있다.

멀지 않아 나의 생명과도 작별을 해야 하고 자녀 손자. 친척 친구들과도 헤어져야하고 나의 소유물이나 나의 시간과도 작별을 해야 하고, 정든 이 세상과도 작별을 해야 한다. 남은 가족과 친구들에 대한 집착을 버리는 것이다. 결국 두고 가는 연습을 해야 된다는 뜻이다. 죽음은 홀연히 찾아오는 법, 작별 앞에서 당황하지 않으려면 평소에 떠나는 연습을 지혜롭게 하면서 살아야 된다. 그래야 명예롭게, 또 멋지게 이 세상을 떠나갈 수 있다고 본다.

한국학의 석학이자 지식의 거장으로 칭송받았던 고 김열규 교수를 존경한다. 그의 저서『노년의 즐거움』때문이기도 하다. 노숙, 노련, 노익장 등 노년의 단상斷想에서 자연과 시간, 그리고 죽음에 대한 사색까지, 황홀한 노년을 위한 지혜서로서「인생 백세」,「푸른 노년 공화국」,「새로운 시작」,「브라보 실버!」등 희망찬 메시지가 들어있다. 그가 말하고자한 골자는 크게 네 가지로 요약된다.

첫째로 노년의 얼굴 노老의 몰골과 맵시. 둘째로 행복한 노년을 위한 5禁과 5勸. 셋째로 노년의 즐거움, 문학과 예술. 넷째로 내가 걸어갈 그 푸른 노년의 인생이다.

이 저서에서 특별히 감명 받은 것은 '거룩한 노안老顔으로 살기'이다. 백발에 주름투성이의 수척하고 기죽은 얼굴이 아니다. 누가 봐도 점잖고, 인자하며, 아늑함과, 다사로움이 있는 얼굴이다. 그래서 그 얼굴에는 풍요와 넉넉함이 고여 있어서 보는 이의 마음이 푸근해지고 가슴이 따뜻해지는 온화한 노안을 말한다. 여기에 더해서 권위가 넘치는 엄숙함과 위용威容이다. 사려와 지혜가 서려 있는 엄한 노안의 할아버지. 이 부드러움과 엄함은 서로 다르면서도 서로 맞물린 긍정적인 두 표정이다.

누가 말했던가. "사람의 얼굴은 한 권의 책이요, 한 폭의 풍경화라고, 그리고 그 얼굴은 결코 거짓이나 졸속으로 꾸며지는 것이 아니라고." 노년의 긍정적인 두 얼굴이 서로 조화를 이룰 때 비로소 새로운 시작을 알리는 팡파르가 울리고, 마침내 브라보를 외칠 수 있는 진정한 실버가 될 수 있으리라.

인생 삼여三餘란 말이 있다. "하루는 저녁이 여유로워야 하고, 일 년은 겨울이 여유로워야 하고, 일생은 노년이 여유로워야 한다."는 뜻이다. 행복의 기준은 사람에 따라 다르지만, 여유로운 마음이 행복의 원천임은 누구나 다 안다. 물론 삼독심(三毒心 : 貪탐욕, 嗔성냄, 痴어리석음)으로 도둑질한 여유가 아니다. 뉘우치고, 정리하며, 빚 갚고, 오금과 오권을 실천할 때에 진정한 여유가 생긴다. 그 여유는 '거룩한 노안'으로 나타난다.

건강하게 잊어버려라

“아, 요보시씨요. 거그가 광주 적조네 집이지라우?”

“전화 건 냥반이 누구신디 그러요.”

“나? 백제여, 니가 적조지야? 그렇체, 옛날 니 음성이 영낙없는디.”

60여 년 전에 갈려서 이름조차 가물가물한 깨복쟁이 친구에게서 전화가 걸려왔다. 전화 목소리나 이름이 생경해서 분간을 잘 못하자,

“니가 영낙없는 적조인디. 니 별명이 진정아니냐, 긍께 시방, 노망났냐 이 새깽아, 니가 나를 몰라보게? 글고 니 정녕 귀먹어 부렀지야, 통 못알아듣는 것봉게 글지야?”

“요보씨요, 다짜고짜 해라를 함시로 깨방정을 떠는디, 내는 당신이 누군지 좀체로 생객이 안난단 말이요. 그러고 내 이름은 워치케 알고, 노망났냐, 귀먹었냐고 욕까지 섞어감시로 함부로 씨부렁거리요, 싸가지 없게?”

“허허 참! 나 황룡 응지편에 살던 백제까불이 홍수란 말이여. 그려도 날 모르것냐 이 작건아.”

오월 단옷날이나 추석명절에 말만이나 한 동내처자들이 그네나 널을 뛸라치면 뒤에 바짝 붙어 서서 '내 각시 내 각시'하고 놀려댄다. 널뛰던 누나들이 '니 내려가면 죽을 줄 알아라이' 하고 소리치면 짐짓 도망치는 흉내를 내며 시시덕거렸던 게구쟁이 시절의 이야기들, '백제까불이'에 얽힌 사연들을 듣고서야 유소년시절 얼굴모습을 떠올릴 수 있었다.

"아이, 백제야, 하도 오래간만이라, 아리송허고 어렴풋허지마는 찬찬이 개덕해 봉게 알 것 같다야."

"긍게 니가 시방 응지편 성수네 동상 백제까불이 그 흥수라고야? 시상 떠나 구천을 떠돌고 있을 줄만 알았는디 살아있었다니, 이것이 꿈이라냐 생시라냐 니가 참말로 백제흥수百濟興首까불이가 틀림없제? 시상에 이런 일도 다 있고만이. 영판 반갑다이. 시상은 오래 살고 볼일이랑께. 그런디 나 전화버호랑은 워치께 알았디?

"그사 다 아는 수가 있응게 이따가 이약허고, 내는 시방 서울 살고 있이야, 해는 저물어가는디 갈 길언 맥혀불어서 옛친고덜이 기럽고 고향산천도 돌아보고 잡퍼서 전화했응께로 울덜 좀 만냈으면 좋겄다. 듣자니 진정이 니가 친목계 회장이람시로, 이댐 느그 모임날에 날 쪼깨 불러주면 쓰겄다. 부탁이다. 잉?"

"그리여, 그러고말고 여부가 있것냐. 니가 시방 살아 있다는 것얼 동창친고들한테 알리면 모도덜 까무라칠 것이다. 근디 니 몸은 성허냐?"

"크게 아픈디는 없이야, 날짜럴 정해가꼬 불러주면 쏜살같이 내려갈팅께, 니 소식만 지둘리고 있을란다. 친구덜 만낼 일얼 생각허닝게 가심이 방맹이질 헌다."

정감어린, 구수하고 걸쭉한 전라도 사투리를 구사하고 있었다. 고국(고향)이 그립고 옛 친구들이 생각나면 잊혀져가는 모국어, 전라도 사투리를 혼자서 중얼거려 연습하곤 했다는 것이다. 오늘의 정겨운 사투리 전화도 그와 같은 맥락이라고 했다. 어머니의 끈을 놓지 않으려는 안간힘이었던 것이다. 백제百濟군의 절절한 향수와 옛 친구들에 대한 갈망이 가슴을 뭉클하게 했다.

초중학교 어깨동무 열아홉이 계契를 무어 모임을 가진지 어느덧 50여 년이다. 그동안 탈퇴했거나 유명을 달리한 일곱을 빼면 열둘이 남아있는 셈이다. 노우들은 다달이 만나 도타운 정으로 친목을 나눈다. 백제군과 함께 하기 위해 이리저리 수소문해 봤지만 소재불명으로 친목계엔 들이지 못했다. 그는 본디 명랑 활달한 성격의 호남아였다. 재치와 익살과 지혜의 옹달샘이었다. 공부는 항상 우등생이었고, 우리들의 인기 있는 오피니언리더였다.

동창 백제군이 친구들 찾아 내려오던 날, 곱고 준수하게 늙었을 그의 모습을 상상하면서 회원 서넛이 광주역으로 마중 나갔다. 유소년시절에도 당골네 아들처럼 때깔이 자르르한 멋쟁이였다. 교복은 자주 빨아서 말끔히 다림질해 입었다. '깃달이(쓰메에리つめえり: 목들레의 옷깃)'의 흰 천이나 뿔 칼라를 간삼일로 갈아 끼우고, 운동화나 가방도 잘 손질했다. 목이나 손발에 때가 낀 적이 없고, 이발도 자주해서 언제 봐도 깔끔한 모습이었다. 여든 노인이 된 오늘의 모습은 과연 어떨까 자못 궁금했다.

우리들은 도착홈에 줄서 기다렸다. 마침내 훤칠한 키의 중후한 노신사가 발걸음도 선듯선듯 우리에게 다가와선 서슴없이 "니가 적조지야?" 하는 게 아닌가. 순간 당황했으나 천천히 살펴보니 백제군의 어렸을 적 모습이 한 가닥 남아 있었다. 우리들은 진한 포옹과 악수로써 해후의 기쁨을 나누었다. 뉘랄 것 없이 흥분된 마음으로 활갯짓도 거분거분히 친구들이 기다리는 모임 장소로 걸음을 재촉했다. 명랑활달한 성격하며 군색한 티 없는 차림새는 여전히 세련된 멋쟁이 그대로였다. 모임의 회장이 친구들 면면을 소개하려는데 백제군이 선수를 쳤다.

"야 이 싸가지 새깽이덜아, 나가 느그덜 이름얼 난나시 맺쳐 볼랑께로 틀리면 말해라 잉."

"니는 ××고 또 니는 △△지? 그러고 니는 ○○이지야?" 하는 허물없는 해라体로 척척 알아맞히는 게 아닌가. 과시 기억력의 귀재였다. 니캉내캉 '해라'가 정겨움은 옛을 추억하는 동배간同輩間의 동심이었다.

아무리 기억력이 뛰어나도 소소한 건망증은 가지고 있게 마련이다. 일상에서 흔히 겪는 일로, 옆방으로 무얼 가지러 갔는데 정작 내가 이 방엔 왜 왔지?, 같은 용무로 몇몇 친구에게 전화를 걸다가 내가 지금 누구누구와 통화했지?, 빌려준 책을 이내 돌려받고도 왜 안 가져오느냐고 핀잔한다든지, 아른 체를 해 불러야 할 사람의 이름이 갑자기 떠오르지 않아 당황했던 일은 누구나 겪어 본 건망증일 것이다. 여러 사람을 대상으로 설명하거나 강의를 할 경우가 문제다. 말하고자 하는 사물의 이름이 갑자기 생각나지 않아 이것저것 군더더기 말을 늘어놓아야 할 때야말로 곤혹스럽기 바이없다. 이런 증상을 건망실어증健忘失語症이라고 한다던가. 방금 점심을 먹고도 밥상 차리지 않는다고 푸념하는 경우라면 치매 증상일 것이다.

건망증은 '잘 잊어버리다'라는 뜻이라고 한다. 단어의 의미보다 한자의 훈訓으로 풀이해보면 재미있다. 건健은 '튼튼하다, 교만하다, 굳세다'이고 '망忘은 잊다, 버리다, 기억하지 못하다'이니 단순 연결해 보면, '건강하게 잊어버리다'라는 뜻이 될 수도 있지 않을까. 견강부회牽强附會고 아이러니지만' 기억할 필요 없는 것들은 확실히, 건강하게 잊어버리고', '뜻깊고 보람 있으며 애틋한, 추억어린 일들은 기억이 또렷했으면' 얼마나 좋을까 하는 생각을 해본다.

백제군은 일찍이 아들딸들을 따라 미국이민을 갔었다고 한다. 잘 나가는 자손들의 효성으로 호강살이를 했다고 한다. 치매예방을 위해 두뇌훈련을 받기도 했다는데, 건망증으로 난처했던 일은 없었다고 하니 복 받은 노인이 아닐 수 없다. 이국생활의 호강이 마냥 좋은 것만은 아니었단다.

백제군은 망구의 고령에 이르러 외로움에 지친 나머지 수구초심首丘初心의 귀소본능歸巢本能이 발동하여 견딜 수가 없었단다. 마침내 미국의 수십년 보금자리를 박차고 조국으로 돌아오고 말았다니 그의 절실한 조국애가 돋보였다. 막내아들이 서울에 살고 있어서 또 다른 외로움은 덜었다고 한다. 귀환 후 옛 벗 가운데 맨 먼저 적조진정積阻盡情이 생각나더라고 한다. 누구보다도 가까이 지냈기 때문이었을 것이다. 친하게 지낸 데에는 몇 가지 일화가 있었다. 나는 흐리마리 기억해내지 못한 에피소드를 꺼내서 친구들을 놀래킨다. 그네는 내 선고와의 친분으로 고향을 떠나 우리 마을로 이사와 살았다. 피붙이가 한사람도 없는 고단한 처지였다.

백제군은 객지를 타는 유년을 보냈다. 초등학교 때 월사금을 분실하고 쩔쩔맬 때 부모님들 모르게 주머니를 털어 대납해 준 일, 누이동생이 앞개울 깊은 물에 빠져 허우적거릴 때 끌어내 주었다던가, 닭서리 하다가 들켜 도망치다 개골창에 빠져 물에 빠진 생쥐꼴이 되었던 일, 교실에서 도둑누명을 쓰고 곤욕을 치를 때 증거를 들이대 오해를 풀어준 일 따위를 잊지 않고 있었다. 가히 천생天生의 재생력이었다.

우리는 동심의 세계에서 이야기꽃을 피웠다. 술만큼 마셔서 즐겁고 흥겨운 것이 어디 있으랴. 술이 몇 순배 돌아 사뭇 거나해지자, 입담 좋은 백제군의 회고담이 이어진다. 중학교 4, 5학년 때이니 열 칠팔에 불과한 미성년이다. 우리 악동 네댓이 적조네 가양주 술독에서 훔쳐 마신 술에 취해 동네방네 고성방가로 휩쓸고 다니다가 남의 집 대문 앞에 쓸어져 큰댓자로 잠들었던 이야기가 화제의 백미였다. '너냐 나냐 두리둥실 너냐'로 적년회포積年懷抱는 실타래여서 시간가는 줄 몰랐다. 우리들은 귀빈 백제군에게 성심을 다해 대접했다. 사나흘을 이 친구 저 친구 집을 돌면서 실타래를 마저 풀었다.

'장성군청버스투어'로 고향의 산자수려한 경관, 문화유적을 둘러보았다. 추억어린 고향마을, 어린 시절 뛰놀던 마을은 상전벽해라는 비유가 어울릴 만큼 큰 변화가 있었지만 흙냄새만은 그대로였단다.

그가 귀경하면서 여적餘滴으로 쓴 몇 마디가 우리들 가슴에 와 닿았다. 요즘 "회자되고 있는 '기능적 장수'를 천착하는 것도 중요하다. 그보다는 남은 생애의 단 얼마라도 투자해 '난 사람'이 아닌 '된 사람', '탁월한 도덕적 품성으로써 여운을 남기는 일'이라고 했다. 나를 성찰케 하는 모처럼의 경구였다. 뒤늦게 알았지만 백제군은 LA에서 발행되는 '미주한국일보나 미주중앙일보의 저명한 칼럼니스트로 필명을 날렸다고 한다. 교포사회의 덕망 높은 원로로 꼽혔고, 그의 고매한 인품에 감화되어 따르는 사람들이 많다는 LA한국일보 기사를 읽었다. 백제군의 고국귀환과 아쉬움을 다룬 특집기사였다. 이제 평생의 벗인 그를 건망하는 일은 결코 없을 것이다.

국력과 김치

우리 김장김치가 세계 5대 건강식품에 뽑혔다는 소식이다. 영양성분이 뛰어난데다가 항암성분까지 함유하고 있어 '세계의 김치'가 되어가고 있다. 국내외의 많은 영양학자들이 과학적으로 입증하면서'미래의 식품'으로 손꼽히고 있다니 얼마나 자랑스러운가.

과학자들이 분석한 김장김치는 영양성분의 보고다. 배추, 무는 식이섬유, 비타민A·C, 칼슘, 철, 인을 함유하고 있다. 마늘의 알리신은 항암제이고 스코르디닌은 강장과 살균작용을 한다. 고추의 캡사이신은 항산화작용으로 노화방지와 지방분해로 비만을 예방한다. 저온숙성·발효과정에서 풍부한 유산균을 생성한다. 항균작용을 통해 장을 편안하게 한다. 비타민B군이 늘어나면서 피로회복과 정력을 북돋운다니 보약이 따로 없다.

국력의 신장과 더불어 우리 김장김치가 세계적인 음식문화로 주목을 끌다니 놀랍다. 평판이 높아지자 수출이 급증하고 있으니 금상첨화가 아닌가.

세계의 김치로 널리 알려지게 된 데에는 해외 동포들이 한몫했다. 미국 중국 일본 등 세계 여러 나라로 이주해간 교포들은, 향수어린 김치맛을 잊지 못한다. 재료 구하기가 쉽지 않지만, 어렵사리 담가 식탁에 '귀물으뜸반찬'으로 올린다. 주변의 외국인들에게 입소문 눈 소문으로 퍼져나가기 시작했다. 세계 어디건 한국인이 사는 곳이면 김치가 있게 마련이고, 교포가 많은 곳이면 포장김치를 쉽게 사먹을 수 있다. 이역만리에서 한민족이라는 자긍심으로 당당히 살아가는 동포들이 미쁘고 든든하다.

간간한 맛, 매운 맛, 새콤한 맛, 배추나 무의 독특한 향기, 감칠맛, 아삭아삭 씹히는 식감 등 깔끔한 맛은 김치만의 자랑이다.

외국인 중에서도 김치의 깊은 맛에 빠져 한국인 식당을 찾아가거나 포장 김치를 사먹는 사람들이 늘어나고 있다니 뿌듯하고 흐무뭇하다.

여느 국가나 민족의 고유음식은 국력에 따라 괄시나 천대, 선호나 후대를 받는 것은 어쩔 수 없는 것일까.

1943년이니까 일제 강점기이고, 태평양전쟁 말기에 가까운 시기다. 우리 가족이 일본 규슈에 일시 체류하던 때의 이야기다. 나는 그때 국민학교 4학년에 편입했다. 도시락(벤토)를 싸가야 했다. 도시락 반찬은 김치다.

등교한 지 2, 3일이 지나서였다. 내 옆자리의 짝꿍이 마수없이 '닌니쿠구사이(にんにくくさい臭い:구리고 역겨운 마늘냄새!)'를 외치자 다른 아이들도 기다렸다는 듯이 함께 외쳐댄다. 교실 안이 발칵 뒤집혔다. 담임훈도가 벤토의 고약한 냄새 때문에 다른 학생들에게 괴로움을 줄 수 없으니 아예 학교를 그만두든지 전학을 가라고 몰아세운다. 약자를 억압하는 비열함의 극치다. 나는 질겁하여 어찌할 바를 몰라 허둥지둥, 울며불며 집으

로 도망와 멋모르는 부모님께 투정을 부렸다. 억울하고 분한 마음이 가슴에 사무쳐 엉엉 울어버렸던 기억이 생생하다.

김치엔 마늘이 필수이고 고춧가루며 생강, 깨, 젓갈 등 여러 조미료가 어우러져야 맛이 나기 때문에 일본인들의 식문화와는 크게 다르다. 마늘 냄새를 제일 싫어하는 왜놈들인지라 마늘냄새가 몸에 밴 한국인이 옆에 서있기만 해도 '닌니쿠구사이'라고 외치면서 비켜나라고 눈을 부라린다. 하물며 마늘이 듬뿍 든 김치임에랴. '조선인'들은 민족자존의 고갱이를 짓밟힌 울분, 무력감, 열등감이 분노로 범벅이 된다.

김치를 야만인이나 먹는 냄새나고 더러운 음식이라고 침 뱉던 왜놈들이었다. 그런 그들이 대한인의 국민음식인 김치를 훔쳐내서 '기무치'란 이름의 야릇한 사이비김치를 만들어냈다. '페테유기무치(배추)', '가쿠테키기무치(깍두기)' 따위다. 김치를 일본어로 발음하면, 음운체계상 '기무치'가 된다. 일본에 수입김치의 열풍이 불던 1990~2000년대의 일이다.

일본 국내는 물론, 세계시장에서 선전하고 있던 김치의 뒤통수를 쳤다. 기무치란 상품명으로 김치시장을 파고든 것이다. 어떤 나라에는 특허까지 내면서. 기무치의 모양은 엇비슷하나 맛은 본바탕 김치와는 사뭇 다르다. 일본인이 싫어하는 마늘과 젓갈을 안 쓰고, 고춧가루는 넣는 둥 마는 둥 하고, 감미료 몇 가지를 넣되 숙성을 시키지 않아 유산균이 없다. 일본입맛은 물론 구미의 달짝지근한 입맛에 맞춰 바꿔치기했다. 그러면서도 이름만은 '김치→기무치'라니 넉살머리 도둑심보가 아니고 무엇인가.

하나의 문화가 다른 곳으로 옮아가면 그곳의 문화전통에 동화되어 다른 모습으로 태어남을 이르는 귤화위지橘化爲枳, 마중지봉麻中之蓬이라는 고사성어가 있다. 환경에 따라 사람이나 사물의 성질이 달라진다는 뜻이다.

의도적, 작위적인 것이 아닌 자연스러운 동화를 말한다.

일본이야말로 외래문화의 수용과정에서 귤화위지나 마중지봉의 어원을 왜곡하는 꼼수꾼이다. 명치유신 이후 문호를 개방하고 타국의 문물을 거침없이 받아들였다. 의도적으로 외래문화를 아류亞流와 왜곡으로 먹칠한다. 이따위 역은 재주는 1)왜구倭寇의 해적문화, 약탈문화가 모태인 듯싶다. 속이 들여다보이는 꼼수로 본래의 면모를 조금은 살려 세계시장에 내다 판다. 약기가 2)묘구墓寇 같다.

일본에는 '쓰캐모노'라는 전통 절임식품이 있다. 배추나 무를 소금과 쌀겨로 절인 것을 밥반찬으로 먹는다. 이른바 '하쿠사이시오쓰캐(はくさい白菜しおづけ塩漬け)'와 다쿠앙(だいこん大根しおづけ塩漬け, たくおんづけ)이다. 우리 김장김치와는 차원이 다르다. 맛을 보면 도무지 짜서 먹을 수가 없다. 장기저장을 위한 채소라서 소금을 많이 뿌렸기 때문이다.

우리의 김장문화가 인류무형문화유산으로 유네스코에 등재되었다. "대한민국의 '김장문화'는 김장을 준비하고 담그고 이웃과의 나눔을 통해 공동체의 연대와 소통을 촉진한다." 생활 속에 녹아 있는 김장김치문화를 높이 평가한 것이다. 이로써 '한국의 대표적인 식문화인 김장문화가 전 세계인이 함께 보호하고 전승하는 문화유산'으로 자리매김하게 된 것이다.

일본은 외래문화의 장점을 살려 더욱 창의적으로 발전시키는 마중지봉이 돼야 한다. 문화민족인 대한국의 수준 높은 음식문화를 배우고 순수하게 받아들어야 진정한 이웃으로 거듭날 수 있지 않겠는가.

---

1) 왜구(倭寇) : 우리나라와 중국의 해안 지역에 침입하여 약탈을 일삼았던 옛 일본 해적. 일찍이 삼국시대에도 우리나라에 일본의 해적이 침입한 바 있지만 침입 규모나 피해가 그리 큰 편은 아니었다. 그러나 고려말부터 조선초에 걸친 시기에는 거의 해마다 침입했고 피해도 막대하여 '왜인(倭人)들이 노략질했다'라는 뜻인 왜구가 이때부터 일본인 해적집단을 총칭하는 말로 쓰이게 되었다.

2) 묘구墓寇 : 무덤을 파헤쳐 그 안에 든 물건을 훔쳐가는 도둑.

고정관념을 깨다

발이 처음엔 네 개고, 중간엔 두 개, 나중엔 세 개라는 우스개가 있다. 지팡이가 또 하나의 발이 된다는 이야기다. 노인이 도우미 없이 걸을 때 몸을 의지하기 위하여 짚는 일자형지팡이, 시각장애인용 흰 지팡이, 의료용 다족지팡이 따위가 있다.

동네 뒷산을 오르내렸다. 눈이 내리거나 산길이 얼어 미끄러울 때면 등산지팡이를 짚었지만, 평지에서는 맨손이었다. 차츰 노쇠해지자 힘이 빠지고 이따금씩 아랫도리가 휘청거린다. 나만 그런가하고 또래 늙은이들을 유심히 살펴보게 된다. 지팡이를 짚은 이들이 별로 없다. 걷다가 힘들면 길거리의 가로수나 전신주, 건물의 벽에 기대거나 손을 짚고 후유~ 숨을 몰아쉰다. 그런 노인을 볼 때면 살며시 다가가 말을 걸어본다. '힘들면 지팡이를 짚지 왜 맨손이냐'고 물으면, 늙음이 자랑이 아닌 바에야 지팡이까지 짚고 싶지 않다고 한다. 또 어떤 사람은 고령화시대에 사회 경제적 부담이라 시선이 곱잖은데, 지팡이까지 짚고 다닌다면 고려장감으로 찍힐 거라고 푸념이다.

중학교 동창모임이 있다. 출발은 19사람이었지만 세월이 데려가고 11사람만 남았다. 모두 미수米壽에 가까운 나이다. 모임 때에 면면을 살펴보면 벌레 먹은 배춧잎에다 등판도 10° 남짓 굽어 노티가 역력한데도 지팡이를 들고 있는 친구가 없다. 마초남(Macho)으로 마음은 아직 장골인데 극노인 취급 받는 것이 싫다는 것이다. 30~50대의 나이에 지팡이를 짚는 것이 하나의 패션 트렌드였던 시절이 있었다. 세월이 흘러 그런 풍습은 간데없고 오히려 지팡이를 기피하는 묘한 시대에 살고 있다.

한 달 거른 모임에서 이변이 일어났다. 친구 두 사람이 나란히 지팡이를 들고 나타난 게 아닌가. 그것도 똑같은 모양의 청려장靑藜杖이다. 청려장에 대한 설명이 거방지다. "이즘 들어 힘이 빠지고 휘뚝휘뚝 휘청거려 외출을 삼가자, 자손들이 불안해했다. 동창생 K군과 J군은 마침 사돈지간이다. 큰아들과 둘째딸을 맺어주었던 것인데, 그 부부가 포털 사이트에서 한 방에 장수지팡이 청려장을 찾아냈단다. 선사받은 가장家杖을 짚고 걸어봤더니, 아닌 게 아니라 든든하기가 이를 데 없더란다." 자식자랑으로 침이 마른다.

"부모가 노쇠하거나 병약해 거동이 불편할 때엔 부축해 드리는 것이 도리다. 요즈음 같이 어려운 시대에, 효성이 지극한 자손들인들 24시간 줄곧 붙어있을 수는 없는 노릇이다. 더구나 핵가족시대가 아닌가. 대신 부축해 드릴 방편으로 편리한 것이 바로 지팡이다. 때로는 사람보다 낫다.

지팡이 재료로는 주로 등, 대, 물푸레, 명아줏대, 감태나무를 써왔고 특수한 용도인 등산용이나 시각장애인, 의료용구 지팡이는 가볍고 실용적인 알루미늄, 플라스틱 등으로 만든다." 청려장 만드는 방법으로 이어진다. 마치 지팡이장이匠라도 된 듯 거침새가 없다.

"청려장은 명아주라는 한해살이풀로 만든다. 비록 일년생 잡초라지만 줄기가 곧고 단단하며 가벼워서 지팡이로 안성맞춤이라고 한다. 줄기를 삶아 껍질과 옹이를 제거한다. 말려서 자르고 사포로 정성껏 다듬는다. 옻칠을 서너 차례 반복한다. 지팡이는 손잡이와 자루 그리고 첨단으로 구분된다. 손잡이 부분을 휘어서, 끝에 태어난 해의 띠(十二支)를 조각한다. 예컨대 계유생이면 닭의 머리를, 을미생이면 양의 머리를 조각해서 모양을 낸다. 이렇듯 섬세한 제작과정을 거친다. 잔손질깨나 한 터수라 가격도 높아 효도지팡이로 불린다. 더구나 [3]본초강목本草綱目에 처방되어 있을 만큼 노인성 질병(중풍·치매·관절염)예방에 효험이 있다니 믿기지 않는다."

K군과 J군은 신이 나서 명아주지팡이의 유래까지 덧붙인다.

"명아주지팡이는 매우 아름다운 풍습에서 비롯되었다. 신라시대로 거슬러 올라간다. 어버이가 쉰이 되면 그 자녀들이 지팡이를 선물로 드리는 풍속이 있었다. 이때의 지팡이를 가장家杖이라고 불렀다. 나이 예순이 되면 고을 관아에서 명아주를 나누어 주었는데 향장鄕杖이라했다. 칠십이 되면 나라에서 지팡이를 내렸는데 이것이 국장國杖이다. 천수 여든이 되면 임금이 직접 하사했는데 이것을 조장朝杖이라 일컬었다. 1992년부터는 청와대에서도 어버이날에 상수 100세에 오른 노인들에게 대통령이 직접 청려장을 선물하고 격려한다. 경로효친 하는 미풍양속이 면면히 이어지고 있어 문화민족으로서 긍지를 느낀다. 이런 사연으로 명아주지팡이는 예로부터 노약자의 필수소지품으로 애지중지 한다."

---

[3] 본초강목(本草綱目) : 1590년에 중국 명나라의 이시진이 지은 본초학의 연구서. 약이 되는 흙, 옥, 돌, 초목, 금수, 충어 따위의 1892종을 7항목으로 분류하고 형상과 처방을 적었다. 52권.

우리 동창모임은 간간이 부부동반이다. 안사람들끼리도 남자들 못지않게 친숙하다. K군과 J군의 명아주지팡이 이야기가 화두가 되었던 모양으로, 하루는 길쭉하게 포장된 물품 하나가 집으로 배달되었다.

신비한 효능이 있다는 명아주지팡이라 이리 만져보고 저리 쓰다듬으니 애착이 서리고 엉긴다. 옹이의 요철면凹凸面에 옻칠한 겉모양이 날씬하고 매끈하여 한순간에 매료되고 말았다. 누가 보면 극성떤다고 비쭉일지 모르지만, 유두분면油頭粉面으로 매만져 윤을 낸다. 줄곧 붙안고 소회를 나누는 정인이다. 잠잘 때에도 머리맡에 뉘어두는 단짝이다. 신비로이 내뿜는 기를 만끽한다. 외출할 때면 듬직한 명아주가 한 발짝 앞선다. 일련의 정나미와 거동을 털어놓자면 4)애착생사에서 나온 인간본성이 아니겠는가.

그다음 정기모임에 나갔더니 이게 웬일인가, 장수・효도・우정의 상징인 명아주의 손잡이, 여남은 5)지지地支들이 닐리리야~니나노~가락으로 젓가락장단을 치고 있지 않는가.

과학적인 근거를 확인할 길은 없지만, 어떻든 그 신비로운 효능을 믿지 않을 수 없다. 지팡이에 대한 고정관념은 이렇게 허물어졌다. 두 친구 덕분에 청려장은 동창 벗들의 소지품 가운데 발군이요, 가보의 자리에 올랐다.

---

4) 애착생사(愛着生死) : 오래 살고 싶고, 죽기를 싫어하는 인간의 본성.

5) 지지(地支) : 십이지지(十二地支)의 준말. 자(子), 축(丑), 인(寅), 묘(卯), 진(辰), 사(巳), 오(午), 미(未), 신(申)유(酉), 술(戌), 해(亥)를 말한다.

공짜와 공것

이웃에 70대의 경삽輕霎한 할머니 한분이 산다. 들면날면 바깥출입이라 내로라하는 동네 유지有志다. 알부자에 자손들 봉양이 극진한 터라 주머니가 거늑하단 소문이다. '공것 좋아하면 머리가 벗겨진다.'는 어원을 가진 공산명월空山明月은 우리 유지마님의 애칭이다. 공산명월님의 촘촘한 레이더망은 '공것공짜' 정보를 정확 신속히 탐지해 낸다. 공짜라면 불원천리다. 옛말 그른 데 없다고 머리 벗겨진 값을 하는 것이다. 매양 공짜의 함정에 빠져 허우적거리지만 묵은 개꼬리 황모 되기 어려운가 보다.

예나 이제나 공것 싫어하는 사람은 별로 없을 것이다. 근엄한 도덕군자라도 공것만은 싫어하지 않는다.

"공것 좋아하기는 무당의 서방이다.", "공것이면 비상도 먹는다, 공것은 써도 달다.", "공것 바라면 머리가 벗어진다.", "공술 한 잔 보고 십 리 간다."

공것 좋아하지 말라는 속담이다. 공짜배기들을 비꼬거나 놀림조로 이르는 말이기도 하다.

자선단체에서 복지로 베푸는 혜택이야 고맙지만, 상관없는 개인이 주는 것은 이면에 독소가 도사리고 있다. 그 독극물을 날름날름 받아 챙기는 우리 노마님은 유별난 공짜마니아다.

다단계 판매꾼들의 달콤한 꾐에 넘어가 함께한 친구들까지 함정에 빠뜨렸다든지, 경품을 탐냈다가 돈만 뜯겼다든지, 노인을 겨냥한 약장수의 농간에 놀아나 비싼 약값만 날렸다든지, 돈 많다는 노신사와 사귀다가 큰돈을 떼였다든지, 평생 써 온 공짜행장기行狀記가 화려하다. 자손들의 만류로 이즈음엔 버릇이 한풀 꺾였다고 한다. 한동안 출입이 뜸하다싶더니 치매 끼로 정신이 혼미해졌다는 것이다. '그건 내꺼야 그건 내꺼야'를 주문呪文으로 뇌까리며 헛손질이란다. 노마님의 공짜행각을 자손들이 반면교사로 삼는다니 아이러니가 아닌가.

일제강점기에 겪은 숱한 수난이 국력에 있다면, 아전인수에 홀린 당쟁의 산물임에 틀림없다.

요즘 세상을 시끄럽게 한 권력주변의 거액수수 사례도 진원지는 불로소득이다. 천백여년 전 벼슬살던 소동파蘇東坡의 훈자문訓子文 한 구절이다. "까닭 없이 큰돈을 얻었다면 그것은 큰 복이 아니라 반드시 큰 재앙이 따를 것이다(無故而得千金이면 不有大福이니 必有大禍니라)."

살아가면서 외부적인 구속이나 무엇에 얽매이지 않고 자기 맘대로 살 수 있는 자유나, 다툼이나 갈등 없이 평온하고 평화로운 삶도 대가를 치러야만 향유할 수 있다. 노후자금도 허랑을 벗고 근검성실로 쌓아야만 한다.

병원에 가보면 환자 대부분이 노인들이다.

나이든 사람들의 질병을 성인병이라고 한다. 운동부족이나 식생활 불균형, 스트레스, 흡연, 음주 같은 생활습관이 발병원인이다. '생활습관병'이 새 병명이 되었단다.

나라고 어찌 예외일 수 있겠는가. 마침내 '못된 짓(무절제無節制, 방종放縱, 일탈逸脫))'이 '겁난 것'을 몰고 왔다. 전립샘비대증의 요폐尿閉[6])다. 수술이 불가피하다고 한다. 의사의 선고, 아내의 성화를 뭉갠 탓이다. 건강마저 공짜심리의 함정에 빠진 것이다. 벼랑 끝에서도 성찰은 없고 비열한 욕심만 나불댄다. 좋이 고비를 넘겨 '9988234하게 하소서.'

[6]) 요폐 : 하초(下焦)에 열이 생겨 요도가 막힘으로써 오줌이 잘 나오지 아니하는 병. 방광염의 하나로 방광결석, 방광출혈, 요도협착, 전립샘비대증 따위가 원인이다.

구천에 사무치는 증조부님

관직과 재물을 탐내지 않고 의리와 원칙을 소중히 여기면서 학문을 닦는 사람을 예스럽게 선비라고 한다. 내 증조부께서는 선비의 품성에다 높은 기백과 호탕함과 청렴결백한 성품을 지닌 전형적인 선비셨다. 자손들에게 장차 선비가 추구하고 실천해야 할 여러 덕목들을 일러주셨고 특히 학문에 정진토록 엄히 가르치셨다.

평생의 계획은 어릴 때 세워야 하고 어려서 배우지 않으면 나이 들어 아는 것이 없다고 하셨다.(一生之計는 在於幼하고 幼而不學이면 老無所知이다.) - 孔子의 三計圖 中에서

증조부님은 내 나이 대여섯부터 사랑채에다 독서당獨書堂을 앉히고 한문공부를 시키셨다. 천자문을 떼고 동몽선습童蒙先習[7]을 우격다짐으로 외우고 쓰게 하는 주입식교육이었다. 이 나이면 어머니나 어른들에게 응석

---

7) *동몽선습 [童蒙先習] : 조선 중종 때 박세무(朴世茂)가 지은 책. 1670(현종 11)년에 간행되었다. 천자문을 뗀 학동이 《소학(小學)》을 배우기 전에 익히던 초급 교재로 널리 쓰였다. 오륜의 중요한 뜻을 간결하게 서술하고, 조선과 중국의 역사를 쉽게 풀이하여 덕행 함양에 도움이 되도록 편찬하였다.

이나 부릴 철부지인데 매일 일정한 시간에 훈장에게 강講(앞서 배운 바를 외움)을 바치게 하는 등 공부에 무진 애를 쓰게 하셨다. 훈장님은 글講을 잘 못하면 일호의 사정을 두지 않고 회초리를 드셨다.

때로는 회초리가 무서워 서당을 뛰쳐나와 소리쳐 울며 공부가 싫고 훈장이 무섭다고 떼를 쓰기도 했다. 그럴라치면 어머니는 안쓰러워 달래 주셨지만 증조부님은 혀를 끌끌 차시며 나를 끌어다가 다시 훈장 앞에 세우곤 하셨다.

이런 틀에 짜인 한문공부가 죽도록 싫었지만 어른들의 강요에 따라 피할 수 없는 일과가 되었다. 요즘의 유아조기교육 같으면 채찍과 당근으로 슬슬 얼러서 공부에 흥미를 갖도록 유도하겠지만 당시에는 강요일변도였다.

증조할아버지께서는 성품이 어질고 온화하시며 인정도 많은 호방한 어른이셨다. 맏증손주는 첫 정이라 애틋하여 나를 늘 품에 안고 쓰다듬어 주시곤 했다. 그러던 어른이 독서당을 앉힌 뒤로는 웬일인지 딴사람으로 변신하셨다. 자애롭던 모습은 간 데 없고 냉엄한 표정으로 공부하는 모습만 예의(銳意) 주시하셨다.

훈장님도 오십이 넘은 중늙은이인데 붙임성이라곤 전혀 없고 언행이 엄절(嚴切)했다. 날이 갈수록 나는 두 분이 호랑이처럼 무섭고 앞에 서면 가슴이 두근거려 쩔쩔매게 되었다. 공부란 조금이라도 재미가 붙어 성취동기가 생겨야 한다. 꾸준히 해서 원리나 의미를 새겨 체계화, 내면화해야만 지식으로 정착이 되는 것인데 강(講)바침이 틀리면 혼나거나 회초리를 맞게 된다는 강박감 때문에 외우기에만 급급했다.

혹간 칭찬을 들어도 흐뭇하거나 지적 희열감을 몰랐다. 공부에 흥미가 붙질 않았기 때문이다. 독서당이 아닌 마을서당에서는 또래친구들과 어울려 노는 재미도 있고, 훈장은 너그러운 성품이어서 때로는 유머러스한 재담으로 학동들을 웃기기도하며 다양한 지도법으로 건사하기 때문에 요즘의 소규모 과외학원처럼 인기가 있었다. 그에 비하면 우리 집의 독서당은 앙당그러진 냉돌방이었다.

나는 여덟 살에 소학교에 입학한 후로는 한문공부와는 담을 쌓아버렸다. 한문책만 보아도 주눅이 들어 외면하게 된 것이다. 이런 전차詮次로 이후 국문학을 전공하면서도 한문 쪽에는 소원감疏遠感이 가시지 않아 깊이 있는 공부를 못했는지 모른다.

증조부나 훈장의 엄격일변도가 자못 의도적인 것이었음을 깨닫게 된 것은 훨씬 훗날의 일이었다. 오늘날의 유치원처럼 보육을 통해 두뇌발달을 돕는 개념이 없던 때여서 독서당에서 철부지를 가르친다는 것이 쉽지는 않았을 것이다. 걸핏하면 어리광이나 부리는 응석받이에게 마냥 어르고 달래기만 하다가는 글공부는 영 물 건너 갈 판이라 일부러 엄하고 철저하게 가르쳤다는 것이다.

증조부님께서는 엄이자(嚴而慈:엄하되 자애롭게)로써 자손들을 가르치고 사랑하셨는데 유독 한문 공부하는 내게만은 엄절하시기가 추상 같으셨다. 증조할아버지가 좋아 따르던 나는 어느 샌가 두렵고 싫어져서 대면하는 것조차 꺼리게 되었다. 독서당 공부를 그만두고 소학교에 입학한 후에는 증조할아버지의 사랑이 한결 애틋해졌으나, 나의 경원하는 마음은 더욱 굳어져갔다. 그런 내 속마음을 아시는지 모르시는지 어른의 사랑은 변함이 없었다.

돌이켜 생각하면, 증조부님의 진정성을 곡해한 것은 나의 유치하고 몽매한 마음에서 비롯되었다. 아무리 어린 시절의 일이라지만 증조부님께 죄스럽기만 하다. 내가 성취成娶하여 기제사하고 성묘할 때면 머리를 조아려 잘못을 속죄하고 어른의 거룩한 뜻을 기리어 추모한다.

혹자는 증조부님을 고루하고 완고한 교육관 때문에 어린 증손주에게 부담을 준 것이라고 말할지 모른다.

물론 현대적 감각으로는 일리가 있을지 모른다. 그러나 어린 손주의 평생지계를 위한 원대한 교육관과 과단성으로 독서당을 앉혀서 조기교육을 시킬 수 있는 분은 흔치 않았다. 자손의 유아교육에 대한 열정이야말로 오늘의 극성어머니들의 '선구자'요, '주춧돌'이요, '기둥'이라고 해도 지나치지 않을 것이다.

언뜻번뜻 칠십여 년이 흐른 지금 나는 한문공부를 다시 시작했다. 한시漢詩도 조금했고 요즘엔 명심보감을 공부하고 있다. 어렸을 적 격몽요결擊蒙要訣[8]을 읽고 강 받혔던 일이 아련히 떠오른다. 이러니저러니 해도 독서당공부에서 얻은 찌꺼기는 나의 오늘에 커다란 단초端初였다. 요즘 유행어로 idol(우상)이요, aura(後光)의 전설傳說이신 증조부님의 드높은 선비정신이 끼친 음덕蔭德이야말로 공허와 안일만을 추구해온 나의 일상에 매운 채찍으로 다가온다. 아, 구천九泉에 사무치는 증조부님이시어!

---

8) 격몽요결 [擊蒙要訣] : 조선 시대, 1577(선조 10)년에 율곡 이이(李珥)가 학문을 시작하는 이들을 가르치기 위하여 편찬한 책이다. 입지(立志), 혁구습(革舊習), 지신(持身), 독서(讀書), 사친(事親), 상제(喪制), 제례(祭禮), 거가(居家), 접인(接人), 처세(處世) 등의 열 가지로 엮고, 끝에 사당도, 시제도 등 부록이 붙어 있다.

갈대밭 서정

오랜만에 여수에 다녀올 일이 생겨서 직통버스에 몸을 실었다. 고속도로 연변의 가을 풍경을 스쳐보면서 삶의 애환이 담긴 여수생활을 회상해 보았다. 1976년 초에 인사발령으로 여수에 부임한 뒤 1999년까지 그러구러 23여 년을 살았던 곳이니 제2의 고향이라 할 만하다. 여수는 내 생애에 있어 갖가지 사연으로 얼룩진 잊을 수 없는 곳이다.

여수를 떠나온 지도 어느덧 12년 세월이 흘렀다. 세월의 속도가 너무나 빠르다. 퇴임 후에 한두 번 다녀오기는 했지만 여유 있게 머물진 못했다. 이번에도 급히 다녀와야 할 형편이라 친구들을 만나 담소하면서 추억어린 죽도청풍竹島淸風의 오동도나 한산모종寒山暮鐘의 한산사 같은 명소를 돌아보지 못해 안타까웠다.

한려수도閑麗水道의 수려한 물길이 시작되는 미항 여수는 유서 깊은 호국충절의 도시요 임해공업도시이다. 여수는 천혜의 관광자원을 많이 가지고 있다. 특히 예로부터 낭만의 명소로 회자되는 여수팔경은 소인묵객

騷人墨客들의 발길이 끊이지 않았던 곳이다. '2012세계박람회'를 준비하느라 온 도시가 활기찼고, 상전벽해라 할 만큼 바뀌어 있어서 경이롭기만 했다. 빠듯한 일정 때문에 아쉬움을 뒤로 하고 다음 기착지인 순천으로 향했다.

순천에서 일을 마치고 시외버스터미널로 향하는 길목에서 지난날 막역했던 동료와 해후하게 되었다. 순천 토박이인 그 친구는 내 손목을 꽉 붙잡고 놓아주지 않았다. 그도 그럴 것이 11년만의 재회였기 때문이다. 우리는 우선 목을 축일 주막집부터 찾았다. 오랫동안 소식이 끊겼던 터라 이야깃거리는 끝이 없었다. 건강, 부부금슬, 자손진취, 일과, 취미생활, 교우관계, 관광답사, 음주문제, 문단에 오른 이야기 등이 이어졌다.

순천만은 드넓은 개펄과 갈대밭으로 이루어진 자연의 보고라고 침이 마르도록 자랑하는 친구의 말이 아니라도 갈대를 제재로 글 한편을 써야 했는데 갈대이야기가 나와서 좋았다. 마침 '순천만갈대축제'가 열리고 있는 기간이어서 내겐 절호의 기회였다. 술이 거나해지자 우리들은 자리를 털고 일어났다. 갈대축제 구경을 위해 택시를 잡아탔다. 축제장은 전국에서 모여든 관광객들로 북적이고 있었다.

우리나라 10대 비경 중의 하나라는 순천만 S자 해수로海水路의 해넘이와 갈대군락을 한눈에 볼 수 있는 용산전망대에 올랐다. 마침 일몰시간이라 노을빛으로 물든 해수로와 갈대밭, 불어오는 바람에 물결치듯 일렁이는 갈대밭, 솜털 같은 갈대의 꽃술들이 카멜레온처럼 은빛 금빛으로 엇바뀌는 모습, 간간이 상공을 나는 흑두루미 떼, 신비롭고 환상적인 풍정은 대자연에 대한 경외감마저 들게 했다.

순천 시내를 흐르는 동천東川과 옛 승주군 상사면에서 흘러 내려온 이

사천伊砂川의 합수 지점부터 하구에 이르는 3㎞쯤의 물길 양 쪽이 갈대로 뒤덮여 있었다. 예상치 못한 갈대축제 관광이라 캠코더나 디지털카메라 같은 촬영 장비를 가져가지 않아 현란무비絢爛無比의 장관을 담아오지 못한 것이 한스러웠다.

우리나라는 지난 수십 년간, 산업화 과정에서 개발이라는 명목으로 자연을 분별없이 파헤쳐왔다. 자연은 그 응답으로 수많은 재해를 우리에게 안겨주었다. 다행히 순천만 일대는 지역의 문인들과 환경단체의 끊임없는 노력으로 '순천만생태계'를 오롯이 지켜냈다고 한다. 그렇게 보존된 개펄과 갈대밭은 자정작용自淨作用을 일으켜 오염된 하천의 물을 정화해 바다로 내보낸다고 하니 자연의 오묘한 이치가 아니고 무엇이겠는가. 인간과 자연생태계가 상호보완적인 생명공동체라는 것을 실증해 주고 있다.

갈대축제는 철새체험, 갈대체험, 개펄체험, 순천만생태체험 등 여러 체험프로그램이 마련돼 있었다. 우리는 갈대밭체험을 위해 열차를 타고 갈대밭 숲길을 한 바퀴 돌아본 뒤 행사장을 빠져나왔다. 친구는 부인에게 미리 연락을 해 두었던 모양으로 저녁상을 걸게 차려 내왔다. 게다가 광양산매실로 담갔다는 담황색의 존득한 매실주가 반주로 대령하고 있었다. 머리만 세었지 별로 늙지 않았다는 찬사와 함께 노부인魯夫人은 내 술잔에 매실주를 가득 채워주었다.

젊은 시절의 미모를 그대로 간직한 노부인은 단아한 기품과 매력을 지니고 있었다. 반주란 원래 밥상에 곁들이는 술을 말한다. 그런데 밥상은 술상으로 변해 버렸다. 걸쭉한 입담의 친구는 밥보다는 술을 권하면서 자기 부인에게 권주가를 청하는 게 아닌가. 음악교사 출신인 노부인은 서슴지 않고 노래를 부르는데 '지구의 노래'라는 환경보호노래였다.

노부인은 그 사이 내로라하는 순천환경운동가로 변신해 있었다. 내친김에 한곡 더 부르겠다며 '내장內臟의 소리'라는 노래를 불렀는데 자연환경파괴도 문제지만 인체환경파괴는 더 경계해야 한다는 가사歌詞였다.

남편의 과음행태를 나무라는 뜻으로 작곡했다는데 이를테면 노래로써 바가지를 긁는 셈이었다. 내게도 적용되는 경구였다. 잠시 웃음판이 벌어졌지만 과음벽過飮癖을 자괴自愧하는 가운데 술기운이 확 가시는 느낌이었다. 각설하고, 이렇게 운수대통한 날이 또 있을까. 11년만의 감격적인 해후상봉과 순천만갈대숲에서 받은 황홀한 감동과 인체환경보호人體環境保護라는 따끔한 계음가戒飮歌까지 거머쥔 일거삼득의 하루였다.

그렝이질

자기의 가치나 속마음을 잘 알아주는 참다운 벗을 지기라고 한다. 어려서부터 같이 자라고 평생을 함께 해온 친구를 평생지기라고 부른다.

나에겐 평생지기가 하나있다. 학생딱지를 뗀 뒤로 직장이 다르고 사는 곳 또한 달랐지만 자주 왕래하면서 망구望九의 동갑내기로 오늘에 이르렀다.

D군의 아버지와 나의 아버지는 허물없는 친구사이였다. 두 분이 젊었을 적의 일화가 있다. 두 어머니께서 D군과 나를 잉태하고 계실 때였다고 한다. 뱃속 아이들이 태어나면 결혼을 시키기로 약혼을 했다고 한다. 그런데 어머니들은 똑같이 머슴아를 출산해 버렸다. 이후에 딸을 낳기는 했지만 여러 해 뒷일이어서 그 맹약은 무위가 되었다는 이야기다. 어떻건 D군과 나는 가까운 벗이 되었다.

그는 대학에서 토목건축학을 전공했다. 성적이 뛰어나 졸업과 동시에 굴지의 건설회사에 스카우트되었다. 집요執拗한 탐구력, 학구적인 상상력과 창의력을 바탕으로 토목건축분야의 엘리트로 출세했다. 유수有數한 건축가로 명성을 날리자 마침내 문화재청의 초빙을 받아 국가직공무원으로 옮겨 앉았다. 주로 궁궐, 한옥, 정자, 사찰 따위 고건축 분야의 전문위원, 자문위원으로 활약했다.

이 평생지기 D군과는 일 년에 여남은 차례씩 만나서 정담을 나누며 술잔을 기우린다. 내가 상경하면 친구는 굳이 자기 집으로 끌고 간다. 거실이나 응접실 벽면에는 부모님 사진으로 도배를 해놓았다. 독사진과 생전모습이 담긴 사진들이다. 친구는 소문난 효자였다. 부모님의 사진을 보면서, 특히 아버지의 음덕을 추모한다고 했다. 그도 그럴 것이, 그의 아버지는 생전에 뛰어난 도편수(목수의 우두머리)요, 대목장大木匠이었다. 중요무형문화재로 지정되기도 했다. 대목장이란 사찰이나 비각, 종각 따위의 규모가 큰 건축물을 짓는, 대목大木일에 능한 장인을 말한다. 대목장으로 우뚝 서기까지에는 수많은 고난을 참고 견뎌낸 입지전적인 인물이었다.

대목장의 명성 못지않게 덕망가로, 고매한 인격자로 존경을 받기도 했다. 그런 아버지의 영향과 가르침을 받아 세습건축가로 성공할 수 있었기 때문일 것이다. 그 어른에게는 남다른 생활철학이 있었다.

상선약수上善若水라는 좌우명을 실천하신 것이다. 상선약수는 노자老子의 『도덕경』에 나오는 말이다. '최고의 선은 물과 같다'는 뜻으로 '물처럼 살아야한다'는 교훈이 담겨있다. 물은 앞서가기를 다투지 않는다는 유수부쟁선流水不爭先은 겸양과 화합을 최고의 덕으로 삼는다.

목수일의 특성상 상호 반목하고 갈등하는 일이 다반사라고 한다. 도편수로서 이를 조정調整하여 화해시키기 위해 늘 고심했다고 한다. 중재방법을 고민하던 중 문득 이치理致하나가 떠올랐다고 한다. 집짓는 데 기본은 주춧돌 위에 기둥을 세우는 일이다. '그렝이질'을 생각해낸 것이다.

주춧돌에는 윗면을 다듬어 수평면을 만든 '다듬은돌' 초석礎石과, 초석 상면에 수평고름질을 하지 않은 '막돌' 초석이 있다. 막돌 초석은 기둥을 세우는 윗면이 울퉁불퉁한데 그 모양에 맞도록 기둥뿌리를 깎아 맞추는 '그렝이질'을 한 다음 기둥을 세운다. 불화나 갈등으로 고심하는 당사자를 주춧돌과 기둥으로 비유가정해보니 해법이 보이더라는 것이다. 어느 한쪽이 양보하거나 타협하면 갈등의 고리를 끊을 수 있다는 점에 착안했다. 겸양과 타협의 '그렝이질 방정식'이 성립된 것이다.

삭막한 인정세태에서 현안문제를 서로 양보하여 뜻을 맞추기란 그리 쉽지 않은 일이다. 겸양은 자리를 빼앗기는 게 아니고 비워주는 것이다. 타협은 유약柔弱이나 패배가 아니고 넓고 깊은 도량이라고 타일렀다.

D군의 선고장先考丈은 그렝이질의 화합정신으로 수하 목수, 친지들의 불화나 갈등을 풀어주는 데에 일가견이 쌓여갔다. 어른은 상선약수의 교훈을 가르치고 몸소 실천함으로써 어느덧 '물의 권위자'가 되었다. 자손들을 가르치기 위해 상선약수, '물'의 심오한 속성을 집록輯錄[9]하여 일곱 가지로 간추렸다고 한다.

저 골물이 합수쳐 하나 되는 화합, 어떤 그릇에나 담기는 융통성과 순응, 오곡백과를 키우고 목마른 사슴의 갈증을 풀어주는 박애, 용트림 한 번에 바위를 부수고 산을 무느는 격렬, 유유히 흘러 바다를 이루는 대의를 말한다. 상선약수는 사람의 힘을 더하지 않은 '무위자연無爲自然'의 섭리가 근간을 이룬다.

9) 집록[輯錄] : 어떤 내용을 여러 편篇에서 모아 기록함. 또는 그 기록.

D군은 선고의 훈도로 자연의 섭리를 거스르지 않는 순응의 생애를 살아왔다. 직무수행에 남다른 노력으로 앞서나가자 '사촌이 땅을 사면 배가 아픈 사람'들이 있었다. 갖은 훼방과 모함으로 '물길'이 막히면 에둘러 돌아가는 지혜로써 고비를 넘길 수 있었다. 세상에 물보다 더 무르고 약한 것은 없다. 그러나 약한 물이 바위 위에 계속 떨어질 때 그 바위는 구멍이 뚫리고 만다. 이 끈기 하나가 D군을 독보적인 건축가로 만든 것이다.

오늘도 망구를 딛고, 겸허히 '△△시니어프라자'에서 '건축과 물의 삶'이라는 강좌를 개설하고 전문자산資産 기부에 보람을 캐고 있다.

난산전말서(難産顚末書)

어느 학자가 '글쓰기는 노동'이라고 설파했다. 그렇다. 천재적 영감으로 글을 쓰는 사람은 거의 없다. 글쓰기는 순전히 노동으로 이루어진다. 직접 글을 쓰는 집필도 그렇지만 이를 준비하는 것도 노동이다. 그뿐만 아니라 수많은 습작과정에서 겪는 일련의 고뇌도 당연히 고된 노동이다.

이와 같이 글쓰기를 노동으로 친다면 모기耄期[10]의 할아범으로서는 역부족이 당연한 현상일지 모른다.

벌써 2년 전 일이다. 써 모아두었던 초고를 찾아내 컴퓨터 로컬디스크 C에 입력한 뒤 착실히 저장단추를 눌러두었다. 퇴고를 위한 초고礎稿였으므로 다듬은 뒤 기회를 보아 시집과 수필집, 아니면 문집으로 펴내기 위함이었다.

그런데 악성바이러스의 침입으로 컴퓨터가 다운되어버리는 사고가 발생했다. 저장해 두었던 모든 자료들이 날아가 버린 것이다. 프로그램을

---

10) 耄期 : 나이 80에서 100살까지의 별칭. 耄는 80 ~ 90살을, 期는 100살을 뜻함.

새로 깔아야 한다. 복구 재생해야 할 중요한 파일은 목록을 작성한 뒤 작업하는 기사에게 단단히 부탁해야 한다. 그런데도 어련히 알아서 할까 하는 안이한 생각으로 지나쳐버린 것이 잘못이었다. C에 들어 있던 작품 원고를 비롯한 일부 파일은 복구하지 못했다. 청천벽력이었다. 전문가에게 의뢰해 복구시켜 보려고 노력했지만 허사였다. 로컬디스크 D에 저장해 두었더라면 최종 망실은 피할 수 있다는 말을 들었지만 죽은 자식 나이 세기였다. 육필의 원고지는 컴퓨터에 입력한 후 몇 개의 각봉투에 넣어 서재 한편에 쟁여두었었다. 이번에는 망실 위험이 없다는 D드라이브에 다시 입력하기 위해 초고지를 찾는데 이게 또 웬일인가. 아무리 찾아도 없지 않는가. 어느 주말 초등 5, 6학년짜리 손자 녀석들이 할아비 서재를 정리 정돈한답시고 그예 일을 저지르고 말았다. 오래되어 누렇게 퇴색한 원고지 뭉치들이라 쓰레기로 알고 내버렸다고 하지 않는가. 이런 낭패가 없었다.

요리조리한 사정으로 세상에 얼굴도 내밀지 못한 채 유명을 달리한 기구한 운명의 작품들이었다. 자식을 앞세운 충격에 버금했다. 하기야 글이란 분신이라 하지 않는가. 나의 분신은 이렇게 아깝고 짠하게 피안의 전설이 되어버렸다. 데면데면한 성격 탓이다. 만시지탄이었다.

책을 내보겠다는 대망은 좌절되었다. 비록 초고였지만 시와 수필을 합해 3백 편이 넘었다. 지금 가진 것이라곤 모두 합해도 1백편이 채 못 되니 엄두가 나지 않는다. 날은 저물고 갈 길은 멀어 바쁘다는 생각뿐이다.

소 잃고 외양간 고친다는 푼수로 살아남은 딴 자료들이라도 간수해야 했다. 여기저기 흩어져 있는 자료들을 갈무리하는 작업이다. 사진, 그림, 음악, 비디오, 스위시맥스, UCC작품, e-메일, 잡문 따위의 파일을 새 폴더로 만들어 D드라이브에 저장하는 일이었다. 이젠 다시 날아가 버릴 걱정은 안 해도 된다. 안심이다. 컴퓨터와 마주하여 다짐한다. 이런 낭패는 다시없게 할 것이라고.

요즘 세상에 그냥 집에 들어앉은 노인은 없다. 무언가를 한다. 육체는 비록 늙었지만, 정신만은 늙지 않으려고 안간힘이다. 인생겨울의 한가운데 서 있지만 평생학습의 자세로 사는 늙은이들은 오늘도°위편삼절韋編三絶[11]의 기개로 부단히 뛴다.

책을 냈거나 준비 중이라는 동료문인들을 보면 괜히 샘이나 견딜 수가 없다. 샘만 내고 있어서야 되겠는가.

목표를 세웠다. 건필을 위해 노동력을 획기적으로 키운다. 능률적인 작품 활동을 통해 주제가 뚜렷한 명문明文[12]으로 감동 주는 글을 쓴다. 두세 해 안으로 시와 수필집을 펴내 이승의 보람으로 삼는다. 자손들 가슴에 내내 보감으로 남았으면 좋겠다. 그리고 훌륭한 늙은이, 멋진 할아버지, 존경스런 우리할아버지로 기려지기를 바란다.

---

11) 韋編三絶 : 종이가 없던 옛날에는 대나무에 글자를 써서 책으로 만들어 사용했었는데, 공자가 책을 하도 많이 읽어서 그것을 엮어 놓은 가죽끈이 세 번이나 끊어졌단 데에서 비롯된 말로, 한 권의 책을 몇 십 번이나 되풀이해서 읽음을 비유(比喩)하는 말로 쓰임.

12) 明文 : 뛰어나게 잘 지은 名文은 아니라도, 사리가 명백하고 뜻이 분명한 글.

노년에 관하여

10대에는 어른의 세계를 동경하고 꿈꾼다. 손꼽아 헤아려도 더뎌빠진 세월이 안타깝기만 했는데, 어정세월이 겹치고 쌓여 어느덧 베이비부머란 꼬리표를 달고 50대 후반에 오른다. 베이비부머가 13)피터팬 세대를 꿰찬 채 하릴없이 은퇴하여 14)젖은 낙엽족이 된다. 게다가 노인증후군의 조짐마저 보이니 "보리누름에 설늙은이 얼어죽는다"는 속담이 안성맞춤이다.

어느 통계에 따르면 '20년 전 65세 노인의 건강상태가 현재 82세의 노인과 같다'고 한다. '20년 전보다 무려 17년이나 수명이 길어졌다'는 것이다. 코앞이 막막한데, 수십 년의 여생이 끔찍하다. 무능무력에 끌려 건성 건너온 세월이 참담하다. 허탈을 주체 못하고 속절없이 부지하는, 슬픈 노년들이 널려있는 판에 세상천지 평균수명이 늘어난들 대수이랴.

육칠십대 노인이 마라톤대회에서 완주하고, 설악산 공룡능선 같은 험준

13) 피터팬세대: 베이비붐 세대의 자녀로 30대 초반까지 독립하지 못한 피터팬 같은 세대.

14) 젖은낙엽족(族): 젊어서는 오로지 일에 매어 살다가 노년에 대한 준비도 없이 퇴직한 실패한 남성.

을 거뜬히 종주하는 역발산이 놀랍지 않다. 그런가 하면 인지기능이나 운동능력이 떨어진 뒷방살이들도 수두룩하다. 아이로니컬한 현실이다.

바야흐로 100세 시대다. 60,70대는 젊고 팔팔한 세대로 꼽히게 된다. 인생 이모작 삼모작을 준비해야 하는 이유다.

장수시대에 지혜롭게 늙어가는 방법이 인구에 회자되고 있다.

"늙어가는 법을 안다는 것은 지혜의 걸작으로, 위대한 삶의 예술 가운데서도 가장 어려운 장에 속한다." 스위스의 문학자 아미엘(Amiel, Henri Frédéric)이 근 2백 년 전에 에세이집 『아미엘 일기』에서 주창한 바 있다.

노년학회 같은 연구모임들은 세미나나 포럼에서 오팔족(OPAL族)[15]이 되는 바람직한 방법은 '지혜롭게 늙어가는 것'이라고 결론짓고 있다.

마침 어느 학회가 주최하는 포럼의 주제가 '키케로의 예지'였다. 솔깃하여 끼어 앉아 귀동냥했다.

로마시대의 문인이요, 철학자, 수사학자, 정치가인 키케로(Marcus Tullius Cicero:BC 106~43)는 BC를 살던 석학이었고 당대를 주름잡던 풍운아였다. 그는 이미 2천여 년 전에 반짝이는 예지로써 노년의 지혜로운 삶을 제시하고 있다. 저서 『노년에 관하여』를 통해서다.

"노년은 힘겹지 않느냐." 라는 소 스키피오(Scipio BC 185~129)의 질문에, "노년이 힘든 것처럼 보이는 것은 네 가지 이유 때문이네. 첫째, 노년에는 큰일을 할 수 없다. 둘째, 노년은 우리의 몸을 허약하게 한다. 셋째, 노년에게서 거의 모든 쾌락을 앗아간다. 넷째, 노년은 죽음으로부터 멀리 떨어져 있지 않다고 생각하는 것이라네. 하지만 이것은 편견이고 오해일세."

---

15) 오팔족(OPAL: Old People with Active Life 적극적이고 활동적으로 노후를 아름답게 가꾸며 사는 성공한 노인들.

첫 번째의 답은 "육체가 쇠약하다고 해도, 정신으로 이루어지는 일이 있네. 젊은이들이 갑판을 뛰어다니고 돛을 올리고 할 때, 노인은 키를 잡고 조용히 선미에 앉아 있지. 큰일은 육체의 힘이나 기민함으로 하는 것이 아니라, 깊은 사려와 판단력으로 하는 것이네."(32장)

무기력하드라도 그동안에 쌓은 경륜과 현명함으로 젊은이들의 사표가 될 수 있다. 나아가 전공이나 관심 분야에 대한 평생학습으로 노익장을 과시할 수도 있다고 설파한다.

두 번째는 "노년에는 체력이 저하되기는 하지만 절도 있는 생활로 늦출 수도 있고 정신활동으로 체력에서 잃은 것을 보상받을 수 있네. 인생의 매 단계에는 고유한 특징이 있네. 소년은 허약하고, 청년은 저돌적이고, 장년은 위엄이 있으며, 노년은 원숙한데 이런 자질들은 제 철이 되어야 거두어들일 수 있는 자연의 결실과도 같은 것이라네."(33장)

허약한 것은 노년만의 특징이 아니라, 인생의 매 단계마다 있는 신체적 정신적 특징으로 받아드려야 한다. 중요한 것은 노년의 과실을 잘 무르 익히려면 젊어서부터 심신을 잘 가꿔야 한다는 뜻이다.

세 번째는 "세월이 심리적 쾌락주의에서 우리를 해방시켜 준다면, 그것은 노년에게 주는 멋진 선물이네. 왜냐하면 감각적 쾌락에서 해방되어 절제 있는 생활을 통해 좀 더 심오한 정신적 쾌락을 누릴 수 있기 때문이라네."(39장)

"연로해진 '소포클레스'에게 아직도 성적접촉을 즐기느냐고 묻자, "아이고 맙소사! 사납고 잔인한 주인에게서 도망쳐 나온 것처럼 나는 이제 막 거기서 빠져 나왔소이다."(47장)

노년이 되면 감성의 만족, 욕망의 충족에서 오는 유쾌한 감정이 줄어들었다고 한탄한다. 쾌락이 없는 삶은 건조하다면서 젊은 시절을 아쉬워 한다. 그러나 쾌락의 사슬에서 벗어난 노년을 안타까워하지 않고 순리로 받아들여 자연스럽게 사는 늙은이들이 대부분이다.

네 번째는 "자연과 조화를 이루는 것은 무엇이든 선으로 간주되어야 하네. 노인들의 죽음처럼 자연과 조화를 이루는 것이 또 어디에 있겠는가.", "정신이 온전하고 감각이 손상되지 않은 가운데 자연이 뭉쳐놓은 작품을 손수 해체할 때 삶은 가장 훌륭하게 종결되는 것이네. 수백 년 전 장수했던 철학자들과 위인들의 경우를 예로 살펴 보세나. 소포클레스(496~406, 90세), 고르기아스(485~380, 105세), 소크라테스(469~399, 70세), 데모크리토스(460~357, 103세), 이소크라테스(436~338, 98세), 플라톤(427~347, 80세) 등 이들의 공통점은 수명에 대한 애착이 없었다는 점이네."(71장)

키케로는 죽음을 자연의 본성이자 원리로 본다. 과일이 익어 떨어지는 것처럼 자연스럽게 역할을 마치는 것이 죽음이다. 죽음은 끝이 아니라 '육신의 온갖 혼합물로부터 해방된 순수한 상태'가 되어 자연의 일부로 돌아가는 것이라고 일깨운다.

여기 한 원로시인의 작품에서도 키케로를 읽을 수 있다.

> …(전략) 자그마한 연못에서는/ 연밥이 두어 개 고개 숙이고, // 널따란 연잎들이/ 누렇게 말라/쪼그라든다.// 내 뜰의 황락을 /눈여겨 살피면서,/ 나는 문득 쓸쓸해진다.// 나 자신이 바로/황락의 처지에/ 놓여 있질 않는가!// 내 뜰엔 눈 내리고/ 얼음이 얼어도/ 다시 봄은 오련만 // 내 머리에 얹힌 흰 눈은/녹지도 않고, 다시 맞을/ 봄도 없는 것을!'
>
> -「황락黃落」, 김종길(1926~)

일회성 인생의 황락기黃落期를 애수어린 눈길로, 그러나 거칠지 않게 담담히 받아들이고 있다.

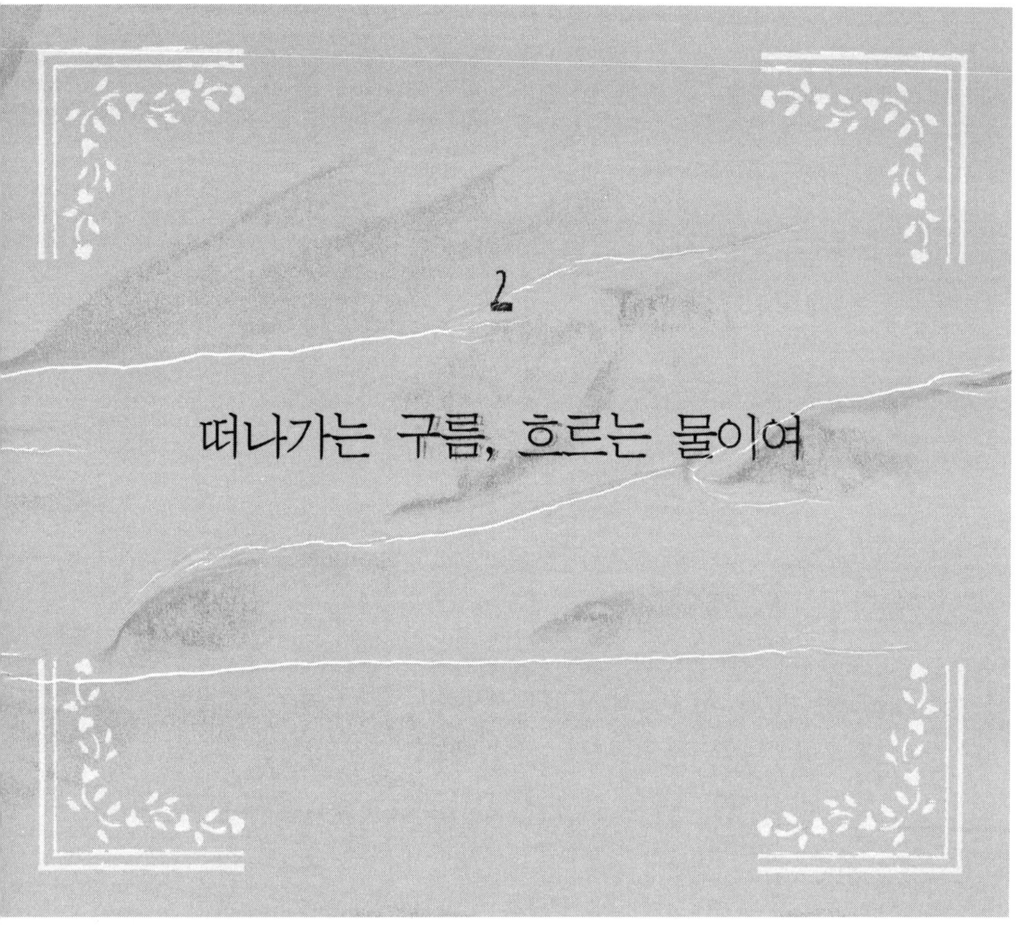

2

떠나가는 구름, 흐르는 물이여

내 안의 고향은 핼쑥하나 애틋한 땅,
다른 한 쪽이나마 낙향樂鄕을 벌충해 주는 들머리가 아닌가.
산책객들 발길이 끊이지 않아 어느새 명품길로 등극했다.
나의 가헌과는 맞닿아 있으니 산수의 자연을 즐김에 어찌 모자람이 있겠는가.
산책로 끝머리 쉼터에는 가헌 시비詩碑마저 외롭잖으니,
내 태자리인들 어찌 트집을 걸랴. 타고 넘은 세월이
어느덧 산수傘壽, 동적골을 호마의북풍으로 절하며
참삶을 채반盤처럼 맛나게 차리련다.

도둑술 이야기

남몰래 마시는 술을 '도둑술'이라 했던가.

내 나이 여남은 살 때부터 마시기 시작한 술은 분명한 도둑술이었지만 희수의 나이에 마시는 술 또한 도둑술이라고 한다면 무슨 뜻인지 잘 이해되지 않을 것이다.

어린 시절 우리 집 대청마루에는 어른 키 높이의 술항아리 세 개가 놓여 있었다. 그 술항아리에는 술이 익고 있었다.

16)부줏술 집안이라서 그랬던지 조상 대대로 가양주家釀酒 빚는 비법이 전수되어 왔다. 순하되 독특한 향, 존득거림, 독하지만 달보드레하고 감칠맛 나는 술맛으로 해서 가까운 마을들에 소문이 나 있었다. 종가집이라서 제사에 쓰기도 하려니와 농사를 많이 짓기 때문에 농주로 쓰기 위해서였다.

술이 다 익은 항아리에는 싸리나 대오리로 만든 둥글고 긴 용수라고

---

16) 부줏술 : 집안 대대로 내려오면서 내림으로 잘 마시는 술.

하는 통을 박아 놓는다. 항아리가 크고 높기 때문에 작은 사다리를 밟고 올라가서 용수 속에 괴어 있는 청주를 떠낸다.

초등학교 3, 4학년쯤으로 기억된다. 하루는 집안에 어른들이 없는 틈을 타 한 살 터울의 재종형과 함께 대청마루의 술독에 올라가서 용수 속의 청주 한 대접씩을 떠내서 마셔버렸다. 물론 크게 취해서 정신을 잃었지만 난생 처음 마신 술이었고 몰래 마셨기에 '도둑술'이 된 것이다. 나의 술 편력遍歷은 이렇게 시작되었다.

어려서부터 집안 어른들이 일상으로 마시는 것을 보아온 터라 술은 친근감이 있는 음료에 불과했다. 술의 속성을 잘 알았더라면 '친근감이 있는 음료' 정도로 가볍게 보지는 않았을 것이다. 일꾼들이 마시면 힘이 생기고 기분이 좋아져 일의 능률이 오르기도 하겠지만 사람을 미혹케 하는 요물이란 것을 모르는 때문이었다.

아무튼 술항아리는 대청마루에 있었으므로 쉽게 접근할 수 있었다. 첫 도둑술 이후로 멋도 맛도 모르면서 무턱대고 들이마시는 벌술은 눈치껏 계속 마시게 되었다. 8·15해방 직후에는 중학생 가운데 나이든 애기아범들이 많았다. 열네 살짜리 까까머리 중학생이 애기아범들과 어울리다 보니 술과 담배도 벗이 되어버렸다. 방과 후 하굣길에 골목안 주막집이나 목로주점, 선술집들은 우리 악동들의 단골집이었다. 수업시간에도 숨겨 들고 온 술병을 기울여 마시고는 몽롱한 상태로 졸다가 선생님한테 들켜서 벌을 받은 적이 한두 번이 아니었다.

어른이나 선생님들 눈에 띄지 않게 조심스레 마시는 도둑술은 이렇게 계속되었다. 어른들의 눈에 비친 내 모습은 참으로 싹수없는 망나니였다.

중학교 2, 3학년쯤 되었을 무렵이다. 주말이나 공휴일 같은 때에는 공부한다는 핑계로 술친구들을 집에 몰고 와서 예의 술독에서 퍼낸 강술을 겁 없이 마시고는 크게 취해 고성방가로 동네를 시끄럽게 한다든가 마을 주막집을 송두리 채 세내어 막걸리 술독을 거덜 내는 일도 서슴지 않았다.

대학시절에는 등록금 등 학비보다 술값으로 지불하는 돈이 더 많아서 부모님의 속을 썩이기도 했다.

떳떳하고 당당하게 마시지 못하는 도둑술이지만 낭만도 있었다. 월하독작月下獨酌의 시선 이백李白이나 장진주사將進酒辭의 송강松江 흉내를 낸답시고 풍광 좋은 요월정邀月亭이나 황룡강 가를 찾아가 시회를 열고 어쭙잖게 시편을 흥얼거린다든지 기타나 아코디언 같은 악기를 연주하며 즐기기도 했다. 어린 나이지만 단순히 마시기만 한 것이 아니라 술을 풍류로 승화시키는 멋을 부리기도 했다. 참으로 건방지고 외람되기 짝이 없는 행태였다.

술에 취하면 나타나는 버릇이 술버릇이다. 술버릇도 나이에 따라 변천하는 것이었던지 나의 술버릇은 두엄자리에 쓸어져 잠들기, 교과서나 공책 찢어버리기, 철길 베고 잠들기, 친구 집 단칸방에 들어가 잠자기, 큰소리로 울어대기, 술상 뒤엎기, 잘못 없는 후배 나무라기, 자기자랑하기, 남의 말 까탈잡기, 한잔만 입에 대면 기어이 취하게 마셔버리기가 꼬리를 물고 반복해 나타나곤 했다.

세월이 흘러 교직에 나아가 학생들을 가르치는 입장이 되니 술을 조심스럽게 마시지 않을 수 없었다. 퇴근 후에 동료들과 어울려 마실 때면 과음하게 마련이다. 그러나 그럴 때일수록 정신을 가다듬고 새벽같이 일어나 수업준비를 끝내고 출근을 한다. 술이 덜 깬 상태에서 열강을 하다 보면 어느새 말끔히 깨게 된다. 교직 초창기에는 이 같은 열강으로 학생들은 물론 학부모로부터 칭송을 받기도 했으니 술버릇의 바람직한 진화라 하겠다.

나이 듦에 따라 술의 해독이 서서히 나타나게 되었다. 가령 위장장애, 간장 장애, 심한 숙취, 기억력 감퇴, 취중 실수를 자주 한다든지 하는 것들이다. 가족들의 성화가 대단해진다. 백해무익이라는 논리로 단주를 강박해 온다. 그러나 그들의 걱정처럼 내 건강 상태가 나쁘다고 생각하지 않았기에 술을 끊어야 하겠다는 생각은 절실하지 않았다. 그런데 당뇨말기 증상으로 고생하시던 내 선고先考의 걱정은 대단하셨다.

"네 술 때문에 내가 편히 눈을 감을 수가 없으니 정녕 술을 끊지 못하겠느냐"는 엄한 꾸중을 듣게 되었다. 아버지의 마지막이 될지도 모르는 간절한 당부를 받고는 마침내 무릎을 꿇고 단주 맹세를 하게 되었다. 40여 년 매일 마시다시피 했던 술이라 꿈속에서도 단주의 괴로움이 나타나곤 했다. 그만치 술에 대한 심리적 육체적 갈망이 컸기 때문이었다.

술좌석은 의도적으로 피했다. 그런 인고의 100여 일이 지난 어느 날, 병약했던 한 제자의 죽음 소식을 듣게 되었다. 그 조문 길에서 나는 파계승이 되고 말았다. 자식 잃은 슬픔에 젖은 학부형의 '한 잔만'이라는 권주 말씀에 속절없이 무릎을 꿇게 되었다.

단주결심이 허물어지자 죄책감으로 괴로움은 컸다. 비유가 될지 모르지만 숫처녀가 처녀성을 잃고 느끼는 상실감이나 허망함 같은 것이 내 맘을 옥죄였다. 병고에 시달리는 불쌍한 아버지와의 약속은 이렇게 물거품이 되어버렸다. 도둑술 마시기는 되풀이 되었다. 그러나 가족들, 특히 아버지 앞에서는 마시지 않은 채 해야 했으니 괴롭기만 했다. 허구한 날 도둑술을 마시기는 참으로 어려웠다.

마침내 노부모에게는 절주하겠다는 구차한 명분을 내세워서 용서를 빌었으나 강박충동強迫衝動을 억제하지 못하는 내 심지가 참으로 싫었다. 단주 결심이 흔들리지 않게 하기 위해 배수진을 쳐둘 필요가 있었다. 나를 아는 모든 사람들에게도 금주선언을 했는데 그들에게 술을 트게 된 까닭을 변명하는 데에는 군색스럽기 짝이 없었다.

모든 사물에는 양면이 있다고 한다. 물론 술이 지닌 속성에도 이로운 점은 있다. 중학교 시절에는 기말시험 때에 교과서의 요점이나 노트가 잘 외워지지 않으면 가볍게 한두 잔 마시면 효과가 있다든지, 연애편지가 매끄럽게 써지지 않아 끙끙대는 친구에게 술 몇 잔을 얻어 마시고 대필해 줌으로써 어설픈 문명을 얻었다든지, 감정대립으로 17)상주하는 사이에도 술 몇 잔으로 화해할 수 있다든지, 인정 없고 삭막한 현실을 긍정으로 순화할 수 있다든지 하는 것들이다. 그러나 해독이라는 속성과 어찌 비교할 수 있겠는가.

80이 멀지 않은 오늘에도 가족들의 성화에 못 이겨 기회 있을 때마다 단주 약속을 하지만 작심삼일이다. 작금년에는 술 마실 일이 부쩍 늘어서 삼일이 멀다하고 마셔댄다. 숙취에 며칠씩 시달리다가도 증상이 가라앉으면 살며시 고개 드는 음주욕구를 누르지 못하고, 오늘도'도둑술'마실 기회를 호시탐탐虎視耽耽으로 엿보는 늙은이 나 말고 또 누가 있단 말인가.

내 비록 80평생을 18)호리건곤(壺裏乾坤)으로 부침(浮沈)했으나 크게 자괴자탄自愧自歎할 바가 없었으매 아직은 내 앞에 맑은 술 한잔을 바칠 지인들이 없지는 않을 것이다. 삶의 애환이 깃들어 있는 나의 애주일생을 애써 미화한다면 '숨을 쉬듯 마시고 물속을 헤엄치듯 술잔 속에서 유영했던 술의 일생'이었다고 단언할 수 있겠다.

---

17) 상주 : 친한 사이지만 갈등이나 감정대립으로 말을 하지 않음.

18) 호리건곤 : 호리병 속의 천지라는 뜻으로, 늘 술에 취하여 있는 상태를 비유적으로 이르는 말.

달력을 헤아리다

존경하는 K형!

순천의 해후가 중구절重九節의 서늘함이었는데 어느덧 소설을 지났으니 덧없는 세월을 나무랄 수밖에 없음이네.

허나 형네 매실의 가양주 맛은 이제도 혓속을 맴돌고 있으니 어찌 세월 탓만 하겠는가! 세월을 흠잡을 때 항용 달력을 볼모잡음은 무슨 까닭인지 모를 일이로세.

아침에 일어나 달력을 보니 11월도 이제 하루밖에 남지 않았네그려. 음력 10월 24일이매 새해가 한 달 앞으로 다가왔고, 절기도 둘밖에 남지 않았네.

우리나라의 달력역사를 한번 짚어 볼까나.

국립민속박물관이 편찬한 『한국세시풍속사전』을 웹(Web)에서 검색하여 역법曆法을 간추려보았네. 조선조는 효종4년(1652년)에 청나라의 역법이었던 시헌력時憲曆을 채택했네. 청나라도 시헌력을 서양에서 도입했다고 하니 서양역법이라고도 할 수 있지. 이 시헌력이 지금 우리가 사용하는 음력이로세. 음력을 태양·태음력이라고 하는 까닭은 음력이 달의 운행을 기준으로 하지만 태양의 운행을 동시에 고려했기 때문이라고 하네. 예를 들면 음력에서 말하는 24절기는 달의 운행을 기본으로 한 것이 아니라 태양의 움직임에 따른 것이라고 하네. 음력에서는 태양의 [19]황경黃經이 0도, 15도 ,30도가 되는 식으로 15도씩 차이가 나는 시점時點마다 절기 하나씩을 두고 있네. 이리하여 음력 달력에 있는 동지, 소한, 대한[20], 입춘, 우수, 경칩 등 24절기는 음력에 있는 양력인 셈일세.

우리나라에서는 예부터 하루를 자, 축, 인, 묘 등 12지支로 나누었으며 자시子時는 한밤중이고 오시午時는 한낮에 해당하네. 저녁에는 5경五更을 두었는데 경의 길이는 계절에 따라 달랐다고 하네. 밤이 짧은 여름의 경更은 겨울 경의 길이보다 짧게 만들었다네. 이는 실용적인 측면에서 밤을 헤아렸다는 증좌가 아니겠는가.

우리나라도 세계적인 추세에 따라 1896년부터 태양력을 공식적으로 사용하게 되었다고 하네. 그러나 그 후에도 왕실의 기제사나 생년일시, 굵직한 기념일 같은 것은 음력으로 시행했다고 하네.

태양력을 사용하기 시작한지 어느덧 110년이 넘었지만, 아직도 시헌력이 널리 사용되고 있는 것을 보면 역법이 생활 속에 얼마나 깊이 뿌리내리고 있는지 알 수 있음이로세.

---

19) 황경 : 황도 좌표의 경도經度. 춘분점을 기점으로 하여 황도를 따라서 동쪽으로 돌아 0도에서 360도까지 잰다.

황도 : 태양의 둘레를 도는 지구의 궤도가 천구에 투영된 궤도. 천구의 적도면에 대하여 황도는 약 23도 27분 기울어져 있으며, 적도와 만나는 두 점을 각각 춘분점, 추분점 이라 한다.

20) 대한 : 이십사절기의 하나. 소한과 입춘 사이에 들며, 태양의 황경이 300도에 이른 때로 한 해의 가장 추운 때이다. 1월 20일경이다.

존경하는 K형!

새해가 시작되기 두어 달 전부터 여러 기관단체나 업소에서는 홍보를 목적으로 하거나 관계자들의 편의나 참여를 유도하기 위해서 달력을 만들고 있음은 근년의 추세가 아니던가. 연말에 즈음해서는 만든 달력을 배포하느라고 분주하지.

달력의 체재도 많은 변화가 있지 않았던가. 8·15해방이나 6·25 전후 어렵던 시절에는 12달을 한 장에다 편집한 달력이 대부분이었네. 산업화 과정을 거치면서 다양한 모양으로 변화 발전하는 모습을 우리가 보아왔지. 12장으로 된 벽걸이용, 탁상용, 365일을 하루씩 뜯어내는 일력日曆 등 용도에 따라 아름답고 편리한 캘린더가 쏟아져 나오고 있지 않는가.

연말이면 네댓 곳에서 달력을 선물 받고 있다네. 모든 달력은 양력이 주이고 음력이 종으로 되어 있지. 젊은 사람들에게는 양력 위주의 달력이 좋을지 모르지만 나는 양·음력이 병기된 달력을 선호한다네. 양력 날자 밑에 음력일이 있고 일진日辰과 월건月建[21], 절기가 기록돼 있어야 하지.

달력이 단순히 나날의 세월만 알려주는 시간좌표가 아니고 생활전반과 연계되어 있음은 K형도 잘 알지 않는가. 그래서 음력도 중시하는 농협·축협·수협 같은 곳에서 배포하는 달력은 양·음력이 병기되어 있어 인기라네.

나이가 들어 기억력이 무디기 때문에 달력에다 그달의 행사를 미리 표시해 두어야 하지 않는가. 관혼상제에 따른 날자와 장소, 가족들의 생일, 병원 예약일, 참여하는 단체나 모임의 행사, 그때그때 날아오는 청첩장이나 다른 알림장 등의 내용을 말일세.

---

21) 월건月建 : 십이지十二支를 일 년 열두 달에 짝지어 놓은 것. 음력 1월은 인寅, 2월은 묘卯, 3월은 진辰, 4월은 사巳, 5월은 오午, 6월은 미未, 7월은 신申, 8월은 유酉, 9월은 술戌, 10월은 해亥, 11월은 자 子, 12월은 축丑과 짝짓는다. 단, 윤달이 있을 때는 차례를 위로 올린다.

부잡한 어린 손주 녀석의 훼손위험을 감안한다면 손전화나 인터넷의 일정관리 메뉴를 이용할 수도 있지만, 벽에 걸어놓은 달력은 온 가족이 아무 때나 한눈에 볼 수 있어서 편리하지. 이래저래 음력이 표기된 달력은 월중행사표요, 일기장이요, 메모판이요, 일정을 관리해 주는 비서가 아니던가.

존경하는 K형!

겨레의 문화와 전통과 세시풍속에 관심을 갖는 사람이라면 음력을 주시注視하게 되어 있네. 우리 역사와 전통문화의 바탕이 모두 음력으로 돼 있기 때문일세. 세시풍속을 가사작품으로 정리한 농가월령가農家月令歌만 보더라도 음력의 시간단위로 되어 있지 않던가. 조상들의 지혜로움을 알 수 있는 대목일세.

오늘날에도 농어업에 종사하는 사람들은 음력을 따르지 않을 수 없네. 아내와 내가 70여 평의 주말농장을 하고 있음은 K형께서도 아시지 않는가. 절기에 맞춰서 씨앗을 뿌리고 수확해야 하는데 시기를 놓치는 바람에 낭패를 본 적이 한두 번이 아니었네.

한사리와 조금은 출어시기와 밀접한 관계가 있음도 알아야 하지. 보름게는 살이 찌고 그믐게는 살이 빠지는 까닭쯤은 알아둬야 할 상식이 아니던가. 음력과 관련된 생활문화의 단면이로세.

음력의 문화적 가치를 잘 모르는 젊은이 가운데는 케케묵은 구시대의 유물쯤으로 치부하는 경향이 있음은 안타까운 일이로세. 이는 서양문명에 대한 막연한 동경심에서 비롯된 것으로 그 뿌리에는 자기 것을 하찮게 생각하는 잘못된 의식이 자리 잡고 있음이지. 음력뿐만 아니라 우리 것에 대한 보다 많은 관심과 애정이 필요한 때라고 생각하네.

동적골 소식

50여 년 전 국어교사 시절이 떠오른다. 국어교과서에는 여러 장르의 문학작품들이 올라있다. 시인이요, 수필가인 금아琴兒 피천득皮千得 님의 수필 「나의 사랑하는 생활」을 가르친 적이 있다. 효학상장敎學相長이란 말대로 가르치면서 배웠던 감명 깊은 글이었다. 간결 깔끔한 문장 속에는 '인간 피천득'의 본바탕이 고스란히 들어나 있다.

그의 작품세계는 크고 넓은 것이 아니라 생활 속에서 겪는 작은 것들을 좋아하고 사랑한다. 갓난이의 머리카락, 갓 돋은 연두색 나뭇잎, 갈대에 부는 바람, 골목에서 듣는 피아노 소리, 아름다운 얼굴, 젊은 웃음소리, 붉은 단풍, 친구와 향기로운 차 마시기, 돈이 없어서 적조해진 친구들을 초청하기, 늙어가는 학자의 희끗희끗한 머리카락을 좋아한다고 했다. 이렇듯 소박하고 조촐하며 소소한 일상적인 것들을 아끼고 사랑한다.

> "나는 우선 내 마음대로 쓸 수 있는 돈이 지금 돈으로 한 오만 원쯤 생기기도 하는 생활을 사랑한다."로 시작된 병렬식 단문은, "그리고 나는 젊

잖게 늙어가고 싶다. 남의 공적을 부러움 없이 찬양하는 것을 좋아한다. 여러 사람을 좋아하며, 아무도 미워하지 않으며, 몇몇 사람을 끔찍이 사랑하며 살고 싶다. 내가 늙고 서영이가 크면 눈 내리는 서울 거리를 같이 걷고 싶다."로 끝맺는다. 원고지 한 스무 장 분량의 이 글 중반에는, "나는 아름다운 빛을 사랑한다. 골짜기마다 단풍이 찬란한 만폭동, 앞을 바라보며 걸음이 급하여지고 뒤를 돌아다보면 더 좋은 단풍을 두고 가는 것 같아서 어쩔 줄 모르고 서 있었다."

이 대목은 산수풍광, 자연 사랑의 감성이 두드러진다.

경제발전은 생활수준을 끌어올렸다. 따라온 변화는 세상 보는 눈을 부드럽고 여유롭게 만들었다. 아름다움을 살피는 사고패턴(pattern)은 소박 단순 조촐 수수한 것 등 소소한 일상과 풍광을 챙기게 했다. 자유와 한가를 누리는 생활과 아름다운 인간관계를 소망하게 되었다. 금아琴兒선생의 작품세계가 판에 박은 듯 현실화한 샘이다.

요 사오년 사이, 소삽疏澁했던 무등산자락에 새 산책로가 만들어졌다. 수십억을 들여 동산천을 개수하고 다리도 세 개나 놓았다. 굽이굽이 연도에는 갖가지 화초와 사철 이어 피는 꽃나무를 심어 가꾼다. 군데군데 쉼터를 만들고 운동시설도 갖추어 놓았다. 시민들의 소요산회逍遙散懷 명소로 태어난 것이다. 이름 붙여 '동적골 산책로'이다.

이른 봄 연도에는 산수유가 꽃망울을 터뜨리면서 화신이 시작된다. 사군자의 매화, 나리나리 개나리, 영춘화, 목련, 여의도 벚꽃, 김소월 진달래, 패랭이의 꽃잔디, 영랑의 모란, 세석평전 철쭉, 백만 송이 장미, 네덜란드 튤립, 흰쌀밥 배롱나무, 잎겨드랑이 목부용, 이효석의 메밀꽃, 살살이꽃 코스모스 같은 이름 있는 화목들이 철따라 꽃을 피워 가히 식물박물관이다.

동산천에는 물줄기로 무지개 그리는 분수대가 들어섰다. 맑은 물 개울에는 송사리, 피라미, 갈겨니, 각시붕어가 한가로이 헤엄친다. 넝쿨그늘막이도 군데군데 파라솔이다. 시민들 문화정서 아름다이 가꾸는 시비도 곳곳에 서있다. 맨발 길, 작은 정자, 환상의 루미나리에 깜빡이등, 대낮 같은 LED보안등은 또 다른 운치다. 새인봉 등산길 아래, 오리五里남짓 평탄한 산책길은 노약자의 안성맞춤이다.

녹색환경 미래 여는 관문, 행정안전부 '우리 마을 녹색길 Best 10'로 선정되기도 한 동적골 산책로에는 웰빙(Well-Being)을 추구하는 인파가 밤낮 없다. 웰빙족이란 심신의 안녕과 행복을 추구하는 무리, 나만의 방식으로 건강을 지키고 그것을 통해 행복을 느끼는 사람을 가리키는 외래어다. 연도에는 주말농장 산밭이 제법이고 수목원, 과수원이 듬성듬성하다. 소나무 전나무 편백나무 청청한 산자락에는 농막農幕이란 이름의 양옥 두세 채가 그림이다. 고색창연한 산사 풍경소리 맑고 석양 범종 골짜기를 흐른다. 봄여름 벌 나비 종다리 멧새들 나닐고, 메숲진 산허리엔 춘치자명春雉自鳴 장끼, 꾀꼬리, 뻐꾸기 소리는 눈귀를 매끄럽게 하는 교향시다.

유년시절 고향산천 이미지가 선연한 동적골은 내 삶의 향도嚮導다. 쾌적한 전원정취 수려한 경관을 벗한 지 어느덧 수삼 년, 여생의 적실한 동반자다. 따르는 덤도 두툼하다. 작품구상과 교우다. 글의 골자를 찾아 뼈대를 세우는 작업장이요, 심우와 소통하는 만남길이다.

동적골은 세월의 뒤안길에서 고단한 삶을 살았건, 너절하고 허름하게 살았건, 학덕을 갖춘 고결한 선비로 살았건, 악전고투 끝에 정상에 올랐건, 주먹 휘두르며 살았건, 낯선 이방인이건 그 누구라도 하위하박何爲何薄하지 않는 아늑한 가슴이다.

동적골 넓고 깊은 품속은 아기자기하다. 오가며 스쳐 지날 때 먼저 눈인사하는 친절 겸손한 사람들이 많아서 좋다. 알사탕 하나를 건네면서 붙임성 있게 말 걸어오는 사람도 좋다. 비오는 날 우산 없이 걷는 사람을 끌어들여 어깨동무하는 사람은 더 아름답다. 꽃비 날리는 날 스마트폰 들이대 찰칵해 주는 사람은 멋쟁이다. 앞서 걷던 노인이 휘청거리면 재빨리 부축해 주는 사람은 백의천사다. 유모차 타고 가는 갓난이를 얼러 웃기는 사람이 도탑다.

전립선 노옹의 노상방뇨를 안 본 척 지나치는 아낙네들 입은 천근千斤이다. 좁은 산책로에 고급외제차 몰고 와 클랙슨 눌러대는 얼간이에게 눈 흘기지 않는 사람은 점잖다. 내내 개근생 노인이 며칠 보이지 않으면 혹여 병원에 실려 간 게 아닌지 동병상련하는 이웃사랑도 넘친다. 주말 소풍에 싸온 음식 구면에게 나눠 주는 인심이 넉넉하다. 쉼터에서 호리병 기우리던 소풍객들 과객 불러 잔 내밀면 풍류다. 졸지에 아내 잃고 숫기 없는 홀아비에게 술밥 사 위로하는 인정가화는 훈풍이다. 한여름 모시 고의적삼에 두루마기 떨쳐입고 나들이 가는 가시버시 선망하는 여느 늙은이들이 순진하다.

고독과 우울의 담장 뛰어넘은 환한 얼굴이 기껍다. 구순 고령에도 내 일에의 열정으로 팔팔한 노수老壽를 우러른다. 노욕과 사심邪心 털어내고 홀가분히 동적골을 즐기는 노옹들이 갸륵하다. 내 시비 앞에서 시낭송을 조르는 젊은 아낙들의 아양이 사랑홉다. 글쓰기로 탄력 받아 노후가 청춘이었다는 후일담이 회자되기를 은근히 희망한다.

동적골 노구老軀들이 죽음 앞에 비굴하지 않고 담담하고 의연하게 예비하는 모습을 경외한다.

'나의 사랑하는 생활'의 금아가 아니라도 동적골 선량한 산책객들이 한결같이 바라고 좋아하고 사랑하는 것은, 평범하고 소박하고 조촐한 것들과 자연친화적인 평범한 일상과 아름다운 인간관계에 대한 소망들이다. 백세시대에 즈음하여 9988234를 내심 기구하지 않는 이가 있으랴만, 무턱댄 백수白壽는 그다지 아름답지 않음은 왜일까.

만고강산의 전설

22)수연산水蓮山 서남쪽 어깨 끝에 23)동구산東龜山 솟아있고, 수연산 계곡 서양리에서 발원, 남쪽으로 굽이굽이 흐르는 24)동화천東化川 중하류 25)서답바우 양안 고래실, 배산임수 길지로 이름난 가정리柯亭里는 부르기만 해도 가슴 뭉클한 내 고향이다.

26)새지막거리 넘어와 27)새암거리에서 서쪽길로 접어들면 당산나무 언덕 아랫집이 서촌의 큰댁이라. 창연한 두세 채 기와집이 의연히 반기네. 동쪽 화단에는 감국꽃들이 청초한 얼굴로 다소곳이, 방년처럼 화사하게 반기네. 화단 뒤쪽 대밭에는 고고한 선비들이 지조를 사각이고 있네. 문득 小天 金千斗의 국죽도菊竹圖가 삼삼하네.

---

22) 수연산 : 가정리의 북쪽에 위치한 산. 해발 약 541m.
23) 동구산 : 가정리의 서북쪽에 위치한 산. 해발 약 295m.
24) 동화천 : 수연산 서양리에서 발원해 황룡강에 합류하는 10.8km 길이의 하천.
25) 서답바우 : 가정리 서쪽에서 남북으로 흐르는 동네 앞 동화천으로 빨래터의 별칭.
26) 새지막거리 : 동네로 진입하는 곳의 언덕바지
27) 새암거리 : 샘터, 동네 한가운데에 있으며 심한 가뭄에도 마르지 않는 샘물임

능상고절수凌霜高節秀 : 서리를 능멸하니 높은 절개 빼어났고,
유향한사흠幽香寒士欽 : 그윽한 향기 28)한사寒士가 공경하네.
공심능수직空心能守直 : 속은 비었으나 능히 곧음을 지키니
탁절가상청卓節可常靑 : 높은 지조 항상 푸르구나.

헛간 지붕 위 박 넝쿨엔 바가지어미 서너 개 가부좌 틀고 앉았네. 대청마루 늙은 고양이 선하품에 기지개 켜는데, 안대로 눈 가린 늙은 삽사리 꼬리쳐 핥네. 서리병아리 스무남은 거느린 어미닭. 씨암탉걸음으로 개바자 밑 헤집어 지렁이 물고 흔들대며 눈 익히는 어미닭, 모정이 듬직하네. 큰댁, 파노라마가 동영상이로세.

후덕한 중늙은이 당숙모와 재종매들, "워따매 너 왔냐? 오래 간만이다잉~" 손잡아 흔들며 반기네. 가는 날이 장날, 종갓집 제삿날이라. 김 모락모락 시루떡 한 가닥에, 용수 속 노리끼리 29)신도주新稻酒 한 표주박 듬뿍이 30)낙주落酒 손뿌려 턱밑에 들이대네. "31)징주澄酒 맛이 어쩌냐? 준峻허지야~." "니가 오닝게 집안이 꽉 차는 것 같고나."

"참말로 언제나 평난平亂되어 발 뻗고 잘 날이 올란지 모르겄다이~." "하로하로가 살얼음판이니 말이여.", "요새 공비토벌을 바짝 서두르고 있다는디, 느그 아재 말이여~ 산속에서 고상 고만허고, 어서 내려와 자수해불면 살 텐디 말이여~."

수십 년만의 고향길이다. 설레는 가슴 부여안고 차에 올랐다. 연도를 언듯언듯 눈여기다가 32)비몽사몽간非夢似夢間에 꾼 꿈속의 이야기였다.

28) 한사 : 가난하거나 권력이 없는 선비.
29) 신도주 : 햅쌀로 빚어 익은 술.
30) 낙주 : 술을 뜬 표주박에서 방울방울 떨어지는 술.
31) 징주 : 막 거르지 않고 술독에 용수를 박고 떠낸 술

아른거리는 몽환夢幻에서 깨어 생각노니 어렸을 적 동네 일갓집 모습이 선연했다. 당숙모의 넋두리는 당신만이 아닌, 시대의 아픔으로 한국전쟁을 겪은 세대들의 앙금 그것이었다.

상전벽해라 했던가. 올해로 몇 해더라, 내가 출향한 지가? 내 고향 가정이의 모습은 간데없고 순박했던 인심은 왜 이다지도 야박해졌을까나. [33]만고강산의 진리는 전설 속의 이야기 아닌가. 언제 들어도, 언제 불러 봐도 부드럽고 정겨운 가정이는 어머니 품속이다.

도로의 노면불럭 하나 보수하드라도 엄격한 규정에 맞춰 시행하는 '로마'시 당국의 유적 보존 관리는 세계적 전범이다. 정통성 없는 군사정권은 산업화니 개발이니 사탕발림 회유책을 남발했다. 그 고장, 그 동네 특성이나 경관, 전통을 살려야 함에도 분별없는 잣대를 들이댔다. 헐고 부숴 새로 짓는 등 온 나라를 난도질했다. 내 사랑 가정이도 하릴없이 절단났다. 새지막거리는 낯선 타향이고, 새암거리에 서서 향수에 젖는 아이러니가 웬 말인가.

대막대 말 타던 깨복쟁이들 어느덧 한줌 흙으로 누워있고 그나마 두엇은 지팡이에 노구를 의지하는 [34]포병객抱病客이다.

동네 어른 볼작시면, "진지잡사겠는게라우?" "몸이 실섭하시다더니 좀 어떻신게라우?" 가난하게 사는 동네 친구에겐 "가세, [35]꼽쌀미라도 우리 집서 한술 뜨게" "헌 이불이라도 솜은 두툼헝께로 갖다 덮소." 내 태 자리

---

32) 비몽사몽간 : 완전히 잠이 들지도 잠에서 깨어나지도 않은 어렴풋한 순간.

33) 만고강산 : 아주 오랜 세월 동안 변함이 없는 산천.

34) 포병객 : 몸에 늘 병을 지니고 있는 사람.

35) 꼽쌀미 : 쌀을 전혀 섞지 않은 보리쌀로만 지은 밥.

옛 얼굴과 순후 순박한 미풍의 자취가 묘연하니 어디서 찾으랴.

'[36]미장이의 비비송곳'으로 [37]무연憮然했지만 변화가 몰고 온 시대상황으로 지긋이 눌렀다.

고향땅을 찾은 것은 [38]수구초심이었다. 휘휘 둘러보고 유소년을 되짚을 흔적들과 해후하려 했다.

허망과 공허가 가슴을 짓눌렀지만 영원한 추억으로 담아갈밖에…….

---

36) 미장이의 비비송곳 같다 : 깊은 생각에 빠져 안타깝게 되풀이하며 고민함을 이르는 말.
37) 무연히 : 크게 낙심하여 허탈해지거나 멍하다.
38) 수구초심 : 여우가 죽을 때에 머리를 자기가 살던 굴 쪽으로 둔다는 뜻으로, 고향을 그리워하는 마음을 이르는 말.

메마른 어휘밭갈이

지난주에 50대 여류시인의 출판기념회에 참석했다. 시집이 주인 닮아서 체재와 장정이 끌밋하다. 수줍음 타는 이팔소녀인 듯 눈에 쏙 든다. 화환과 꽃다발이 줄지어 빽빽하고 하객들이 벅적거려 대성황이었다. 시인이 단상에 올랐다. '시인의 변辨'이 절실하게 와 닿았다. 시의 잉태와 산고를 진솔하게 털어놓는다.

어휘의 빈곤과 짜잔한 용어술(用語術: 그 자리에 놓일 가장 적합한 단어를 찾는 일)로는 옥동자는커녕 팔삭둥이가 십상팔구다. 이 지어먹은 고난의 행군은 아름답게 늙어가려는 욕구를 누르고 지레 늙게 한다.

드라마를 시청할라치면 첫 화면에 허구와 현실을 뒤섞었다든지, 역사적 사실을 바탕으로 재구성했다든지 따위의 해설을 붙인다. 그런데 그것을 읽을 틈도 안 주고 눈 깜짝할 사이에 다음 화면으로 바뀐다. 궁금하기 짝이 없다. 같은 맥락으로 언뜻 단어 하나가 떠올라 메모하려는데 일순간에 종적이 없다. 이런 낭패라니, 안타깝다.

언어는 금모래다. 단어의 운용이 매끄러우려면 어휘자원이 넉넉해야 한다. 어느 시론詩論을 보면 국어사전을 세 번쯤은 외우듯이 읽어야 한다고 권한다. 그럴만한 끈기도, 암송력도, 요량도 없고 보면, 깜냥 쌓기에 매진할 밖에 없다. 사전에서 단어 하나를 찾으려도 식은 죽 먹기가 아니다. 종이사전 엷은 책장을 넘기려면 하릴없이 풀기 없는 손가락에 침을 발라야 한다. 시 한 편, 상화 한 편을 낳으려면, 어휘와의 치열한 전쟁을 치러야 한다. 냇물 속의 모래나 사금광砂金鑛에서 재벽을 캐내도 빛나는 보옥으로 다듬으려면 대가를 치러야 한다. 강도 높은 정련을 거쳐야만 비로소 보옥으로 태어난다. 언어도 마찬가지다. 척박하고 메마른 언어밭에서, 칠흑 속의 술래로 죽살이를 쳐야 한다. 일련의 고행은, 그 자리에 꼭 알맞은 단어 하나를 찾아 헤매느라 날밤을 새우는 숙명의 대결이다.

뾰족한 제곱근이 하나 있다. 막고 품는 것이다. 한글창에 폴더를 만들어 저장해 놓고 골라 쓰는 일이다. 매력적인 말, 아름다운 말, 고어, 고유어, 시쳇말, 신조어, 인터넷신조어, 외래어, 은어, 동식물의 이름, 기후와 관련된 말, 생소한 사물의 이름, 기타 국어사전, 유의어사전, 반어사전 따위에서 추려 옮긴 말 따위다. 길을 걷다가 떠오르는 말은 준비한 메모장에 급히 적는 것이 기본이다. 그나마 메모 도구를 잊었을 때엔, 스마트폰의 버튼을 활성화해 단어를 녹음하거나, S메모를 클릭한다. 이렇게 모아둔 어휘들은 '오방五方주머니'다. 주머니 끈이 느슨해 뽑아 쓰기에 편리하다. 이 오방이야말로 시적파격詩的破格과 시적조사법詩的措辭法의 모태임에 틀림없다고 토로하고 있다.

시인의 웅변은 토실한 알밤으로 절절했다. 문우들의 심금을 휘젓는 시론은 한 여인의 너스레나 수다가 아닌 적실 그것이었다. 흐릿했던 사려가 뚜렷한 이미지로 다가왔다. 떡국값도 제대로 못하는 터수에, 모처럼 내 품에 맞는 과녁이었다.

모기장 속의 모기장

세월의 번뇌를 여의고 단 두장으로 남은 달력이 쓸쓸히 징검다리를 건너는 11월 하순이다.

겨울 문턱을 넘어선 지 한참이다. 아침 외출에서 돌아온 아내는 손이 시리다고 가스히터에 불을 켠다. 해도 짧아져서 여섯시면 칠흑으로 어둡다. 절서가 소설인데도 노익장을 자랑하는 미물, 모기장군이 출몰한다.

저녁이면 애잔한 노구를 겨냥하여 호시탐탐 윙윙거린다. 온난화와 같은 이상기후 탓이리라.

늦모기가 발호하는 까닭을 보건당국에 알아보았다. 근래 모기들은 환경조건의 변화에 견딜 수 있는 내성이 생겼다고 한다. 웬만한 추위는 이겨낸다고 하니 생태계의 변화를 알만하다. 낮에는 그런대로 은신하고 있다가 밤이면 따뜻한 집안으로 모여든다는 것이다. 살아남기 위한 '정글의 법칙'이라는 설명이다. 모기향이나 인피래스를 뿌리면 되련만 아내가 냄새를 싫어해서 그러지도 못한다. 모기장 속의 집필과 취침! 야릇하고 이

색적인 '역逆정글의 법칙'이다. 젊은 시절에는 모기에 물리는 것쯤 대수롭지 않았지만 면역력이 떨어진 노인임에랴 말해 무엇 하겠는가. 입동 소설 절기에도 모기장을 갈무리하지 못하는 까닭이다.

나이의 별칭들이 많다. 고희, 산수, 망구, 졸수, 백수 따위가 그것이다. 그런데 좀 범위가 넓고 색다른 모기耄期라는 것이 있다. 여든 살에서 백 살까지의 나이를 말하는데 모耄는 80~90세, 기期는 100세를 이른다고 한다. 나도 바야흐로 모기耄期에 접어들었다. 평균 수명이 길어졌다고 해도 모기를 산다는 것은 그다지 호락호락하지 않을 듯싶다. 모기耄期의 가슴이 무한대로 넓거나 너그럽지는 않을 것이다. 수틀리면 언제라도 내쳐버릴 수 있는 엄정한 잣대를 지니고 있기 때문이다.

방호막防護幕인 '모기장帳' 속에서 동음이어同音異語 모기耄期를 연상하게 되는 것은 결코 단순한 발상이 아니다. 모기耄期를 잘 살아내려면 갖가지 악령으로부터 스스로를 방호해야만 한다. 그런 맥락에서 인생의 모기장耄期帳을 튼실하게 정비해야 하지 않을까. 모기장耄期帳 안에서의 깨달음이다.

1990년대 중후반, 공직에서 정년퇴임할 당시만 해도 이 나이에 컴퓨터는 해서 뭣 하느냐는 생각으로 전산공부의 기회가 많았지만 게을리 했다. 기초부터 단계적 체계적으로 배웠어야 하는데 여기저기 기웃거려 어깨 넘어 동냥공부를 한 까닭에 주추가 흔들린다. 늦었다고 생각하지 않고 지금이 기회라고 생각했다. 어떻게든 튼실한 주춧돌을 깔기 위해 어려이 뛰었다. 새로운 과정을 개설한 곳이라면 불원천리로 달려간다. '학지호몰이후지學至乎沒而後止'는 순자荀子가 한 말이다. 배움은 죽음에 이르러서야 멈추는 것이라는 뜻이다. 평생학습시대에서 배움은 삶의 토양이 되는 것이기에 한 과정이 끝났다고 해서 멈출 수는 없는 노릇이었다.

부지런히 뛴 보람으로 이젠 문서작성에는 불편이 없다. 옹색하고 어색한 독수리 타법을 벗기 위해 타자연습도 무던히 했다. 어렵사리 이백타二百打는 되니 웬만하다. 모기장耄期帳의 교훈을 좌우명으로 삼았던 덕일 것이다.

내 또래에도 컴퓨터의 대가들이 있다. 그분들의 공통점은 단 하루도 쉬지 않고 위편삼절韋編三絶[39] PC와 사랑의 밀어를 속삭인다는 점이다. 육체는 비록 모기에 들어있지만 모기장耄期帳 속의 정신력은 아직 꿋꿋하다. 삶의 소한 대한 한가운데 서서 평생학습의 자세로 사는 그분들을 부지런히 배워야겠다고 다짐한다. 모기耄期를 활기차게, 보람 있게 사는 지름길은 평생학습 같은 모기장耄期帳을 잘 치는 일이기 때문이다.

[39] 韋編三絶 : 공자가 주역을 즐겨 읽어 책의 가죽 끈이 세 번이나 끊어졌다는 뜻으로, 책을 열심히 읽음을 이르는 말.

문우 민경옥 교수와의 교신

존경하는 H형, 한동안 격조했네요.

오늘은 대학교 음악학과 교수이자 오페라 작가이며 수필가인 민경옥 님의 글을 소개하려고 합니다. 민 교수와는 평소에 작품을 주고받아 스스럼없이 합평하는 사이입니다. 민 교수의 음악이력을 소상히 모르기에 자기소개를 요청했더니 30여년의 음악인생에 관한 두 편의 글을 보내왔어요. 나도 글 한편을 써 보냈지요.

존경하는 H형, 일별一瞥하시고 강평해주십시오.

피아노와 함께

6·25 전쟁이 끝나고 불과 몇 년밖에 지나지 않은 시절에 피아노를 배운다는 것은 호사 중에 호사였다. 엄마는 60여 년 전, 옛날인데도 지금

의 강남 엄마들처럼 유난히 교육열이 높아 딸 셋 중 큰 딸에게 우선순위로 피아노 레슨을 시켰다. 그것도 물어물어 교수님을 사사했다.

막내인 내가 초등학교에 들어갔을 때 엄마는 작은 언니와 나에게 말씀하셨다. 형편상 우리 둘 다에게 피아노 레슨을 시킬 수 없으니 한 사람만 가르치겠다는 것이었다. 그 말이 끝나자마자 내가 톡 튀어나와 말했다. "우리 가위 바위 보로 정하자." 엉겁결에 작은 언니는 가위 바위 보를 했다. 내가 이겼다. 이것이 언니는 전업주부로, 나는 음악의 길로 가게 되는 갈림길이 될지 누가 알았겠는가.

만약 그날 내가 이기지 못했다면 난 언니처럼 순순히 물러나지 않았을 것이다. 기회를 봐서 엄마를 졸라댔겠지. 그러나 언니는 그다지 마음에 없었는지 정작 그 일을 기억하지 못한다. 그래도 어처구니없는 방법으로 언니의 기회를 박탈한 것이 못내 미안해 나는 아직도 빚진 죄인의 심정이다. 언니가 음악적 재능이 없는 것도 내 탓인 양 지금도 우리 집에서 언니 집으로 오만가지를 퍼 나른다. 이것이 내가 이룬 음악의 결실을 나누는 속죄의 길이라 생각한다.

엄마의 기대와는 달리 몇 년을 배워도 큰 언니와 나는 신동 모차르트처럼 될 기미는 애당초부터 없었다. 큰 언니같이 끈기라도 있었으면 좋으련만 나는 그마저 아니었다. 피아노를 치고 있으면 왜 그렇게 시간이 안 가는지. 시계를 원망스럽게 바라보다 피아노 걸상 위에 올라가 까치발을 하고 시계 바늘을 돌려놓았다. 이렇게 간단한 걸 그동안 괜한 몸살을 했다며 내 꾀에 감탄했다. 선생님께 걸렸다. 지청구를 들으며 귀신이 따로 없다고 생각했다.

동네에 무용소가 생겼다. 피아노 치러가다 잠깐 들러 구경이나 할까

했던 것이었다. 이층 계단에 앉아 애들이 춤추는 것을 보고 있자니 이런 재미있는 구경이 없었다. 피아노는 하루 빠지고 이틀 빠졌다. 피아노 가방을 무릎 위에 올려놓은 채 삼매경에 들어갔다. 순서와 동작도 다 외웠다. 집에 오면 가방을 내던지고 대청을 겅중겅중 뛰어다니며 복습을 했다. 수강료를 내고 다니는 애들보다 내가 더 잘하는 것 같다며 스스로 도취했다.〈레슨비 사건을 생략했습니다.〉

이제라도 피아노를 끊고 나를 무용소로 보냈다면 지금쯤 내 얼굴이 신문에 크게 났을 텐데 어른들은 피아노에만 집착했다. 그 시절 춤에 대한 긍정적인 인식이 없어서 그랬나 보다. 중학교 특활시간에 그렇게 하고 싶었던 무용반에 들어갔다. 무용을 전공하는 친구들과 어깨를 나란히 하고 콩쿠르에 나가 상도 받았다. 그때 놓고 나오기 아까웠던 내 트로피는 아직도 교장실에 있는지.

대학 진학을 위해 고민할 때다. 무용선생님은 무용과에, 체육선생님은 기계체조를 하라며 어지간히 애를 쓰셨다. 특기할 것은 국어선생님은 국문과를 택하라고 하신 것이다. 선생님께서 내가 몇 자 끼적거린 것을 보고 하신 말씀인데 나는 가당치도 않다며 손사래를 쳤다. 중년이 넘어 글 쓰는 취미가 생기자 그 선생님의 선견지명이 생각 나 헛웃음을 짓곤 했다.〈제목을 바꿨기 때문에 이 부분에 현실비판을 하지 않았는데 어떻게 생각하시는지요.〉

이런 제의들을 단번에 종결시킬 수 있는 음악선생님의 구체적인 러브콜이 있었다. 그 당시 내 노래 실력이 이제부터라도 성악 레슨을 한다면 좋은 대학에 합격할 수 있는 수준이라는 것이었다. 좋은 대학이라니. 이보다 더 매력적인 희망이 있을까. 고지를 향해 달렸다. 집에서는 피아노와 스테레오 전축까지 사 들이며 나를 응원했고, 나는 공부와 성악 레슨은 물론 필수과목인 음악이론 과외도 받았다. 남보다 여러 가지 공부를 하려니 항상 시간이 모자라 길을 걸을 때나 버스에서도 아랑곳 하지 않고 음악책을 들고 다니며 연습했다. 그 때도 입시전쟁이란 말이 있었지만 나에게는 이 자락이 내 인생에서 가장 아름다운 추억거리이다. 고지는 점령되었다.

시집 올 때 음악 하는 며느리라고 시아버님께서 피아노를 예물로 사주셨다. 내겐 두 번째 피아노였다. 이 피아노가 참 고생 많았다. 한 번도 자신의 연주에 만족하지 못하고 더 나은 연주에 집착하는 주인을 만났기 때문이었다. 주야장천 혹사시키는 나에게 피아노는 30년 이상 묵묵히 지기가 되어 주었다. 게다가 학생들 레슨은 또 얼마나 많이 했던가. 어려울 때 식구들을 먹여 살린 일등공신이었지.

몇 번 이사를 다니다보니 볼썽사납게 얽었다. 윤기 잘잘 흐르던 포마이카(formica)도 빛이 바랬다. 대학 강단에 서기까지 희로애락을 같이해 준 이 피아노를 내가 얼마나 고맙게 생각하는지 알 턱이 없는 사람들이 이런 천연기념물은 없애고 새 것을 사라며 놀렸다. 그러나 이야기가 가득한 내 음악 인생의 동반자를 밀어 낼 수는 없었다.〈아직도 설명이 부족하죠?〉

그 후 10년 정도 손을 놓았더니 이제는 정말 애물단지가 되었다. '자리만 차지하는데 팔아 버릴까?' 몇 번이나 망설였다. 중·고상에 전화하기로 마음을 정한 날 혼자 뜨거운 눈물바람을 했다. 15만원에서 20만원 준단다. 말이 끝나기도 전에 끊어버렸다. 노부모를 지게에 메고 고려장을 지내기 위해 산으로 갔다가 다시 모시고 내려온 자식의 심정이 이럴까?

(2012. 5. 4. 민경옥)

작은아버님 1주기를 맞아, 追慕集에 삼가 올립니다

· 그리움 · 1

처녀시절 여자가 시집가서 7년이 지나면 본색이 나온다는 어른들의 말씀을 귀동냥으로 듣곤 했습니다. 제가 오씨 가문으로 시집 와 7년이 막 지난 연말입니다.

추억 속에서 지워 버리고 싶은 큰 댁 사업의 실패는 가문에 닥친 경제위기의 시발점이었습니다. 어느 가정 하나 온전한 집이 없는 상황에서 나이 어린 새댁도 살 길을 찾아야 했습니다. 원망도 좌절도 사치스러운 감정일 뿐 어떻게 하면 어린 두 아들을 굶기지 않을까? 하는 것만이 현실이었습니다.

폭탄을 맞은 듯 뒤죽박죽인 그 어간에 다섯째 시어른이신 작은아버님께서 조용히 말씀을 건네셨습니다. 경옥이는 처음과 끝이 같아. 그 당시 제가 처음과 끝이 같은 인격의 소유자였는지 아닌지는 중요하지 않았습니다. 아가야, 처음과 끝이 같은 사람으로 살거라. 이것이 당신이 저에게 하고 싶은 메시지였다 할지라도 높으신 어른께 인정받은 대로 살아야겠다는 것이 내 인생의 길잡이가 되었습니다.

이 글을 쓰는 지금 그 말씀이 내 자존감이 되어 올 곧게 살려고 다잡았던 순간들이 밀려오면서 눈시울이 젖어 옵니다.

· 그리움·2

40이 불혹의 나이라고 했던가요? 제 무의식 속에서도 흔들리지 않는 여인이 되고 싶은 갈망이 있었는지 사뭇 시끄러운 싸움이 내 안에 있었습니다. 현재가 억울하다는 생각이 지배적이었고 그 모든 화살은 원칙주의자인 남편을 향하고 있었습니다. 지지받을 증거를 30분으로 압축하여 어른 앞에 감히 보따리를 풀었습니다.

작은 아버님 너무 힘들어요. 10년을 앞당겨 살고 싶어요. 길을 가르쳐 주세요. 눈물을 찔끔거리며 신파조 연극의 주인공이 되었습니다. 또한 말씀 내리셨습니다. 남편이 지금의 그 모습이 아니었다면 네 남편을 선택했겠니? 상대방의 방법대로 살게 하는 것이 두 사람이 행복하게 사는 길이야. 그 후 어떤 상황에 대입해도

정답이 되어 돌아오는 그 말씀을 증명하며 살고 있습니다. 멘토가 되어주셨던 작은 아버님. 누구의 멘토가 되어야 할 나이가 된 제가 그 날의 말씀을 감사하며 그리워합니다.

· 그리움·3

오페라 대본을 써 달라는 위촉을 받았습니다. 하나님께서 50년 전 우리 가문의 신앙고백을 재탄생시켜 음악으로 듣고 싶으셨나 봅니다. 오씨 가문 어른들의 실명이 오페라의 등장인물이 되었습니다. 무대에서는 미국 흑인 깡패들에게 맞아 유명을 달리한 장조카의 죽음이 재연 되었지요.

원수를 사랑하라는 가르침을 아들을 죽인 원수에게 실천하신 제 시아버님의 신앙고백이 아리아가 되었습니다. '슬픔을 변화시켜 크리스천의 목적으로' 50년 전의 슬픔과 50년 전의 신앙고백이 관객 속에서 숨죽이

며 눈물 흘리고 계시는 90세가 된 산증인들과 함께 하나님께 다시 올려졌습니다. 오 씨가 아닌 민 씨의 감상은 고작 이랬습니다. 현대음악으로 작곡하지 말고 고전풍으로 쓰라고 그렇게 일렀건만. 음악의 난해함을 아쉬워하는 저에게 또 한 말씀 주셨습니다. 아니야. 우리를 위한 음악이 아니라 앞으로 50년을 살 사람들이 좋아할 수 있는 음악이어야 해. 그래야 이 사건이 후세에 전승 되지.

100년을 앞서 가는 학자인 줄은 알고 있었지만 음악까지도? 음악을 전공했다는 내 입은 다물어졌고 혜안을 가지신 어르신의 이 말씀으로 작곡가는 평생 비행기를 타고 있을 것입니다. 어르신이 하신 말씀의 가치는 다음 해에 입증되었습니다.

오페라 '한국에서 온 편지'는 2005년 창작오페라 중 우수 작품으로 선정되어 2,000만 원 상금을 받았고, 2006년에 앙코르 공연을 했으니까요. 당신께서 그토록 사랑하시던 오 씨 가문의 역사에 신앙유산을 잇는 징검다리 하나를 더 놓는 데에 힘을 다하며 그리움을 대신하겠습니다.

(2008. 11. 8. 민경옥)

존경하옵는 민경옥 교수님!

이제야 민 교수님의 이력을 대충 알 것 같습니다. 독실한 신앙가정의 믿음직한 며느리, 그리고 '오페라 작가'로서의 위상을 알아 모시게 되었습니다.

총체적 파산상태에서 두 자녀를 굶기지 않겠다는 결연한 의지로써 생활전선에 투신하게 된 경위, 포마이카로 빛났던 피아노와의 동반관계를 말입니다. '뜻을 세워 고난을 잘 참고 근면성실로 이룬 사람의 전기'를 입지전이라고 했던가요? 돌이켜보면 '오늘의 한국'이 있기까지는 수많은 민 교수님의 고난행군이 있었기 때문이 아니겠습니까. 이 땅, 후예들의 빼어난 전범이십니다. 발군의 '토깽이띠'이시구요. 게재하신 '피아노와 함께'의 끝에서 두 번째 단락에 '고난의 행군'이 잘 녹아 있더군요. 거기에서, "한 번도 자신의 연주에 만족하지 못하고 더 나은 연주에 집착하는 주인을 만났기 때문이었다." 이 대목은 매우 절절한 고백이십니다. 우리 예술(문학)하는 사람들의 공감대가 아니겠습니까?

한국문인협회 소설분과 회장 김선주는 『월간문학』 2012년 5월호 권두언에서 "문인은 신에 버금가는 창조자의 역할을 해야 하는 사람들입니다. 매 작품마다 보다 새롭고, 보다 원숙하고, 보다 예술적인 작품을 생산해야 하는 예술가(문인)들의 작업은 시지프스의 바위처럼 끝없이 반복해서 산정으로 올려야 하는 아득한 고행의 길이 아닐 수 없습니다." 라고 했습니다.

민 교수님의 연주는 한갓 피아노 연주가 아닌 인생, '삶의 연주'가 아니었겠습니까. '시지프스 신화'의 바위 떠올리기 못지않은 각고의 행군이 아닐 수 없음입니다.

괄목刮目으로 돋보이시는 민 교수님!

그리움 1~3은 민 교수님의 또 다른 진면목이었습니다. 이야기가 물 흐르듯 하고, 진솔함은 독자들을 감동시키고 있으니까요.

이제 제 이야기로 페이지를 넘기려합니다. 저는 오늘 '동적골산책로'에 다녀왔습니다. 체육쉼터까지요. 제 막내아들이 중국에서 노동절연휴를 맞아 일시 귀국했습니다. 초등 3~5년생인 손주 남매를 더불고 들어왔어요. 오늘이 마침 어린이날이기도하고 화창한 날씨여서 동적골에 놀러 가자는 성화를 내치지 못했어요. 걔네들의 천방지축이 얼마나 귀여운지 내 몰골을 잊은 채 말이에요. 동적골산책로의 쉼터엔 내 시비가 있거든요. '문병란의 시비詩碑'와 함께 세워져 있습니다. 두 녀석이 제 아비한테 들었던지 할아버지 시비도 볼 겸 철쭉과 튤립군락 구경 가자면서 손을 잡아끄는 바람에 어쩔 수 없이 따라나섰지요.

남에 없는 '오줌주머니'를 차고 있는 주제에 문밖출입이 가당찮았지만, 녀석들이 오줌주머니는 쇼핑백에다 넣어 들면 된다는 기발한 아이디어까지 동원해 등 떠밀어 차에 태우는 거예요. 진입로 어귀에서 차를 버리고 걸었어요. '2만 불 시대'의 시민사회 수준에 걸맞게 조성된 산책로에는 여러 봄꽃, 특히 철쭉과 영산홍이 흐드러졌더군요. 오리五里길에는, 한물갔지만 나라발전의 주역이었던 '젊은 노인'들로 붐볐습니다. 혹여 아는 사람이라도 만나면 대답이 군색窘塞할 것 같아 가급적 고개 숙여 걷는데 두 녀석들이 그냥 놔두질 않는 거예요. 철쭉꽃과 영산홍 이야기며 동적골의 지명 따위를 끊임없이 물어대는 바람에 입에 침이 마를 지경이었어요. 오릿길에 펼쳐진 철쭉꽃군락을 보니 향가鄕歌의 '헌화가獻花歌'가 연상되더군요. 신라 성덕왕 시절, '순정공'이 절세미인인 아내 '수로부인'과 함께 명주태수로 부임하던 때의 헌화가에 얽힌 한 토막의 이야기를 생각해냈습니다.

"순정공이 종자從者들과 길가에서 점심을 먹는데, 근처의 깎아지른 절벽에 눈부시게 아름다운 철쭉꽃이 피어 있었다. 수로부인이 누가 저 꽃을 꺾어다 주었으면 좋겠다고 말했다. 그때 암소를 끌고 지나가던 노인이 수로부인의 말을 듣고는 철쭉꽃을 꺾어다가 '헌화가'와 함께 바쳤다는 삼국유사 향가의 이야기"를 들려주었지요.

어린이답지 않게 "할아버지 그 헌화가의 노랫말 좀 가르쳐 주세요"하는 게 아니겠어요. 순간 당황했지만 기억을 살려 더듬더듬 가사를 외워 일러주었지요. 그러자 큰 녀석이 "할아버지 잠깐만요." 하더니 메모장에다 적어야겠다면서 다시 외우라는 것이었어요.

> 자줏빛 바위 가에/ 잡고 있는 암소 놓게 하시고/ 나를 아니 부끄러워하시면/ 꽃을 꺾어 바치오리다.

'헌화가'를 다시 외워주며 그 노랫말을 뭣 하려고 메모하느냐고 물었더니, '상하이한국학교' 친구들에게 '뭐든 모르는 게 없는 우리 할아버지'를 자랑하려고 그런다는 것이었어요. 에끼 이 녀석! 하고 웃었지만 기특한 발상이라 한번 안아주고 뽀뽀해 주었더니 계면쩍어하더군요.

산책로변에는 작지만 두어 곳에 수목원이 있습니다. 그 중 ○○수목원에는 수십 그루의 영산홍이 흐드러졌는데 들어가 구경하자고 끌지 않겠어요. 철쭉보다 키가 큰 영산홍映山紅을 가리키면서 이것도 철쭉이냐고 묻기에 아니라고 고개를 저었어요. 이 꽃은 일본에서 개량한 원예종園藝種의 정원수인데 '왜철쭉'이라고도 한단다. 연분홍 꽃은 영산홍, 하얀 꽃은 영산백映山白, 보라색은 영산자映山紫라고 가르쳐 주었더니 일일이 메모하는 모습이 진지했습니다. 스마트폰으로 사진 찍는 것도 어른스러워 흐뭇했고요. 어려서부터 관찰력을 키우면서 많은 어휘를 알아두는 것은 지능발달이나 언어생활에 도움이 되는 것이 분명합니다. 하물며 모국어에 서툴거나 잊기 쉬운 이국생활임에랴…….

한솥밥의 대가족시대에서 단출한 핵가족시대로 바뀌어 조손간의 대면 작약雀躍이 쉽지 않은 오늘날, 막내 내외가 이역에서 고국을 그리면서 두 녀석에게 '뿌리교육'을 시켰다고 하더라도, 어린 그들의 핏줄에 대한 애착이 못내 가상했습니다. 나를 이을 끈들과 허심하게 지낸 뜻 깊은 하루, 만강滿腔의 보람을 안고 귀로에 올랐습니다. 이야기를 하다 보니 시종 자손자랑이 되고 말았군요. 나이 들면 누구에게나 찾아온다는 불출현상不出現象이 아닐까 합니다.

존경하옵는 민 교수님! 건필하소서. 안녕히 주무십시오.

(2012. 5. 5 저녁에)

바리데기의 효성

지난 식목일에는 선산에 다녀왔다. 4일은 청명절로 일 년 중 가장 맑은 날이다. 한 해의 농사를 시작하는 중요한 날이기도 하다. 5일은 한식이었다. 조상의 산소를 찾아 제사지내고 벌초를 하는 날이다.

예로부터 청명한식에는 주과포酒果脯를 마련해 성묘하는 풍습이 있었다. 가져간 제수를 상석床石에 올리고 절하여 조상음덕을 기렸다. 묘소 손볼 곳이 많아 하루해가 짧았다. 옛사람들이 음력 3월을 모춘[40]이라 했지만 춘래불사춘春來不似春으로 바람이 몹시 찬 날씨였다. 산소길 연도에는 봄갈이나 파종하는 농군들의 일손이 바빠 보였다.

예나이제나 24절기의 절서에 맞춰 농사를 짓는다. 조선말기 정학유丁學游의 가사歌辭 농가월령가農家月令歌[41]가 떠올랐다. 권농과 세시풍속을 노래한 농가월령가 삼월령三月令에는 3월의 절기와 순후한 풍속이며 논밭농사, 화

40) 모춘 : 늦은 봄.

41) 농가월령가 : 조선 말기, 정학유가 지었다는 가사, 권농을 주제로 하여 농가에서 일 년 동안 해야 할 일을 달의 순서에 따라 노래하였다

목花木접붙이기나 화전일취花煎一醉 등의 흥취를 노래하고 있다.

삼월은 모춘暮春이라 청명곡우淸明穀雨 절기로다/ 춘일春日이 [42]재양載陽하여 만물이 화창和暢하니/ 백화는 난만爛漫하고 새소리 각색이라./ 한식날 성묘하니 백양나무 새잎난다./ 우로雨露에 감창感愴함은 주과酒果로나 펴오리라./ 농부의 힘드는일 가래질 첫째로다./ 점심밥 풍비豐備[43]하여 때맞추어 배불리소/ 며느리 잊지말고 송국주松菊酎[44] 밋하여라[45] / 삼춘백화시三春百花時[46] 화전일취花煎一醉 하야보자/ 전산에 비가개니 살진 향채香菜[47] 캐오리라/ 삽주두룹 고사리며 고비도랏 어아리[48]를 / 낙화를 쓸고 앉아 병술로 즐길적에/ 산처山妻[49]의 준비함이 가효佳肴[50]가 이뿐이라.

올해는 봄 시샘 추위 때문인지 철이 늦다고 한다. 백양나무 새잎은 이제야 얼굴을 내밀었고, 더구나 백화가 난만하기까지는 시간이 걸려야 할 것 같았다. 과학영농시대라 논밭에는 비닐하우스들이 빽빽이 들어서 있고 가래질을 대신하는 농기계소리가 요란하다. 격세감을 느끼게 하는 풍정이었다. 새참, 점심밥을 이고지고 논길 밭길 재촉하는 아낙들 모습 간데없고 자장면, 커피배달 오토바이만 오락가락한다. 변화된 농촌풍속도였다. 인심은 조석변이라는데 오늘의 농가, 농부들에게 과연 지난날 순후한 인심이 얼마나 남아 있을지 궁금했다.

며느리가 빚어 걸은 '송국주松菊酎(소국주小麴酎)로 일취一醉' 한다거나 살진

---

42) 재양 : 절기가 따뜻해지다.
43) 풍비: 넉넉히 준비하다.
44) 송국주: 솔순과 국화로 담근 술.
45) 밋하다 : 거르다.
46) 삼춘백화시 화전일취 : 온갖 꽃이 만발한 봄에 꽃으로 부친 전을 안주 삼아 한번 취해 본다.
47) 향채 : 향기로운 봄나물.
48) 어아리 : 겨우살이 야채. 산
49) 산처 : 산중에 사는 아내.
50) 가효 : 좋은 안주.

향채香菜 안주로 낙화를 쓸고 앉아 병술을 즐기지는 못했다. 그동안 연신 마신 술로 뱃속이 탈난 데다 귀앓이까지 겹쳤기 때문이다.

묘제에서 조상님께 "예순 날이옵나이다. 단주결심이 흔들리지 않게 도와주소서." 빌고 빌었다. 증조고 말씀이 "참으로 가상하구나 내 증손주야, 너도 어느새 머리털이 성성해졌구나, 네 결심을 지켜 줄 것이니라." 하셨다. 동행한 당숙들이나 종제들의 음복飮福을 손사래 칠 수 있었다. 목구멍에서는 고무래질이었지만. 『별주부전』의 토생원이 아니라도 술구덩이에서의 탈출은 의지의 승리이기에 못내 뿌듯했다.

가족묘원에는 반송盤松 배롱나무 옥향 등이 주인 손길을 기다리고 있었다. 자르고 배코 쳐 깔끔하게 다듬으니 한결 산뜻해졌다. 배롱의 자미화紫微花와 벗한 지 어느덧 이십 수년이라 가슴하늘에 묻혀 있는 '하夏'와의 나이테가 같음에 가슴 시렸다.

묘원경내境內 아무 곳에나 멋대로 돋아나는 고얀 녀석이 있어 말썽이다.

사람이나 화목은 생물이다. 이 땅에는 외래생물 두 가지가 있다. 그것은 '다문화이주여성'과 '아카시나무'다. 이들의 공통점은 귀화하여 우리와 한 핏줄이 된다는 점이다. 인구밀도를 높이고, 산야를 푸르게 하는 족속이다. 서있는 나무를 입목이라 한다던가. 아카시는 예사입목이 아니다. 꽃과 잎에 단물이 흐르는 밀원식물蜜源植物이다. 벌꿀 생산량이 돈으로 쳐서 연간 1천억 원이 넘는다니 이런 효자나무가 또 있을까. 게다가 목질이 뛰어나고 무늬가 아름다워 고급목재로 수요가 넘친다는 것이다. 산지를 비옥하게 만들고 토사유출을 방지하기도 해서 VIP가 따로 없다. 대롱대롱 매달려 온 산야에 향기를 내뿜는 5월의 여왕 아카시꽃은 고급향수의 원료가 된다고 한다. 어려운 시절 아카시꽃과 잎은 허기를 메워준

구황식이기도 했다. '푸드스타일리스트'가 아니라도 지혜롭고 솜씨 좋은 아낙들은 꽃전花煎을 부쳐 식구들의 입맛을 돋우기도 한다.

어린이들에게 별다른 놀이거리가 없던 시절이 있었다. 가위 바위 보로 이파리 하나씩을 떼어내 진 사람이 이마빡을 맞는 재미있는 놀이다. 추억 어린 잎사귀놀이를 기억 못하는 사람은 별로 없을 것이다. 이런 귀족아카시를 천덕꾸러기 수종쯤으로 격하하는 왜곡된 시각도 있다. 일제강점기에 무분별한 벌목으로 황폐해진 산지를 사방砂防[51]하기 위해 일본에서 들여온 나무, 베어도베어도 돋아나는 독종나무, 조상의 산소에까지 파고들어오는 악질나무, 이런 인식들 때문이다.

소문중小門中 묘원墓園에는 수령 2백여 년의 아름드리 적송赤松들이 수십 주 둘러쳐있다. 품위 있고 장중한 모습의 노송들은 언제 보아도 끌밋하고 싱싱하다. 묘원의 경내나 둘러선 소나무 사이사이에 아카시나무가 제멋대로 자리 잡아 굴러온 돌이 박힌 돌을 빼려한다. 벌초할 때면 샅샅이 뽑고 잘라내지만 막무가내로 다시 돋아난다. 이삼년 그대로 방치한다면 아카시나무로 쑥대밭이 될 것이 뻔하다. 산소에는 같잖은 나무여서 눈 밖에 난지 오래다. 몇 해 전 군청산림계 직원의 권유를 받았다. 아카시나무가 산소에는 해목害木이지만 경제성이 있는 속성수종이므로 계획적으로 조림해 보라는 것이었다. 선산 북쪽기슭 경사면의 메마른 땅 천여 평에 아카시군락지를 따로 조성했다. 삼사년 사이에 키다리로 훌쩍 자라 꽃이 주렁주렁 매달린다. 그윽한 향기가 십리안팎에 진동한다. 약삭빠른 양봉꾼들은 해동도 되기 전에 미리 벌통을 옮겨 놓고 꽃피기를 기다린다는 것이다. 짭짤한 소득을 올려주는 명소로 소문이 났다고 한

51) 砂防 : 황폐한 땅의 복구와 보호

다. 어느 조림전문가의 말이 몇 해만 더 키워 목재로 내면 돈이 된다고 귀띔한다. 산소의 바리데기가 어느 날 효자노릇을 하게 되다니 아이러니가 아닌가. 아카시나무의 속성이나 양면성을 웅변해주는 일화 한 토막이었다. 농가월령가가 노래하고 있는 민족 고유의 세시풍속에는 자연의 변화에 맞추어 살아가던 조상들의 지혜와 낭만이 담겨있다.

청명곡우절기-한식날에 조상유택幽宅을 잘 보살펴야 함은 나무나 풀 따위가 무성하게 자라남을 막아 정화하는 데에 있다고 농가월령가는 가르치고 있다. 묘원 벌초는 1년에 두 차례는 해야 말끔하다.

젊어서 근검 노작했던 산직山直이 어느덧 80고령으로 병석에 누어있다는 소식 듣고 문병한 뒤 귀갓길에 올랐다.

떠가는 구름, 흐르는 물이여

정년퇴직하면 낙항樂鄕하기로 결심한 지는 오래다. 우리 내외의 생일이나 명절, 집안 행사에는 자손들이 모두 모인다. 그럴 때, 과히 협소하지 않을 정도의 살림집을 고향땅에 마련하는 것이 소망이었다. 방은 3개는 돼야 할 것이고, 거실 한옆에 주방, 욕실을 겸한 화장실은 딸려야한다. 새로 지어야 할 것인지 아니면 헌집을 개조할 것인지 요리 생각 저리 생각하다가 갈피가 안 잡히면 아내에게 의견을 묻곤 한다. 정년이 아직 10년인데 웬 수다냐고 핀잔먹기 일쑤였다. 이렇듯 은퇴 후를 실용성과 아름다움을 동시에 가진, 감각적 디자인을 해 보는 일이 버릇이 되었다. 간절한 소망을 이루기 위한 첫 단추였으니 어쩔 수 없는 일이 아닌가. 상상의 하늘을 거침없이 날아 좀 더 꼼꼼하고 빈틈없이 구상해 본다.

서재는 볕이 잘 들고 전망이 좋아야 한다. 소장본은 십진분류법으로 서가에 배열한다. 데스크톱컴퓨터는 인터넷과 TV 겸용의 SyncMaster HD를 사들여 창가에 배치하고, 바로크 양식의 럭셔리한 푸르스트 의자에 앉아 타자하고 시청할 것이다. 시판 직전이지만 전자오르간은 값비싼 2단 건반과 20여 개 페달이 달린 야마하 일렉톤(Electone)으로 장만하고, 관현악기와 흡사한 디지털음색을 구현하므로 1인 오케스트라 연주를 즐기리라. 이따금 도회지 나들이에 쓰일 승용차는 소형으로 바꾼다. 백여 평의 텃밭엔 철철이 채소를 가꿔 자급하고 자손들에게 나눠준다.

사시장청四時長青, 계절 따라 표정을 바꾸는 정원을 꾸민다. 상록수와 낙엽수를 변화감 있게 심는다. 화사한 꽃이나 열매를 볼 수 있도록 꽃피는 시기가 다른 나무들을 섞어 심는다. 분재와 수석도 요소에 배치하여 운치를 더한다. 봄에는 산수유, 영산홍, 아네모네를, 여름에는 나무수국과 배롱나무와 능소화 인동을, 가을에는 단풍나무와 화살나무 그리고 겨울에는 주목과 소나무 따위로 수종을 엄선하리라.

고향 마을은 배산임수로 앞이 확 트여 넓은 들이 보이고 그 가운데를 황룡강黃龍江이 넘치게 흐른다. 낚시꾼들의 한가로운 모습이 낭만이다. 마을 서북쪽으로는 수연산水蓮山이 만들어낸 그림 같은 계곡에서 흘러든, 동화천東化川에는 사철 맑은 물이 흐른다. 붕어, 잉어, 피라미, 동자개, 메기, 모래무지, 자라 같은 물고기가 지천이다. 소꿉친구 몇 사람과 앞개울, 동화천 변을 거닐면서 그러저런 이야기를 나누거나 시조 가락을 내뽑는다. 그러다가 흥이 나면 투망이나 족대 같은 어구로 물고기를 잡아 올려 노구솥에 끓이면 술안주로는 진수珍羞다. 아내는 전통주를 빚을 줄 알면서도 내겐 짐짓 손사래를 친다. 나는 아내에게 넉살을 피워, 누룩과 찹쌀로 지에밥을 앉혀 가양주를 빚게 할 것이다. 술이 익으면 용수에서 노리끼리한 청주를 떠 입맛 다셔 본다. 가까운 문우 네댓을 불러 주선酒仙 이백李白과 송강의 장진주사를 배운다. [52]담천조룡談天彫龍의 시와 에세이를 합평하고 칠보시七步詩도 읊으면서 말이다.

괴테와 함께 고전주의 이론을 확립한 독일시인 실러(Schiller, 1759~1805)의 말마따나 "하루가 뜻 깊으면 인생은 짧고, 무료하면 길고 충실하면 짧다."는 명언을 귀담고 있다. 내 머릿속 갈피에는 갖가지 그림이 선명하게 새겨져 있다.

시간이 나면 눈을 지그시 감고, 고향마을에서 팔자형 걸음걸이로 유유자적하는 모습을 갈피갈피 떠올린다. 상상에는 재생적 상상과 창조적 상상이 있다고 한다. 나의 경우는 창조적 상상에 속하리라. 실제로 경험하지 않은 현상이나 사물에 대하여 마음속으로 그려 보는 것이기 때문이다. 나의 상상의 세계는 공상적 현실로 터무니를 잡게 되었다. 이러구러 '은퇴는 낙향이다'가 등식等式으로 정립되었다. 오랜 굴레를 벗어 던지고, 티끌을 훌훌 털어버리고 평화롭게 살고자 함은 비단 나만의 생각은 아니리라.

옛 선비들도 한운야학閑雲野鶴을 으뜸으로 쳤다. 메인 데 없이 전원에서 한가로이 유유자적하는 풍류생활을 말한다. 또 하나의 성어가 있다. 중국 송나라의 임포林逋가 서호西湖에 은둔하여 처자 없이 살면서 매화를 심고 학만 길렀다는 데서 유래한 매처학자梅妻鶴子라는 고사성어다. 떠가는 구름, 흐르는 물 같은 삶이 일구월심日久月深으로 나달이 가지 붇듯 오이 붇듯 한다.

전원에의 동경은, 어느덧 당경(唐庚)의 시 「산정사태고(山靜似太古)」가 나의 애송시가 돼버렸다.

> 산정山靜하니 사태고似太古요, 일장日長하니 여소년如少年이라 창선蒼蘚은 영계盈階하고 낙화落花만정滿庭한듸 오수午睡가 초족初足커늘 독讀 주역周易 국풍國風 좌

52) 談天彫龍 : 변론이나 문장이 원대하고 고상하다.

씨전左氏傳 이소離騷 태사공서太史公書급及 도두시陶杜詩와 한소문韓蘇文 수편數篇하고 홍도즉興到則 출보계변出步溪邊하야 해후邂逅 원옹계우園翁溪友하고 문상마問桑麻 설갱도說秔稻 상여극담相與劇談 반향半晑타가 귀이의장시문하歸而倚杖柴門下하니 이윽고 석양夕陽이 재산在山하고 자록만상紫綠萬狀하야 변환경각變幻傾刻에 황가인목恍加人目이라. 우배적성牛背笛聲이 양양귀래兩兩歸來헐제 월인전계의月印前溪矣러라.

出典: 〈鄭炳昱 時調文學事典1054 作者未詳 : 李熙昇本 青丘永言472〉

"산속이 고요하니 태고와 같고, 해가 기니 앞날이 창창한 소년과 같도다. 푸른 이끼는 섬돌에 끼어 있고 낙화는 뜰에 가득한데 낮 졸음이 비로소 만족하거늘 주역, 국풍國風(시경의 편명), 좌씨전左氏傳(춘추좌씨전), 이소離騷(초의 굴원이 지은 시의 편명), 태사공서太史公書(사마천의 사기), 도두시陶杜詩(도잠과 두보의 시)와 한소문韓蘇文(당의 한유와 송나라 소식의 문장) 수편을 읽고, 흥이 나므로 시냇가에 나가 거닐며 마을 벗들을 만나 뽕과 삼의 작황을 묻고 농사 이야기를 반나절까지 하다가 돌아와 지팡이를 의지하여 사립문 앞에 서니. 이윽고 해가 기울고 온갖 것들이 보랏빛과 초록빛으로 종잡을 수 없이 변화하면서 사람의 눈을 황홀하게 한다. 쇠잔등에 올라 탄 목동들이 피리 불며 돌아올 때 앞 개울물에는 어느덧 달그림자가 떠 있도다."

여러 정경情景이 동영상이다. 특히 앞개울에서 돌아와 지팡이 짚고 사립문 앞에 서 있는 화자의 모습이 바로 나였고, 계곡 일원에 전개되고 있는 아름다운 황혼의 묘사나 쇠잔등에 올라탄 목동이 피리를 불며 쌍쌍이 돌아오는 모습, 그 시각엔 어느덧 앞 개울물에는 달그림자가 비춰있는 목가적인 묘사가 나를 감동시켰다. 한운야학을 동경하는 내 심경을 거침없이 노래하고 있지 않은가. 내가 애송하는 또 한편의 시조가 있다.

삿갓에 도롱이 입고 세우중細雨中에 호뫼 메고
산전山田을 흩매다가 녹음에 누었으니

목동이 우양牛羊을 몰아 잠든 나를 깨와다.

출전 : 〈김굉필金宏弼, 호는 한훤당寒暄堂, 조선조, 진본청구영언.〉

"머리에는 삿갓 쓰고, 어깨에는 도롱이 걸치고 이슬비가 내리는 중에도 호미를 들고, 산속의 밭을 매다가 비가 갠 후 푸른 나무 그늘에 누워 잠이 들었는데 목동들이 모는 소와 양의 울음소리가 잠든 나를 깨우는구나."

이 역시 전원의 평화롭고 한가로운 한 장면을 노래하고 있다. 가랑비 속에 삿갓과 도롱이를 걸치고 호미를 든 작가의 모습은 어디를 보나 때 묻은 벼슬아치가 아니고 흙냄새 물씬 풍기는 농부 그대로가 아닌가. 아침나절 산밭을 메다가 한낮이 되어 점심을 들고 노곤한 몸을 풀밭에 뉘인 그 모습 또한 농군의 전형이다. 조용히 눈을 감고 귀를 기울이면, 저 만치서 목동이 이끌고 다가오는 소와 염소들의 발자국 소리와 울음소리가 들릴 것만 같다. 작자는 관직에 있으면서도 속마음은 번거로운 정계를 떠나 전원에 묻히고 싶어 한다. 두 편의 시는 나의 염원과 갈망을 그린 듯이 노래하고 있다. 53)호마의북풍(胡馬依北風)이요 수구초심(首丘初心)은 인간 본성일런가. 나는 틈만 나면 이 시를 낭송하면서 상상적 낙향을 즐길 수 있었다.

마침내 낙향계획을 실행에 옮겨야 할 시점에 이르렀다. 그런데 어찌 뜻하였으랴, 하늘이 문어지는 아픔이 다가왔다. 수미산須彌山 같던 귀향 소망이 날아가 버린 것이다. 고향마을이 개발 바람을 타고 농공단지로 수용되었다지 않는가. 옛 모습을 찾을 수 없게 돼 버린 까닭이다. 생각하면 시적 몽상의 10년 세월이었다. 백일몽이란 이런 것일까. 그나마 마을 인근

---

53) 胡馬依北風 : 호(胡)나라의 말은 호나라 쪽에서 불어오는 북풍이 불 때마다 고향을 그리워함. 고향을 몹시 그리워함을 이르는 말.

에 자리를 잡으려는데 이번엔 가족들의 만류가 벽판이다.

차선책으로 도심에서 떨어진 변두리에 둥지를 틀었다. 공기 좋고 조용하긴 하다. 등산이나 산책하기가 편리해서 그런대로 살만할 곳이다. 다만 추억 속의 죽마지향竹馬之鄕, 애틋한 정서, 파리한 정서만이 짠했다. 세상사 맘먹기에 달렸다던가. 비록 삭막한 콘크리트로 버무린 아파트일망정 전원 속의 '그림 같은 집'으로 상정想定하고 은인隱忍하면서 살아보기로 했다. 평교사 시절 학문이 도저한 상사 한 분이 지어준 아호가 가헌嘉軒이다. '아름다운 집, 경사스런 집, 기뻐하고 즐길만한 집, 경사스런 초헌軺軒, 웃음이 있는 집' 등으로 풀이한다. 가헌嘉軒을 내 맘속 옥호屋號로 등재登梓했다.

꿩 대신 닭이라 했던가. 깊은 산촌이 아니라도 가헌은 앞뒤가 빛고을 무등산자락으로 이어지는 기슭이다. 한운야학으로 십춘十春을 즐겼으니 그러구러 내가 동경하던 별유선경別有仙境으로 대치代置되었다. 얼마 전에 가헌에서 지근거리인 새인봉璽印峰 서쪽 골짜기에 산책로가 만들어졌다. 이름 하여' 동적골 산책로'다. 본디의 빼어난 경관을 바탕으로 골짜기를 흐르는 개울을 매끈히 정비하고 노변에 꽃과 나무들을 색색으로 메숲지었다. 벌 나비 나닐고 새소리, 바람소리, 물소리가 어우러진 굽이굽이 절경이다. 내 안의 고향은 핼쑥하나 애틋한 땅, 다른 한 쪽이나마 낙향樂鄕을 벌충해 주는 들머리가 아닌가. 산책객들 발길이 끊이지 않아 어느새 명품길로 등극했다. 나의 가헌과는 맞닿아 있으니 산수의 자연을 즐김에 어찌 모자람이 있겠는가.

산책로 끝머리 쉼터에는 가헌 시비詩碑마저 외롭잖으니, 내 태자리인들 어찌 트집을 걸랴. 타고 넘은 세월이 어느덧 산수傘壽, 동적골을 호마의 북풍으로 절하며 참삶을 채반盤처럼 맛나게 차리련다. (2010. 9. 8)

바퀴와의 악연

우리 생활주변에서 끊임없이 일어나는 것 중의 하나가 윤화輪禍일 것이다. 반세기가 넘는 60여 년 전에도 윤화는 있었다. 남녀학생들의 호프였던 Y양의 운명을 갈라놓은 윤화이야기다.

통학열차는 발착시간을 철저히 지켰다. 기차역에서 정차시간은 정확히 2분이었다. 발차시간 3, 4초를 남겨놓고 10여 미터 후방에서 죽어라고 뛰어오는 학생들이 있어도 기다려 주는 법이 없었다. 열차는 플랫폼에서 역장의 깃발신호에 따라 발차한다. 사침에도 용수가 있는 법인데 융통성이라곤 없는 비정한 규칙이었다. 일제강점기에 시작되어 1960년대 어름까지 이어진 통학열차의 운행 횡포였다. 각 학교의 시작시간에 맞추고 통학생들의 시간관념을 진작시킨다는 것이 명분이었다.

운명의 그날은 Y양이 출발보다 삼사초 늦게 플랫폼에 도착한 것이 발단이었다. 기차는 이미 기적을 울리고 서서히 출발하고 있었다. 안간힘으로 달려 객차 승강구 손잡이를 가까스로 잡았으나 속도를 내는 바람에 미쳐 차에 오르지 못하고 손잡이를 놓치고 말았다. 철길에 떨어져 바퀴에 다섯 발가락을 잃는 참사가 벌어졌다. 철도당국은 사고의 책임을 지지 않는다. 사고 당사자의 잘못이기 때문이라 했다. 호소무처였다. 억울한 피해지만 불운한 춘사椿事로 여기고 체념할 수밖에 없었다.

오늘날 의술은 눈부시게 발전하였지만 1950년대의 의술은 보잘 것 없었다.

처음엔 망가진 발가락만 떼어냈다. 수술치료과정이 순탄치 않아 차츰 발등 뼈까지 잘라내야 했고 겨우 발목 부분만 남았다. 불운의 철도윤화鐵道輪禍, 바퀴와의 악연의 시작이었다. 값비싼 의족을 만들어 착용했는데 적응하는 데에 많은 어려움을 겪어야 했다.

전국적인 명문 전남여중 3학년의 Y양은 근검절약을 생활철학으로 열심히 사는 K씨 2남 2녀의 둘째딸이다. 덤벙대지 않는 온순 침착한 성격이었다. 명석한 머리에다 노력형이라 수재 중의 수재로 학과성적은 발군이었다. 더구나 빼어난 미모로 인기 높은 모범학생이었다. 당시에는 광주 인근지역의 학생들 대부분이 기차통학을 했다. 새벽밥 지어 먹여 기차시간에 맞춰야 하는 부모님들의 뒷바라지도 힘들었다. 그날따라 어머니가 몸이 불편해 Y양 자신이 밥 지어 먹고 서둘러 기차역으로 뛰어나왔는데, 3, 4초 늦었던 것이 슬픈 운명의 갈림길이 될 줄이야 누가 알았으랴.

의족과의 접합부분에 출혈이 잦고 통증이 오기 때문에 병원출입이 빈번했다. 당시 광주에는 의술이 뛰어난 외과 전문의가 한두 사람밖에 없었다. 권위 있는 병원이라 환자들이 몰려들었다. 그만큼 치료에 어려움도 따랐다.

비록 건강체는 아니라도 과년瓜年이 되자 혼담이 빗발쳤다. 용모나 자질 등 모든 면에서 뛰어난 재원이었기 때문이다. 고등학교를 졸업하던 해에 마침내 결혼을 했다. 우아한 외모에 심성 곱지, 손끝 맵지, 나무랄 데 없는 며느리였다. 다만 의족을 신고 있는 것이 흠이었지만 겉으로 크게 드러나지 않아서 다행이었다. 남편 내조와 시부모봉양에다 4남매를 나아 기르되 여느 주부에 못지않았다. Y양은 나의 재종수再從嫂가 되었다.

3·15부정선거, 4·19혁명, 유신정권 등, 정치 사회적 격변기를 겪으면서 살림 형편이 어려워졌다. 내 당숙부님의 별세와 재종제의 실직 같은 불운이 이어졌지만 제수는 특유의 지혜와 끈기로 가계를 꾸려갔다. 의족을 신은 불편한 몸으로 동분서주하다보니 의족과 맞닿는 자리에 상처가 아물 날이 없었지만 내색을 하지 않고 치료도 변변히 하지 못했다.

상처에서는 모르는 사이에 암세포가 자라났다. 피부에서 뼈로 전이된 암세포는 여러 증상으로 고통을 수반했다. 전문의 집도로 왼쪽 정강이 중간을 절단하는 대수술을 받게 되었다. 그동안 재종제는 직장에 복귀해서 살림형편은 나아졌지만 중고대학생으로 성장한 아이들의 학비 조달 등 어려움은 계속되었다. 의료보험제도 시행 전이라 병원수술비 부담은 고스란히 빚으로 쌓여갔다. 70년대의 암수술은 건곤일척이라 자칫하면 죽음으로 이어지는데도 병보다는 가계에 부담을 가중시키는 것이 더 걱정이다. 자신의 죽음보다는 남편과 자식들의 앞날을 더 걱정하는 살신성인, 헌신적인 부정婦情이요, 모정이다.

그의 자식사랑은 여느 어머니들처럼 맹목적인 것이 아니었다. 환경을 중시하는 맹모삼천지교나 재능과 예의를 손꼽는 신사임당의 그것에 진배없었다. 그는 일상에 바탕을 둔 산교육을 했다. 그것은 온화, 순박, 정직, 과묵, 베풂, 겸양, 예절, 자애, 깊은 속정에 있었다. 길지 않은 짧은 삶이 더욱 빛남은 이런 덕목들의 실천적 교훈에 있었다. 그분은 만인의 귀감이 되는 현모양처였다.

당시에는 요즘 같은 항암치료법이 없었다. 통증을 완화시키는 정도의 치료뿐이었다. 증상이 날로 악화돼 갔지만 가족들에겐 에둘러 숨겼다. 평생 남에게 폐를 끼치거나 부담 주는 일은 하지 않았다. 삶의 가치를 왜곡하거나 어려움의 회피나 탈출이 아니라 가망이 없는 상황에서 빚을 져가면서 굳이 생명을 연장하고 싶진 않았다. 죽음의 꼬리를 잡고 안간힘으로 버티는 추한 모습보다는 의연하게 받아드리되 기다리지는 않겠다고 결심했다. 죽음 앞에 비굴하지 않고 당당히 찾아가기로 한 것이다. 자결적自決的 함의含意의 자살을 선택한 것이다. 항간의 부도덕한 자살과는 확연히 다른 애절한 죽음이라 사연을 알게 된 주변의 충격은 컸다.

"사랑하는 당신, 그리고 내 분신들은 나의 고뇌를 이해해다오. 핏줄일망정 이런 선택으로 부담을 주고 싶진 않았지만 어쩔 수 없구나…."

총총히 떠나면서 남긴 글발이었다.

"숭모하는 어머님이시여!

오늘은 당신을 여읜지 어느덧 30돌이 되는 날입니다. 저희가 하늘 아래서 튼튼히 살아가고 있음은 오로지 어머님이 끼치신 음덕蔭德이옵니다. 당신의 뜻을 나날이 펴 더욱 알차게 살아가겠사오니 굽어 살피소서.

이번에는 쇠바퀴가 아닌 '타이어 바퀴' 까닭으로 바삐 뒤따라간 어머님의 분신, 저희의 형제 H는 잘 거두고 계시는지요?

우리 집안에 바퀴와의 악연은 제발, 이만 끝나게 전구轉求해 주시지오, 네? 구천의 어머니!"

잘 자라 각계에서 크게 성공한 자랑스러운 아들딸들의 추모사 골자다.

3

사람들의 입에 이름을 새겨라

현학적이란 지탄을 받더라도 자국을 남기려는 노욕으로
산만한 것들을 갈무리해서 문집하나만은 남겨야 하지 않을까,
아니면 원고들을 정리해 유고로 남겨 둘 것인가로 고뇌한다.
이런 상념들은 나를 내세우기 위한 내심이 깔려있는 것이다.
격양가의 구승비나 이인편의 교훈,
편작의 대화를 신조로 하면서도 이런 유혹에서 벗어나지 못함은
역시 숙맥불변菽麥不辨이 아닌가 개탄한다.

보리밥의 애환

올겨울은 유난히 추웠다. 한추위를 헤쳐 딛고 입춘이 지났고 우수경칩이 멀지 않으니 기승떠는 동장군인들 어찌 절기를 이기랴. 계절에 가장 민감한 것이 매화나 개나리라 했던가. 뒤꼍 아늑한 산밭 매화나무 가지엔 어느덧 망울이 맺힐 조짐이다. 동적골 산책로의 개나리넝쿨도 기지개를 켜고 봄 채비를 하는 듯 화색이 돈다.

보리도 이즈음이면 잎이 파릇파릇 생기가 돋는다. 혹독한 겨울나기를 거쳐 봄에야 착근을 한다. 들녘에 봄기운이 감돌면 뿌리가 잘 내리도록 보리밟기를 한다. 50~60대 이상 나이라면 보리에 얽힌 추억 한두 가지는 지니고 있을 테다. 보리는 형극荊棘을 살던 시대에 겨레의 주식이었다. 쌀밥은 먹기 좋고 맛도 있지만 보리밥은 오래 씹어야 하고 밥맛이 떨어진다. 쌀밥을 선호하는 까닭이다. 쌀밥 먹기가 어렵게 된 배경에는 뼈아픈 민족 수난의 역사가 도사리고 있다.

일제강점기에 경제수탈과 산미증식계획産米增殖計劃의 일환으로 토지조사라는 것을 했다. 총독부는 신고 받은 토지에는 철저하게 토지세를 매겼고, 신고 되지 않은 땅은 측량을 한 뒤 동양척식주식회사東洋拓殖株式會社라는 수탈기관에 넘겼다. 헐값으로 거류居留 일본인들에게 되팔았다. 많은 토지를 소유하게 된 쪽발이 왜놈들은 가난한 농민들에게 소작小作을 주었다. 피땀으로 지은 농작물에 턱없이 높은 소작료를 물려 배를 채웠다.

전국에 새 저수지와 수로를 수없이 만들었다. 신품종의 벼를 심고 화학비료를 시비施肥케 하는 등 증산을 독찰했다. 생산량은 늘었지만 많은 양의 미곡을 일본으로 수탈收奪해 가는 바람에 쌀이 점점 부족하게 되었다. 치솟는 쌀값에다 저수지와 수로에 든 공사비 부담으로 농민들의 생활은 도탄에 빠졌다. 기아에 허덕이던 일부 농민들은 만주로 이민을 떠나거나 유랑민으로 전락했다. 값비싼 쌀밥은 엄두가 나지 않았다. 논뒷그루로 보리나 밀을 갈았지만 그마저 식량으론 태부족이었다. 고픈 배를 보리죽으로 겨우 채웠던 시절. 끼니를 이을 먹거리는 동났는데 보리는 미처 여물지 않아서 농가의 식량 사정이 가장 어려운 시기를 보릿고개라고 했다. 보릿고개를 힘겹게 넘겨야만 했던 가난한 농민들의 애환을 간직한 보리. 일제강점기를 거쳐 광복 직후까지 서민들의 생명 그 자체였던 보리가 이젠 추억 속으로 사라져 가고 있다.

그나마 꽁보리밥이라도 도시락(벤또辨當)을 싸오는 학생은 한 교실에 서너 명에 불과했다. 벤또 먹는 학생을 에워싸고 군침을 삼키는 누렇게 뜬 불쌍한 얼굴들. 차마 혼자 먹을 수 없어 한 숟갈씩 나누어 주다보면 도시락 주인은 하릴없이 굶어야 했다. 그 시절 보릿고개를 넘겨 살아남기란 지옥에 다름이 아니었다. 오랫동안 굶주려 피부가 누렇게 뜨고 부어오르는 부황병浮黃病에 걸린 사람들이 한 동네에 절반이 넘었다.

살림 형편이 조금 나은 집에서는 보리밥을 다음끼니에 먹을 요량으로 걸대바구니에 담아 부엌문틀에 걸어 놓고 들일을 나간다. 부황이 난 동내 어느 처자가 그 집 앞을 털레털레 지나다 걸대바구니를 발견하고 양심이니 도둑질이니 따질 겨를도 없이 빈집 부엌에 들어가 두 그릇이 넘는 밥을 게 눈 감추듯 먹어 치운다. 굶주려 부황난 사람이 갑자기 뻣뻣한 꽁보리밥을 꾸역꾸역 먹어댔으니 뱃속이 성할 리가 없다. 그 길로 탈이나 꽃다운 나이에 저승길로 직행하게 된다. 참담한 실상이다.

겉보리를 방아확에 넣어 찧는 디딜방아도 빼놓을 수 없는 생활방편이었다. 굵고 긴 통나무 한끝에 공이를 박고 반대쪽 끝을 발로 밟을 수 있게 두 갈래가 나게 만든다. 방아공이가 닿는 곳에는 확을 파 놓고 찧거나 빻을 곡식을 넣는다. 보통 네 명의 부녀자들이 한쪽발로 디뎌 찐다. 부녀자에겐 힘 드는 노동이지만 방아타령을 합창하면서 찧으면 흥이 나서 된 줄 모른다. '에라 우겨라 방아로구나'라는 후렴이 붙는 구성진 민요다. 지금은 민속박물관에서나 볼 수 있는 추억 속의 유물이 되고 말았다.

보리밥을 지으려면 품이 든다. 보리쌀을 확독에 넣고 풋돌로 갈아야 한다. 꽁보리밥을 지으려면 시간이 걸린다. 불을 지펴 초벌 끓인 다음 한참 후에 다시 불을 때서 끓인다. 밥물이 넘치면 조금 기다렸다가 약한 불로 재져서 뜸을 들인다. 이때 시간이 잘 안 맞으면 진밥이나 삼층밥이 되고 만다. 보리에는 가슴 저린 이야기만 있는 게 아니다.

하찮은 것에서 즐거움을 느껴 잠시나마 고난을 잊는 것이 삶속의 고락이 아닌가.

그 어려운 시절에도 식도락이라기엔 어설픈 도락이 있었다. 식은 꽁보리밥에 물을 말아 풋고추를 된장에 찍어 먹거나 뜨끈뜨끈한 보리밥을 고추장에 썩썩 비며 입이 미어져라 한 순갈 떠 넣고 씹을 때의 꿀맛을 어찌 말로 다하랴. 보리밥에 누룩을 섞어 빚은 막걸리나 막걸리를 곤 보리소주는 농군들의 감탕甘湯이요 막역간莫逆間이었다. 막걸리나 보리소주 한잔에 잠시라도 시름을 잊고 흥타령을 흥얼거린다. 보리숭늉이나 보리차를 만들어 음미하며 홀짝대는 것도 도락의 하나였다. 보리피리를 불던 낭만도 있었다.

그러구러 세상이 바뀌어 지식정보화시대, 첨단과학시대에 산다.

보리쌀을 영양분석한 결과 빼어난 건강식품인 것으로 밝혀졌다. 보리밥에는 장을 튼튼하게 하는 섬유소가 쌀밥에 비해 10배가 넘게 들어있다고 한다. 많이 먹지 않아도 포만감을 주어 다이어트에도 효과가 있는 것으로 알려졌다. 보리껍질의 베타클루칸이란 성분은 혈당을 내려주며 콜레스테롤을 저하시킨다고 한다. 당뇨병환자에겐 약이 되는 식품이다. 비타민B1, B2 나이아신은 항산화작용을 해서 노화나 암 발생을 억제한다고 한다. 보릿고개를 떠올리면 이만저만한 아이러니가 아니다. 격세감이 놀랍다.

보리가 국민보건식량으로 화려하게 거듭난 것이다. 현미와 보리쌀의 반섞이를 습관들여 먹으면 훌륭한 건강식이 된다니 입맛이 마뜩잖아도 실천해 볼 일이다. 보리밥을 먹으면 방귀가 자주 나온다. 보리밥의 섬유소가 장에서 발효되어 가스가 만들어지고 분출되는 것이 방귀라고 한다. 자손들에게도 현미반섞이 보리밥을 먹도록 했다. 방귀가 자주 나와서 민망할 때가 많다고 푸념이다. 방귀는 건강한 생리현상이라고 한다. 장에 이로우면 됐지 방귀를 좀 뀐들 대수이랴. 나도 방귀를 자주 뀐다. 작은 모임이나 다중이 모이는 곳에선 애써 참거나 궁둥이를 살짝 들고 소리 없이 뀌려고 내심 신경 쓴다. 보리밥방귀는 소리만 크지 냄새는 고약하지 않아서 다행이다.

변곡점

증조부께서 13살에 장가들어 15살에 조부를 낳았고 30살에 조부를 장가들여 32살 나이에 손잘 봤다. 손자인 아버지는 16살에 혼인해 열여덟에 나를 낳았으니 증조는 겨우 쉰밖에 되지 않았다. 아무리 조혼풍습이라지만 지금 생각하면 동화가 아닌가. 1930년대의 평균 수명이 32세였으니 환갑을 살면 장수고 칠팔십은 하늘이 내린 수복壽福이라 했다.

쉰 나이에 얻은 증손주인지라 나를 옆에 끼고 금쪽으로 사랑하셨다. 증조부 사랑방은 마을꾼들로 붐볐다. 너무 어려서 말뜻은 몰랐지만, 귀익은 말이 있었다. '나이 한 살이면 높기가 태산(一年之高는 泰山之高)이요, 비록 반년이라도 언덕만큼 높은데(半年之高는 丘岡之高다),' 한 살이나 밑인 녀석이 뉘 앞에서 벗하려 하느냐면서 농반진반弄半眞半으로 부라리곤 하셨다. '작년 다르고 올 다르며 봄 다르고 여름 다르게' 날로 기운이 쇠잔해 간다는 뜻이었으리라. 좌중은 배꼽잡고 웃어댔다. 늘어진 팔자로 일찍 얻은 도담도담 커나는 증손주, 자랑스레 안고 입담 좋게 심심파적하던 때가 쉰 예닐곱이었으니 당시로서는 한참 노인이었다.

이번에는 범강장달范彊張達이가 너털웃음이다. 이제껏 '흔한 고뿔' 한번 없이 일흔인데 백쥐 무슨 엄살호들갑이냐고 으스댄다. '네놈들이 정녕 하룻강아지로구나!' 옆자리 실눈의 '고로롱팔십'이 한심한 듯 일갈한다.

상노인과 중늙은이들의 수선스런 노변정담爐邊情談이다. 조로현상으로 나이 쉰 남짓에 기운이 쇠잔해졌다든지, 몸 관리 잘하면 칠십도 청춘이라든지, 약한 몸으로 고로롱고로롱해왔지만 여든을 넘겼다는 이야기는 나름으로 진솔한 체험일 것이었다.

시대는 바뀌어 백세시대가 회자되고 있다. 연전에 한살터울의 친구에게 들은 말이다. "건강인생에 변곡점이 온다는 말을 귓전으로 흘렸는데, 여든에 접어들면서 올 들어 기력이 작년과 확연히 다르니 건강수명의 전환점을 맞은 것"이라고 푸념이었다.

나도 어느덧 변곡점에 이르렀는가보다. 그 문턱을 넘은지 겨우 일 년인데 기력이 쇠잔함을 느낀다. 비탈길을 조금만 걸어도 가쁘고 아랫도리가 팍팍하다. 지구력 순발력이 떨어지고 피로가 쉽게 와 누울 자리만 보인다. 우울증도 동반되고 있다. 올라가는 나이가 아니라 급격한 내리막에 몰렸으니 위축되어 의욕도 뒷걸음이다. 의기소침해하는 모습이 짠했던지 아내의 위로가 진정이다. 또래에 당신만한 건강체도 드물다면서 이제라도 그놈의 술만 멀리하면 된다는 예例의 옆구리 찌르기다. 그렇다. '그놈의 술'만 멀리하면 된다는 걸 왜 모를까만 내 의지완 상관없으니…….

그러구러 몇 달이 지난 어느 날, 청천벽력으로 응급실 신세를 졌고, 전립샘비대증의 요폐(尿閉)를 여는 수술을 받게 될 줄 누가 알았으랴. 주인 모르는 사이에 침노한 홀씨가 슬금슬금 자라서 어느 날 갑자기 덧걸이로 넘어뜨린 형국이다.

대부분의 노환들은 생활습관병이라고 한다. 수십 년간의 분별없고 무절제한 생활이 낳은 업보인 것이다. 혈기방장한 시절에는 절제가 우스웠다. 호리병을 차고 살아도 고단한 줄 몰랐다. 퇴근과 주점은 직행노선이었다. 밤새워 마셔대곤 눈 비벼 닦고 아침 출근으로 잇는다. 직장에서 주당 낙인찍히는 것만은 애써 피했지만, 가족들의 성화는 아예 귀에 담지 않았다.

유전인자나 체질인지 모르지만 함부로 살아온 세월에도 건강만은 내편이었다. '목석도 땀 날 때가 있다'더니 내게도 드디어 병마가 침습해왔다. 건성으로 들어왔던 건강수명을 80의 변곡점에서야 곱씹게 된 것이다.

'가을 더위와 노인 건강'이란 속설이 있다. 가을 더위와 노인의 건강은 오래 갈 수 없다는 뜻이고, 기운이 쇠하여 종점이 가깝다는 것을 비유적으로 이르는 말이다.

만약에 거동이 어려워져 오랫동안 돌봄이나 부축을 받아야 한다면, 이런 불행이 어디 있겠는가. 가족이나 주변의 짐이 되지 않고 순탄하게 접고 싶은 소망이야 비단 나뿐만이랴. 죽음 앞에 비굴하지 않고 담담 의연하게 맞으려 했는데, 이렇듯 불청객으로 선뜻 다가올 줄이야…….

"노익장이란 우연이나 '다운로드'의 공짜가 아니고, 젊어 이후 쉼 없이 가꿔야 얻어진다는 진리를 망구望九에야 깨달았다. 백세인으로서 금강석처럼 살기 위해 '절제된 생활'을 찾았다. 위축되지 않고 끊임없이 움직이고 긍정적 사고로 삶에 열정을 쏟았다." 노익장의 쾌적한 삶, 졸수卒壽를 살고 있는 어느 선배가 문병 와서 들려준 체험담이다. 덧붙여 "의학만능 백세시대에 여든 고개에서 적신호가 왔다면 오히려 잘된 일이라고 했다. 위기의 변곡점을 건강수명의 시작점이 되게 하라. 위기가 곧 기회"라고 충고한다. 가르침 삼아 실천해야 할 금과옥조가 아닌가. 그까짓 전립샘 비대증쯤이야 대수랴. 절제된 생활이 비록 철옹성일지라도 두드려 열면 되지 않겠는가. 애로인생隘路人生 끝자락을 딛고 가온누리 다시 일어서는 오뚝이, 부도옹不倒翁으로 거듭날 것이다.

부주전 상사리

현대인들은 아침에 일어나면 머리맡의 핸드폰을 열어 문자 메시지나 음성전화, 주요정보를 검색하거나 컴퓨터를 켜고 e메일이나 트위터, 페이스북, 싸이월드 같은 '소셜네트워크'창을 열어 확인하는 것으로 하루를 시작한다.

나도 예외는 아니어서 아침이면 핸드폰이나 인터넷에 들어가 확인하는 것이 버릇이 되었다. 그리고 운영하는 2개의 커뮤니티사이트(카페)에도 들어가 여러 메뉴를 검색해 보고 그날 올릴 내용들을 구상한다. 이러다보니 예전처럼 육필편지를 쓰는 일은 드물다.

대신 친한 친구나 문우와 e-메일, 메시지 카카오톡을 주고받는다. 사연은 주로 세상 돌아가는 일이나 건강문제 같은 것들이다. 친구 가운데는 이름 있는 카페지기가 네댓 명이나 있다. 서간문 형식으로 좋은 글이나 정보를 보내 줘서 우정을 만끽한다. 그리고 유명한 '고도원의 아침편지'나 유하의 '당신이 머문 자리는 아름답습니다.' 같은 사이트에서 보내오는 글들은 가슴 울리는 명문들이 수두룩하다.

> 가장 위대한 업적도 처음 한동안은 꿈이었다. 참나무는 도토리 속에서 잠자고, 새는 알 속에서 잠자며, 영혼의 가장 원대한 꿈속에는 깨어있는 천사가 돌아다닌다. 꿈은 현실의 씨앗이다.
>
> – 제임스 앨런의 「좋은 글」 중에서

나는 청소년 시절에 부모님 슬하를 떠나 유학생활을 했다. 가끔 문안편지를 올리거나, 학비 등 생활비를 타야했기에 편지를 한 달에 한 번꼴로 썼다. 문어체의 편지틀에 맞춰 초안草案을 작성해서 다듬고 정서를 하자면 정성을 드려야 했다. 서두와 본문 그리고 결미를 분명히 써야하기 때문이다. 한 통의 편지를 출산하면서 겪는 난산의 고통은 매우 차지다. 내 또래는 한문투의 문어체 편지쓰기의 마지막 세대 쯤 될 것이다.

요즘 같으면 '아버님께' 라고 쓰면 되지만, 한문套로 '부주전상백시父主前上白是(상사리)' 라고 호칭해야 한다. 상사리上白是는 사뢰어 올린다는 뜻으로, 웃어른에게 드리는 편지의 첫머리나 끝에 쓰는 말이고, '복미심伏未審'은 본문의 첫머리에 '삼가 안부를 살피지 못한바' 라는 뜻으로 쓴다. 그리고 끝맺음에는 '숙배肅拜'나 '여불비례餘不備禮'를 쓰는데, '정중하게 절한다'는 뜻과 '예를 다 갖추지 못했다'는 뜻이 들어있다. 서두의 첫인사는,

> 부주전상백시父主前上白是, '복미심伏未審 맹동지절孟冬之節에 부주父主와 모주母主 양위분兩位分께옵서 일안만강日安萬康하시옵고 복모구구伏慕區區로소이다. 불초자不肖子는 객지客地 면식眠食이 평안平安하옵고 학구學究에 일향전수一向專修하오니 하념下念치 마시옵소서.'

이렇듯 반드시 문어체文語體로 써야 정중하고 예의바르다는 평을 받는다.

'아버님께 사뢰나이다. 삼가 안부를 듣지 못 하온 바, 몹시 추운 겨울철에 아버님과 어머님께서는 날로 편안하고 건강하신지요. 엎드려 사모하는 마음 그지없습니다. 못나고 어리석은 자식은 타향 생활에 탈이 없고, 오로지 공부에만 힘쓰고 있사오니 걱정하지 마시옵소서.' 정도로 풀이할 수 있다.

이제 와서 한문투 편지로써 지난날을 돌이키니 부모님의 살아생전 모습이 역력히 떠올라 가슴이 메어짐을 어찌할까나.

편지의 핵심은 진실한 마음으로, 예의를 갖추고, 지나치게 형식에 얽매이지 않고, 말하듯 쉽게, 내용을 충실하게 쓰면 되는 데도 한문투 편지문화에서 벗어나지 못했던 지난날이 아쉽다.

젊은 시절에 가깝게 지내던 동료가 있다. 이 친구는 정년퇴임할 때 퇴직금을 일시금으로 받았다. 당시에는 은행예금금리가 높았기 때문에 이자수입 만해도 다달이 수백만 원이라 친구들을 만나면 술밥을 사면서 떵떵거렸다. 한두 해 지나 아들의 사업자금으로 가진 돈을 송두리째 넘겨주었는데, 불행히도 사업에 실패하여 그 돈을 몽땅 날려버린 것이다. 이 친구 생활비는커녕 살던 집마저 넘어가는 바람에 졸지에 따라지신세가 되었다. 호방했던 이 친구, 낙담상혼落膽喪魂에 빠져 세상을 등지고 외돌아 살았다. 이 때 내가 위로와 격려 e메일을 자주 보내게 되었다.

둔필鈍筆이나마 조금은 도움이 되었던지 우리 둘 사이엔 e메일로 속엣말을 주고받을 만큼 신뢰가 쌓여갔다. 친구는 나와의 대화를 통해서 재활재기를 결심했던 것이다. 이후 얼굴은 보지 못한 채 e메일로만 소통하고 지냈다.

그 나이에도 공사판이나 농촌에 나가 막일을 해 근근이 품칠을 했다.

그러면서도 실지회복失地回復의 간절한 소망으로, 매주 거르지 않고 로또 복권을 사는데 헛탕치기의 연속이라고 탄식이었다.

이 친구, 요즘 받은 메일을 읽지 않는다. 전에 없던 일이라 되게 궁금하다. 사는 동네도 모르고 그 흔한 핸드폰마저 갖고 있지 않으니 도무지 연락할 방도가 없다. 몸이 아파 요양병원에라도 들어가 있는지, 아닌 말로 세상을 뜬 것인지 막막하기가 바이없다.

그러던 중 옛 제자로부터 전화 한통을 받았다. A군은 경천동지할 놀라운 소식을 전해 왔다. 그 친구 - 옛 은사님이 '로또복권의 1등'에 당첨된 것을 공교롭게 알게 되었다면서 - 만세 만만세를 연호한다. 놀랍게도 35억 원의 거금을 손에 쥐었다는 것이 아닌가.

심성 바르고 호방하며 기상이 의협義俠한 그를 행운의 여신이 품에 안은 것이다. 처풍고우凄風苦雨[54] 한가운데서도 희망의 끈을 놓지 않은 그다운 의지와 집념의 승리이지 결코 사행射倖의 승리가 아님을 고우故友들은 잘 알고 있다. '받은 편지함'을 열었다.

"사랑하는 친구야, 마침내 네 얼굴을 보러 돌아왔느니, 내일 11시 ×× 에서 만나자꾸나. 벗들을 더불어라!" 라고 했고, 이어 "불우노인들에게 환원해 줄 노인요양병원 기공식에 정중히 초대한다."는 사연이 있었다.

내 평생에 하고많은 편지를 주고받았지만 이런 옹골진 편지는 처음이다. 진창에서 허우적거리는 친구에게 조금이나마 힘이 되어주려던 '편지질'이 아니었던가. 끝내 그것이 대붕大鵬일 줄이야. 내 '60년 편지사史'에 찬연히 빛나는 금자탑이 아닐쏘냐. 여든의 삶이, 새롭게 써내려갈 '아름다운 마무리'를 지켜볼 것이다.

---

54) 처풍고우: 차고 쓸쓸하게 부는 바람과 오래도록 내리는 궂은비라는 뜻으로, 몹시 처량하고 비참한 처지를 이르는 말.

불로소득

대머리를 놀림조로 공산명월空山明月이라고 한다. 남달리 이마가 높아 화투짝의 팔공산 같아서 공것 좋아하게 생겼다는 말을 자주 들었다. 놀림조의 말이라 귀에 거슬렸지만 별수 없었다. '말이 씨가 된다.'고 했던가.

내심으로 공것 안 좋아하는 사람이 있을까만, 공산명월이란 말대로 이 나이되기까지 공짜로 얻어가지는 것을 은근히 좋아한 건 사실이다. 공것 공짜야말로 개인에겐 패가망신이요, 국가사회에는 복지만능 불로소득 무임승차 기생심리 확산으로 해악을 끼치게 된다.

얼마 전에 초·중학교 동기생인 '묵언默言 수행修行의 선승禪僧'을 만난 일이 있다. 마침 1년의 묵언을 벗는 자리었다. 공것공짜의 심리기저에는 불교의 삼독三毒이 있다는 설법을 경청했다. 이른바 인간의 참된 마음을 해하는 세 가지 번뇌, 즉 탐貪·진瞋·치癡(탐욕貪慾·진에瞋恚·우치愚癡)이론이다.

"탐욕貪慾은 좋아하는 대상에 대한 집착으로 탐하는 욕심이고 욕정이며, 진瞋은 '눈을 부릅뜨다'는 뜻이고 에恚는'성내다. 화를 내다'라는 뜻이므로 진瞋 에恚는 좋아하지 않는 대상에 대한 노여움 분노 반감 혐오 불쾌 등의 감정이다. 탐욕과는 짝을 이룬다. 우치愚癡는 어리석다는 뜻이다. 지적인 번뇌 즉 강한 집착에 의해 바른 도리를 보지 못하고, 잘못된 판단이나 분별은 온갖 번뇌의 근원이 된다고 한다. 삼독은 인간의 숱한 번뇌를 압축한 상징이라고 한다. 속세의 인간사는 불화와 갈등의 출발점이라고 설파했다. 따라서 탐욕은 마땅히 삼가고 경계해야 할 상대라고 했다. 공것공짜는 탐욕에서 태어난 벼리라"고 부연한다.

자다가 서너 차례씩 누던 오줌을 밤새 눕지 않았는데도 막혀서 나오지 않는다. 심한 고통이 따른다. 요폐尿閉현상이다. 응급실을 찾아서 처치를 받았다. 요도에 호스를 달고 오줌주머니를 차야만 했다. 전립샘이 커질 대로 커져서 개복수술을 받아야 한다는 선고를 받고 아연실색했다. 내시경이나 레이저 수술이 대세인데, 유독 나만은 개복을 해야 한다니 이럴 수가 있는가! 그것도 환자가 밀려서 50여일 뒤에야 날짜가 잡혔다. 50여일을 오줌주머니를 차고 살아야 한단다. 이 고초를 어찌 감당해야 할지 눈앞이 캄캄하다. 건강을 공짜공것으로 얻으려다 큰코다쳤다.

내시경수술 후 회복치료 중에 여성문우들의 문병이 있었다. 병명을 캐묻는다. 전립샘은 남자들만의 전유물이라 여성에게 증세를 발리기가 쑥스럽다. 마침 비뇨기과 의사 아들을 둔 나이 지긋한 문우가 숨길 게 뭐냐면서 대충 예후를 설명한다. 음주가 독인 줄 진즉 알았으면서도 금주를 외면했던 게 문제였다고 나무라듯이 눈을 찡긋한다. 창피해 얼굴을 들 수 없었다.

보건에는 시시범범하더니 오래는 살고파 용쓰는 이율배반이 주먹가심이다. 돌이켜보면 아내의 성화나 주치의사의 선고를 요행이라는 배짱으로 뭉갰다. 한눈팔지 않고 일탈이 예사롭더니 저승 문턱은 두려워서 안간힘으로 버티다니. 소갈머리 없는 노옹의 장님 제 닭 잡아먹기였다.

방종의 수렁은 고혈압, 전정기관전해질불균형, 대퇴골두무혈성괴사증, 전립샘의 급박뇨, 빈뇨, 요폐색증 따위 질환들을 불러와 터를 닦였다. 세월을 타고 병은 병을 키웠다. 그제야 살려달라 복걸한들 석양노을은 이미 지고 있었다.

에테[55]에 골몰한 만큼 인과응보는 직사하다. 병들이 겹치니 먹는 약은 한주먹씩이다. 약해인들 없을까보냐. 이래저래 하릴없이 영안실에 눕게 되는 것은 아닐까 조마조마하다. 공짜공것이 준본능準本能으로 고질이 됐더라도 애써 털어내야 한다. 이따금 마음 밭을 기웃거리더라도 우여우여 목청으로 내쳐야 하지 않겠는가.

웬만하면 80을 사는 세상이다. 노욕노탐에 파묻혀 9988234가 주문呪文일러니. 9988이 여느 집 애 이름일까. 낯두꺼운 공짜배기들의 소갈머리다.

55) 에테 : 술과 여자, 노름에 빠짐, 또는 그런 짓

사람들의 입에 이름을 새겨라

어려서 배운 한문은 어렵기만 했다. 훈장님이 애써 가르쳐 주신 명심보감 성심편省心篇의 격양시擊壤詩만은 새겨두고 실천하려고 했다. 이 나이가 되도록 좌우명으로 지니고는 있었지만 결국 흐지부지되고 말았다. 다름 아닌 구승비口勝碑이야기다.

"평생에 남이 눈 찡그릴 만한 일하지 말고 살아라(平生에 부작추미사不作皺眉事) 그러면 세상에는 나를 원수 같이 보고 이를 가는 사람이 없을 것이다(世上에 응무절치인應無切齒人) 당신의 큰 이름을 어찌 딱딱한 비석에다 새기려 하는가(大名을 기유전완석豈有鐫頑石) 길가는 사람들의 입이 비석보다 훨씬 나을 것이다(路上의 行人口勝碑)." 구승비의 출전은 성심편이다. 흔히 쓰이지 않는 시구이다. 겸양이 품고 있는 삶의 가치가 아닌가 한다.

돌이나 쇠에 자신의 이름과 업적을 새기는 것보다 사람들의 입에서 입으로 이름과 업적이 오르내리는 게 더 영원할 수 있다는 뜻이 아니겠는가. 바르게 행동해서 남에게서 먼저 칭찬을 받아야 맞지 그러지도 못하면서 내세우지 말라는 것이다. 송덕비를 새우기보다 송덕비를 새울 만한 그릇이 먼저라는 가르침이다.

존경스럽거나 귀감이 될 만한 삶을 살지 못했던 사람이 부끄러운 과거는 빼고 자화자찬의 미사여구로 분칠한 자서전을 출판한다든지, 어쭙잖은 작품을 중앙의 문예지에 등재하려고 혈안이 된다든지, 기어이 시집이나 소설집 수필집 따위 문집을 출판하려고 한다든지, 자기 시비詩碑를 세운다든지, 아니면 송덕비를 세우려고 한다든지, 매스컴에 얼굴을 내밀기 위해 안달하는 것은 흔히 보는 일이 아닌가. 치열한 현시욕은 예나 이제나 매한가지다. 속이 찬 사람은 자신을 드러내지 못해 안달하지 않는다.

그래서 공자는 『논어』 이인里仁편에서 "벼슬자리가 없음을 걱정하지 말고(불환무위:不患無位) 벼슬자리에 설 실력 없음을 걱정하며(환소이입:患所以立) 나를 알아주지 않는다고 근심하지 말고(불환막기지:不患莫己知), 먼저 남이 나를 알아 줄 수 있는 힘을 기르도록 애써야 한다(求爲可知也)."고 썼다.

사람들은 자기 능력은 생각하지 않고 일이 안 됨을 한탄한다. 원대한 이상을 실현하려면 꾸준히 노력하여 충분한 힘을 길러야 한다는 가르침이다.

더하거나 빼지 않고 나의 행적을 더듬어봤다.

어려서 이후 국어교사를 거치면서 책 속에서 살다보니 책만 보는 바보(수불석권 간서치:手不釋卷 看書痴)라는 말로 비아냥도 들었다. 특정 작가가 아닌 여러 사람들의 작품에 매료되어 그 사람들을 흉내 내어 시필도 해보고 습작해 왔다. 신춘문예나 기성작가에게 보여 추천받을 기회가 있었지만 어리석게도 그러질 않았다.

일부 문예지의 등단장사 등 비뚤어진 등단문화를 고지식하고 편협한 시각으로 응시하면서 문단 전체가 그러한 양 불신했다.

등단이란 작가에게 일정한 자격요건을 주어 문단에서 활동하게 하는 필요충분조건임을 도외시했던 것이다.

"고요한 물은 깊이 흐르고, 깊은 물은 소리가 나지 않듯(정수유심 심수무성:靜水流深 深水無聲) 요란히 설치지 않는 고요함이 선비의 자세다." 중국 위魏 왕 문후文候와 명의 편작扁鵲의 대화 한 토막이다. 금과옥조이지만 나는 시의에 맞지 않다고 왜곡하기 시작했다.

일찍이 등단하여 문단의 거목으로 자리 잡은 고우故友들을 황새 여울목 넘겨보듯 못내 부러워할 뿐이었다. 그렇다고 열등감으로 한탄만 하고 있을 수는 없었다. 희수喜壽의 언저리에서 대오각성, 결연히 제도권의 문을 두드렸다. 생소했지만 제도권은 차원 높은 별세계로 작가들의 광장이었다. 밝고 활기찬 신진작가들과 중견과 대가들의 따스한 손길과 어루만짐이 있었다. 그곳은 내 마지막을 지탱해주는 약탕관이었고 교실이었다.

현학적이란 지탄을 받더라도 자국을 남기려는 노욕으로 산만한 것들을 갈무리해서 문집하나만은 남겨야 하지 않을까, 아니면 원고들을 정리해 유고로 남겨 둘 것인가로 고뇌한다. 이런 상념들은 나를 내세우기 위한 내심이 깔려있는 것이다. 격양가의 구승비나 이인편의 교훈, 편작의 대화를 신조로 하면서도 이런 유혹에서 벗어나지 못함은 역시 숙맥불변菽麥不辨56)이 아닌가 개탄한다.

각설하고 달관과 통찰이 인격화된 영혼을 길러 애면글면 산고로 건진 변변한 작품으로 승부하는 것이 교과서가 아닐까 한다.

---

56) 숙맥불변: 콩인지 보리인지를 구별하지 못한다는 뜻으로, 사리 분별을 못하는 모자라고 어리석은 사람을 이르는 말.

사랑하는 마노라, 대천사 미카엘라 안자(按慈)씨

사랑하는 마노라, 대천사 미카엘라 안자按慈씨!

을미년 365일을 깔끔하고 경건하게 받들어 57)오체투지五體投地로 앙축하고자, 정중하게 중절모자를 벗어들었어요. 청미靑未의 상서로움으로, 올해부터는 58)염화미소拈華微笑보다 더 무간無間히 지내려고요.

모처럼 드리는 59)한찰翰札에 사자성어나 난해 어휘를 취取한 까닭은 우리 둘만의 은밀한 문교文交와 깜냥이 아니겠습니까. 당신은 학창에서 한문을 궁구했으니 주추가 튼실하잖아요. 현학적衒學的 과시가 아니니 눈치 볼 것 없어요.

어느새 붓끝이 몽당해졌어요. 깍지 끼운 몽당연필로, 지우개 옆에 놓고 60)적조사연積阻事緣을 끄적여 보렵니다.

---

57) 五體投地 : 먼저 두 무릎을 땅에 꿇고, 두 팔을 땅에 댄 다음 머리가 땅에 닿도록 절을 한다.

58) 拈華微笑 : 말로 통하지 아니하고 마음에서 마음으로 전하는 일, 이심전심.

59) 翰札 : 일상의 편지보다 격이 높은 편지.

60) 積阻事緣 : 두 사람 사이에 오래 소식이 끊긴 앞 뒤 사정과 까닭.

외래문화 가운데, 결혼기념일을 챙기는 풍속이 자리 잡았어요. 19세기 영국에서 시작되었다는군요. 기독교·천주교에서 매년 결혼한 날에 축하예배나 미사를 드린 데서 비롯된 풍습이라고 하네요. 우리에겐 낯선 풍습이었지만 나날이 확산되어 가고 있어요. 혼인한 햇수에 따라 명칭이 다르다는군요. 10주년을 석혼식錫婚式, 25주년을 은혼식銀婚式, 50주년을 금혼식金婚式, 60주년을 회혼식回婚式, 70주년이나 75주년을 금강혼식金剛婚式이라고 한답니다.

기대수명이 길어짐에 따라 회혼식도 늘어나고, 75주년의 금강혼식을 올리는 사람도 더러 있어 화젯거리가 되기도 합니다. 며칠 전에 함께 봤잖아요. 다큐멘터리 영화, '임아, 그 강을 건너지 마오' 말이에요. 남주인공은 19살에, 여주인공은 14살의 나이에 결혼해 76년을 찰떡궁합 어깨동무로 동행하다보니 금강혼식을 올릴 나이가 지나있었지요. 노부부의 은빛 로맨스, 개구쟁이 사랑표현에 손뼉 치고 배꼽 잡았지요. 노부부에게서 '어떻게 사랑하고 어떻게 이별하는가'를 적실하게 보았지요. 우리 짝꿍도 금강혼식을 맞을 수 있다면 얼마나 좋을까요. 노탐이지요. 이만큼 살아왔으니 됐잖아요.

당신과 단짝으로 세월을 탄지도 까마득하군요. 지난 수십 년에 강산과 심신이 몰라보게 자부라졌네요. 세월을 신고 시속 80km로 쉼없이 달려 어느덧 61) 모기耄期에 이르렀으니 감회롭군요. 허나 무임승차만은 아니었어요. 치열한 소용돌이 속에서도 간신 간신히 보람도 캐냈지 않아요.

얄팍한 월급봉투는 아홉 식구 생활비가 빠듯했지요. 아이들 학비도 버

61) 耄期 : 나이 80세에서 100세까지를 이르는 말.

거운데, 이러저런 사연으로 걸머진 빚을 갚아나가는 일이야말로 벅찬 짐이었어요. 속 깊은 당신은 아무 내색도 하지 않았고, 오히려 가족들을 격려하면서 간난과 씨름했잖아요.

사랑하는 미카엘라 안자按慈씨,

모든 덕의 어머니는 사랑이라고 했던가요. 오직 가족사랑 일념으로, 헌신 봉사해온 당신은 '미카엘라 대천사'였어요. 사랑과 정과 진정성 같은 심곡心曲을 생각하면, 62)경경열열哽哽咽咽이 하염없구려.

당신은 부녀자의 63)사덕四德을 고루 갖추었지요. 어머니의 따뜻한 마음씨로, 사랑과 진정이 깃든 정다운 말씨로, 검소하되 기품 있고 단정한 차림새는 본이 되었으며, 끝내주는 음식솜씨는 물론, 뛰어난 바느질솜씨를 자랑했지요.

번화가에 바느질집을 내고 밤낮없이 일에 파묻혔어요. 한복트렌드를 선도하는 솜씨가 널리 회자되자 일감이 쌓여 쉴 틈이 없었지요. 일꾼을 들였지만 중과부적衆寡不敵으로 지병이 재발했잖아요. 초인적 의지로 끝내 이각離却했지만. 마침내 수백의 빚을 갚아냈고, 아이들 대학등록금이며 결혼비용 등을 기탄없이 마련했지 않아요. 당찬 사내도 해내지 못하는 슈퍼맘(super mom)으로 가계부를 너럭바위에 거뜬히 올려놓았지요.

당신은 삶의 근본이치인 64)원형이정元亨利貞에 어긋나지 않게 살려고 몸을 가다듬었고, 65)인의예지신仁義禮智信이라는 현세적 도덕규범을 따랐

---

62) 哽哽咽咽 : 슬픔이나 고마움에 목이 메어 울다.

63) 四德 : 마음씨婦德, 말씨婦言, 맵시婦容, 솜씨婦功

64) 元亨利貞: 元은 봄으로 만물의 시초이고, 亨은 여름으로 만물이 자라고, 利는 가을로 만물이 이루어지고, 貞은 겨울로 만물을 거둔다는 뜻. 천도(天道)의 전개과정이자 우주의 질서인 원형이정을 본받아 4가지 德[인의예지仁義禮 智]을 길러 행함.

65) 仁義禮智信 :사람이 마땅히 지켜야 할 다섯 가지 도리. 곧 어질고, 의롭고, 예의 바르고, 지혜롭고, 믿음직함

지요. 자손들에게는 66)효제충신孝悌忠信을 몸소 실천하는, 산교육을 해왔어요. 일상에서는 67)성근誠懃하며 겸손과 배려를 신조로 삼아왔기에 자손들로부터는 훌륭한 어머니요 할머니로 숭앙 받고 있잖아요. '인품이 좋으면 한 마당귀에 시아비가 아홉'이라는 옛말이 있어요. 품성이 좋으면 욕심내는 사람이 많아서 시아비 될 사람이 마당에 가득하다는 뜻으로, 사람이 잘나서 따르는 이가 많음을 비유한 속담입니다. 바로 당신을 두고 하는 말이 아닐까요. 근방의 아는 사람들이 하나같이 당신의 삶을 칭송, 찬미하고 있으니 결코 소문만은 아니에요.

어느덧 20여 년이 흘렀네요. 공한지를 개간해 70여 평을 일궈, 유기농사를 지어온 일말이에요. 가족건강을 위한 식이원칙食餌原則을 세우고, 친환경 식단을 실천해 왔지요. 엽채류와 근채류, 조미채소 따위를 완전자급으로 식탁에 올리고 있잖아요. 자손들에게도 참살이 식단을 가르쳐 실천케 했고, 애써 가꾼 야채를 철따라 보내주고 있지요. 이웃들에게도 소소히 나눠주고 말이에요.

존경하고 사랑하는 대천사, 미카엘라 안자按慈씨.

당신은 자손들은 물론, 내게 생활습관병成人病 예방을 위해 식의동원食醫同源을 일깨워주었어요. 이런 68)전차詮次로, 연년익수延年益壽는 공짜가 아니었어요. 그 지성을 어찌 잊겠습니까. 특히 어떤 이유로든 과음은 몸을 망가뜨리고 선비의 품격을 훼손시킨다면서 금주제일주의를 독경讀經해왔지요. 당신의 금과옥조를 내내 다짐했지만 의지의 정립이 쉽지 않아

66) 孝悌忠信 : 어버이에게는 효도요, 형제끼리는 우애하고, 벗이나 이웃에게는 신의를 지킴

67) 誠懃 : 정성스럽고 참되며, 부지런히 일함

68) 詮次: 말이나 글에서 짜여져 있는 조리나 순서.

고심해왔어요.

69)명정酩酊 10여 년, 호리병의 갑甲질 앞에 오체투지의 을乙로 지내는 동안, 나잇값이 만만한 실태失態를 빚기도 했지요. 칠현七賢의 현은 세상 티끌에 물들지 않는 것을 뜻하지요. 70)죽림칠현竹林七賢 중의 주현酒賢인 유령劉伶에게 비록 취광醉狂이 있었다고 하더라도, 그것은 오욕의 명리를 내몰기 위해서였다고 하니, 그의 명정은 손색이 없다고 생각해왔어요. 여기에 나를 빗대기가 쉽지 않지만, 저간의 주력酒歷을 이야기해 볼래요.

은퇴 이후 십유여년, 71)한운야학閑雲野鶴하는 은사隱士를 흉내 내 세월을 타면서, 72)심탐深耽해왔던 것은 당신이 오랜 동안 안타까워했고 성가셔하던 일이었죠. 광복 70년, '빨리빨리 문화'로 이룩한 초고속성장, 압축성장은 세계사의 전범이었죠. 그러나 그 신화 뒤에 숨은 독한 후유증을 치유하는 데에 작은 걱정이라도 보탠 적이 있었는가. 나잇살이나 한 주제에 말이에요. 후유증이 수반한 공적 모럴의 부재, 사회적 분열과 갈등, 점수만을 강요하는 교육현장의 문제점, 부정과 비리의 범람을 한탄하는 데에 그쳤어요. 오히려 그 핑계로, 방편으로, 73)백주홍인면白酒紅人面하매 술은 바로 은둔처였지요. 실로 약아빠진 직무유기였습니다.

문단의 강습과 합평은 문사文士들의 긍정적 일상이요 궁지죠. 일정을 마치면 의례히 뒤풀이죠. 서너 순배로 도연陶然해지면 74)한담객설閑談客說

69) 酩酊: 술에 몹시 취함

70) 竹林七賢 : 중국 진(晋)나라 초기에 노자와 장자의 무위 사상을 숭상하여 죽림에 모여 청담으로 세월을 보낸 일곱 명의 선비. 곧 산도(山濤), 왕융(王戎), 유영(劉伶), 완적(阮籍), 완함(阮咸), 혜강(嵇康), 상수(向秀)이다.

71) 閑雲野鶴 : 한가로이 떠도는 구름과 들에 노니는 학이라는 뜻으로, 아무 매인 데 없는 한가로운 생활로 유유자적하는 경 지를 이르는 말.

72) 深耽 : 술에 지나치게 마음이 쏠려 깊이 빠지다.

73) 白酒紅人面 : 벗과의 술잔을 주고받으니 어느새 얼굴은 붉고 취기가 돈다

74) 閑談客說 : 심심풀이로 하는 실없는 말.

로 문사의 품격은 묘연杳然하고, 어쭙잖은 주붕酒朋으로 둔갑합니다. 과시 선비로서의 체통이 허허롭습니다.

75)조지훈趙芝薰의 오언율시 고주沽酒는, 문사로서 세태를 고뇌하는 속내가 잘 드러나고 있습니다. 주선·주성酒仙·酒聖으로 불렸던 그가 술을 제재로 쓴 격조 높은 한시가 일품입니다.

고주沽酒 (술을 사다.)

산동고주거山童沽酒去 (아이는 술 받으러 가고)

붕자원방래朋自遠方來 (벗은 멀리서 찾아 왔네.)

격세수장폐隔世愁腸閉 (세상의 근심이 괴로워)

대상죽구개對床竹口開 (술상을 마주하여 피리를 분다.)

한훤병세의寒喧病世矣 (세상 불만을 털어 놓으니)

생계낙천재生計樂天哉 (잠시나마 즐겁고 후련하구나.)

여자일장취與子一場醉 (그대와 함께 한바탕 취하니)

월침석상태月侵石上苔 (어느덧 달은 섬돌 위 이끼를 비추네.)

존경하고 사랑하는 대천사 미카엘라 씨,

세속의 명리名利를 탐하는 작폐作弊와 주정은 아니었어요. 옛날 76)백두한사白頭寒士들이 77)대주접물對酒接物했듯이 내 나름의 심탐임을 내심으로 변명하며 자위하곤 했어요. 시각에 따라서는 한갓 핑계이고 저속한

---

75) 趙芝薰 : 시인 · 국문학자(1920~1968). 청록파 시인의 한 사람으로, 초기에는 민족적 전통이 깃든 시를 썼으며 6.25 전쟁 이후에는 조국의 역사적 현실을 담은 시 작품과 평론을 주로 발표했다. 저서에 ≪조지훈 시선≫, ≪ 시의 원리≫ 따위가 있다.

76) 白頭寒士 : 탕건을 쓰지 못했다는 뜻으로, 지체는 높으나 벼슬하지 못한 사람이나, 가난하거나 권력이 없는

77) 對酒接物 : 술을 만나 평생을 벗으로 사귀다.

명정쯤으로 흘금거릴지 모르지만요.

생각하면 당신의 간곡한 헌사獻辭, 금주령을 지키지 못한 일은 못내 78)송구천만悚懼千萬으로 수치일 뿐입니다. 이쯤에서 주력은 각설하겠어요.

당신을 '존경하고 사랑한다'는 말을 혹여 빈말로 간주해 버리면 어떡하지요. 나의 충정衷情, '사랑하고 존경함'은 만고불변이라오.

선비연然하는 말년을 성근誠懃으로써 보살피고 공궤供饋해 주는 당신의 진정에 79)흠격歆格한 까닭과 평생에 태산으로 쌓인 까닭들이에요.

여기, 내내 윽벼르던 통 큰 선물 하나 대령했어요. 당신이 바라던 바의 80)담壜·罎)을 내 사전에서 뽑아내 버렸어요. 이제는 탈 없고 튼튼히 오래오래 함께 사는 일만 남았어요. 동생동거同生同去말이에요, 어때요, 쏘옥 들죠, 맘에? 애면글면 81)접첨摺添한 '100일째'를 우선으로 드리니 건사하시고 예삐 다독여 주세요.

네? 사랑하는 대천사, 미카엘라 안자按慈씨여!

---

78) 悚懼千萬 : 죄송하기가 이를 데 없다.

79) 歆格 : 하늘과 땅의 신령이 감응하다.

80) 壜 · 罎 : 술병을 가리킴.

81) 摺添 : 접어서 포개다

사자방망이와 천둥벌거숭이

대학병원 중환자실에 누워있는 선배를 문병했다. 교통사고로 큰 부상을 당했다. 온몸이 붕대로 감겨 있어 보기에 참담했다.

사람의 일상은 사자방망이를 차고 다닌다는 옛말이 그른데 없다. 유심한 대비를 하지 않는 한 세월호 같은 대형사고는 물론, 안전사고가 불시에 마수를 뻗친다.

선배의 참사는 한 여인의 작위적인 소행이었다. 승용차 앞바퀴에 예리한 송곳으로 구멍을 내놓았다. 멋모르고 큰 도로에 진입해서 2백여m를 달리던 중 갑자기 타이어가 내려앉는 바람에 급정거를 했고, 찰나에 뒤따르던 덤프트럭에 받쳐 차는 박살났지만 천행으로 목숨만은 건졌다. 첨단의술로 10여 개월의 집중치료 끝에 후유장애 없이 퇴원할 수 있었다.

시어다골鰣魚多骨이라 했던가. 죽을 고비를 넘기고 집에 돌아와 안도의 숨을 쉬기가 바쁘게, 평생을 몸과 마음으로 내조하던, 멀쩡한 아내에게 암이란 마귀가 들이닥칠 줄 누가 알았으랴. 말기 암이라니, 3개월이 채 못 되어 총총히 떠나갔다. 날벼락이었다. 이 놀라움, 비통, 허탈을 어찌

하랴. 허무의 심연에서 삶의 의미를 잃었다. 트라우마였다. 몸져누웠다. 심신에 금이 가 날로 쇠잔해졌다. 이러다 아버지마저 가시는 게 아닌가, 육남매와 손자손녀들이 밤낮으로 번을 섰다. 침상의 톨대에는 수액을 비롯한 서너 개의 약주머니가 걸리고, 알약이며 보양식이 소반 위에 그득했다.

큰아들과 큰사위는 의사고 큰딸이 약사다. "아버지!, 어머니 가신지 어언 한 돌이네요. 이젠 털고 일어나셔야지요." 바깥바람을 쐬어야 한다는 눈물의 호소가 잇달았다. 극도로 피폐한 몸으로 휴양지를 찾아 나섰다. 리조트에 여장을 풀고, 휴양림에선 피톤치드로 목욕해 에코힐링하고, 바닷가에선 일출과 일몰의 황금색 노을빛을 눈에 넣었다. 환상의 관광지 남태평양의 '피지'를 비롯해 지중해의 휴양지 '니스'를 뒤로 귀국길에 올랐다.

악몽과 시름의 수렁에서 가까스로 건져냈다. 배턴터치로 수행한 보람있는 힐링투어였다. 선배는 웬만큼 건강을 되찾을 수 있었다. 심기일전새 삶을 살아야 했다.

선배는 명석한 두뇌와 열공으로 학교성적이 뛰어났었다. 품행이 바르고 물고 뽑은 듯했다. 더구나 호방하고 의협심이 강해 친구들의 우상이었다. 여학생들에게는 훈남이라 썸의 표상이었다. 명문 S대 사범대를 나와 40여 년의 교직을 정년퇴직했다.

퇴임 후에 10여 년 운영하던 무료강좌'市民教養禮節教室'의 문을 다시 열었다. 지난 10여 년 세월이 주마등이다. 초창기에는 홍보도 했었지만, 명강의로 회자되자 수강생이 밀렸다. 기별 수강인원은 단출하게 10명씩으로 정했다. 지망자들은 중장년층으로 남녀 3대 7의 비율이었다. 귀골의 외모에다 지성인다운 세련된 매너로 수강생들을 매료시켰다. 인기강좌로 손꼽힌 데에는 교수요목도 실속이 있지만, 파워포인트 기법으로 교안을 구조화해 이해하기 쉬웠고, 갖가지 예화로 흥미롭게 강의했기 때문이었다.

상호신뢰와 친밀감으로 엮여졌다. 수강생들의 식사초대가 이어진다. 집으로 초대하거나 맛집으로 모셔다가 대접을 했다. 선배는 마냥 행복했다. 하루는 미모의 50대 수강생이 자기 집으로 초대했다. 단둘만의 식사라 민둥했지만 달변의 선배는 유머러스한 화제로 분위기를 누였다. 진수성찬에 양주는 Old Parr였다. 반주가 서너 순배 돌아 홍성하고 도연해지자 여자가 천천히 무릎을 꿇었다. 정색으로 허두를 떼었다. "선생님을 뵙자 첫눈에 홀려 사랑하게 됐다."고 고백하면서 "진지하게 사귀자"고 하는 것이 아닌가. 선배는 당황했다. "나는 유부남이며 나이 차도 있고 명색이 명망가로서 어찌 그럴 수 있겠느냐"고 정중히 거절했다. 헌대도 "저는 홀몸이니 은밀히 사귀면 되지 않겠느냐"고 사뭇 애원이다. 선배는 "올곧게 외길을 살아 온 나를 훼절케 하지 말라"면서 그냥 친구로 지내자고 풍유했다. 과연 지성인다운 냉엄한 자세였다. 여인은 난감한 표정을 감추지 못했다.

그 뒤로도 전화나 e-메일로 끊임없이 지분거렸지만 대꾸하지 않았다. 여인은 앙심을 품고 선배를 노렸다. 일부함원一婦含怨이면 오월비상五月飛霜이라더니, 기어이 타이어에 송곳구멍을 내서 죽음의 문턱까지 끌어냈다. 범행을 자백해 2년의 옥살이를 하고도 선배의 재기를 앙앙불락怏怏不樂했다. 이삼년의 고난을 딛고 새 출발을 한 노선배의 강의실에 가명으로 등록하고 얼굴을 내미는 천둥벌거숭이다.

세대 간의 간극 매우기

나이가 들수록 핏줄에 대한 애착심이나 애틋함, 그리움이나 수수로움이 더해 감은 웬일일까? 추석이나 설 명절이 다가오면 그들이 돌아올 날을 손꼽아가며 기다린다. 늙으면 애 된다더니 동심으로 돌아간 것일까?

명절에는 좁은 국토에서 민족의 대이동이 이루어진다. 귀성객들이 정체된 자동차 안에서 지루한 시간을 보내고 있다는 뉴스를 들을 때면 안타까운 마음에서 역귀성을 생각해 보기도 하지만 여러 가지 폐단 때문에 그러질 못하고 있다. 올해는 교통체증이 예년보다 덜해서 자손들이 돌아오는 데에 큰 불편이 없었다고 하니 얼마나 다행인지 모른다. 아들들은 그믐날까지는 내려온다. 세 딸들은 시댁에서 과세해야 하기에 설날 저녁 늦은 시간이나 아니면 초이튿날에야 몰려온다.

올 설에는 스물하나의 자손들이 모였다. 집안에 모인 면면을 보는 것만으로도 배가 부르고 흐뭇하기만 하다. 비꼬이지 않고 별 탈이 없이 제 구실을 다하고 있는 그들의 늠름한 모습에서 자손계子孫計를 비롯한 내 이승삶이 그다지 헛되지 않았음이 느껍다. 자손들에게 세배받기 전에 아내와 나는 맞세배를 하고 덕담을 주고받는다. 우리 집의 세배풍속도는 좀 특이하다.

절만 하는 단순한 세배가 아니라 새해 첫날을 맞아 연간 생활설계나 소망사항을 스스로 말하여 다짐하게 한다. 말하자면 공개적인 다짐회의 형식이다. 여러 사람 앞에서 다짐한 약속을 충실히 이행하도록 하는 효과가 있다. 할애비와 할미는 총론적인 덕담으로 "강인하고 용기 있고 꾸밈이 없으며 남이 알아주지 않아도 묵묵히 간다(강의목눌:剛毅木訥)"는 사자성어를 일러준다. 덧붙여 건강한 가운데 '복福짓는 한 해'가 되라고 격려해 주고 개별적인 덕담은 따로이 한다. '할애비 할미'도 당년에 지켜야 할 사항이나 소망을 다짐삼아 말해 준다.

세배는 손자들이 제 아비어멈보다 먼저 한다. '무병장수를 염원'하면서 천천히 큰절을 한다. 올 설에는 셋이 빠진 열한 명으로부터 절을 받았다. 큰 손주 녀석이 리본으로 장식한 자그마한 선물 상자를 내어놓았다. 무엇이냐고 물었더니 할아버지가 손전화기를 분실하셨다는 이야기를 듣고 더욱 젊게 사시라고 '스마트폰'을 하나 사왔다는 것이다. 취업난을 딛고 이른바 대기업에 취업한 외손자 남매도 두툼한 '봉투 하나씩'을 내어놓는 게 아닌가. 상여금으로 받은 것인데 할아버지 할머니 용돈으로 바친다는 것이다. 또 다른 대학생 손녀도 '알바'로 모은 금쪽같은 돈으로 유명상표의 방한복을 사왔다. 해외에서 귀성한 여남은 살짜리 막내 손주 남매도 절약해 모은 용돈으로 가죽장갑 두 켤레를 사왔다. 2, 3년 전까지만 해도 이런 호사豪奢는 생각지도 못했는데 어느새 장성하여 이렇듯 효성을 다하다니 참으로 대견하구나! 감격무지하여 목이 멘다. 이제 내

나이 망구望九에 이르렀으니 무슨 여한이 있으랴만 증손주를 안아보는 것이 고소원일 따름이다. '나홀로족', '골드미스족'이나 만혼이 추세인데다 애낳이를 꺼리는 세태라 그 소망이 쉽게 이루어질 것인지는 모를 일이지만……..

지난해까지는 우리 내외가 손수 차례상을 차렸다. 올해는 큰아들 내외에게 상차림을 하도록 시켰다.

설 차례상 차리는 법은 지역이나 가문에 따라 조금씩 다르다. 우리가 범家範으로 내려오는 원칙 다섯 가지가 있다. 첫줄은 촛대와 시접과 떡국, 잔대요, 둘째 줄은 어동육서이고, 셋째 줄은 탕류, 넷째 줄에는 좌포우혜요, 다섯째 줄은 조율이시 홍동백서이며 제상 앞에는 향합이다. 50을 훌쩍 넘긴 나이라 눈썰미가 있어선지 터덕거리지 않고 제대로 진설陳設을 하는 것이 아닌가. 대견스러워 칭찬을 해 주었더니 계면쩍어하면서도 언젠가는 자기들이 해야 하는 일이라 미리 익혀두었다는 것이다. 차례를 마친 가족들은 간단한 제수를 준비하여 가족묘원에 성묘를 갔다. 상석에 주과포酒果脯[82]를 진설하고 11위 조상님께 경건하고 정중히 절을 올린다. 조상님들이 끼친 음덕蔭德을 기리고 명복을 빌면서. 성묘를 다녀오면 자손들은 세찬에다 세주(초백주椒柏酒)[83]를 마시면서 화투놀이나 컴퓨터게임을 즐기는 것이 명절풍속도이다.

올해는 좀 참신한 아이디어를 내보았다. 국립광주박물관에서 설 명절을 맞아 전통 민속놀이를 선보이고 경연대회도 연다는 소식에 접했다. 우리가족들은 박물관 행사장으로 갔다. 윷놀이, 제기차기, 투호놀이, 팽이치기, 널뛰기, 연만들기, 그네타기 따위의 다채로운 프로그램이 마련

---

82) 주과포 : 술과 과일 그리고 육포나 어포

83) 초백주椒柏酒 : 산초나무 열매와 잣잎을 넣어 빚은 전통주로 섣달그믐날이나 설날에 마시는 술이다.

되어 있었다. 각자 선호하는 놀이를 하거나 형제끼리, 동서끼리, 남매간에 겨뤄서 승패를 가르기도 했다. 특히 청소년기의 손자손녀들에게는 유익한 하루가 되었다. 전통문화의 체험을 통해서 조상님들의 삶을 이해할 수 있고, 신체적 정신적 건강은 물론 여가선용으로 건전한 생활태도가 정착될 수 있기 때문이다. 세대 간의 간극間隙을 매우고 부모 자식간 조손간에 서로 이해하고 존중하며 우애하는 기풍이 길러진다면 이보다 더한 설날이 또 있을까.

쉽게 읽히는 수필

급히 써내야 할 글이 있어서 한창 자판을 두드리고 있는데 고 2짜리 손주 녀석이 말을 걸어왔다.

"할아버지는 시와 수필을 쓰시니까 한 가지 여쭤 볼게요.", "뭔데 그러니?" 했더니 어느 문예지에 "20대에 시詩요, 30대는 소설小說이고, '40대에 비로소 수필隨筆'이라는 정설定說이 있다." 라는 대목이 있었는데요. "왜 인생 40대가 되어야 수필을 쓸 수 있다고 했을까요?"

"응 그래, 눈여겨보아 두었다가 묻는구나! 좋은 수필을 쓰기 위해서는 그만큼 아는 것이 많아야 하고, 그러려면 보다 많은 직간접의 체험이 필요하단다. 그러한 체험을 한 순간에 할 수는 없는 노릇 아니냐? 살아가는 동안 자연스럽게 겪고 느껴 얻어진 경험들이 수필의 바탕이 되는 것이란다.

수필을 40대의 문학이라고 말한 것은 풍부한 삶의 경험과 많은 지식을 갖게 되는, 40대 쯤 되어야 비로소 인생철학과 자아성찰이 배어난 수필다운 수필을 쓸 수 있다는 뜻이 아니겠느냐. 시인·소설가와 견주어 수필가의 비중을 설파하고 있는 문장이다." 라고 해답해주었다.

손주 녀석은 자기도 풍부한 경험과 지식을 쌓아서 장차 훌륭한 수필가가 되겠다고 하면서 수필문학에 대해서 좀 더 깊이 있게 가르쳐 달라고 어리광을 부린다. 좀 바빴지만 그의 탐구심이 가상했다. 수필이란 어떤 문학이며 어떻게 써야 할 것인가를 대충 설명했다.

"수필은 일반적으로 사전에 어떤 계획이 없이 어떠한 형식의 구애도 받지 않고, 자기의 느낌, 기분, 정서 등을 표현하는 산문 양식의 문학의 한 장르이다. 그것은 무형식의 형식을 가진 시도로서 비교적 짧으며 개인적이고 서정적인 특성을 지닌 산문이라 할 수 있다."

어느 평론가가 수필문학의 특성을 규정한 논평의 첫머리이다. 수필을 총론적으로 설명하고 있다. '수필은 일반적으로 사전事前에 어떤 계획이 없이' 라는 대목에서 나는 견해를 달리한다. 주제나 제재의 선정은 물론 짜임새나 전개의 방식과 용어의 선택 등 문장으로 형상화하기 위해서는, 통찰력과 날카로운 지성을 바탕으로, 사전에 폭넓게 구상하고 치밀한 계획을 세워야 하기 때문이다.

또한 저명한 수필가 윤재천 교수는 「좋은 수필」이라는 글에서 다음과 같이 당부하고 있다.

"수필은 인간학이다. 인간 내면의 심적 나상을 자신만의 감성으로 그려내는 한 폭의 수채화다. 한 편의 수필에는 자신의 철학과 사유, 현재와 과거의 행적, 미래를 예시하기 위해 독자와의 공감대를 형성할 수 있는 메시지가 담겨 있어야 한다. 수필에는 일관성 있게 흐르는 주제의식이 담겨 있어야 한다. 함축과 묘사를 통해 자신의 생각을 효과적으로 전달하고, 적절한 예시를 들어 독자와의 거리를 좁히는 것이다. 정서가 흥건하게 배어 있는 은유여야 한다. 단순한 과거회상이나 '나'의 일상에서 벗어나야 한다. 수필은 '나'를 통한 '우리'의 고찰이, 과거를 비추는 미래의 통로이다."

수필작가는 고아한 품격과 축적된 지식, 철학을 바탕으로 삼아라. 쓰기의 밑거름은 다독이다. 치열하게 섭렵하여 축적하라. 전범典範이 되는 수필들을 두루쳐 독창적 논리와 수사 등 표현체계를 내면화하라. 나만의 색깔로 맛깔스럽게 조립 형상화하여 감동을 주는 글이 되도록 심혈을 기우려라. 수필작가가 새겨야 할 금과옥조이다. '윤재천 교수'는 이처럼 사전에 준비하고 계획해야 하는 엄청난 작업임을 가르쳐 주고 있다. 설명을 마친 뒤 수필문학의 기초이론서 한 권을 주면서 틈틈이 읽어보라고 권했다.

설명을 듣고 난 손주 녀석, 대뜸 하는 말이 "할아버지의 글은 너무 어려워서 사전을 들고 읽어야 해요! 좀 쉽게 쓸 수 없나요?" 이 녀석이 할아비의 아픈 곳을 정곡으로 찌른다. 내 글의 고질적인 난해성을 가감 없이 꼬집은 것이다. 간곡한 충고를 받아들여 집필의 전환점으로 삼았다.

나의 작품세계의 특징과 단점은 대충 이렇다. 한자어나 생경한 어휘를 자주 쓰므로 난해하고 현학적이라는 지적을 받는다. 많은 어구를 이용하여 반복, 부연, 수식, 설명을 가함으로써 문장이 장황하다. 열거법을 상투적으로 사용한다는 평가도 받는다. 한 마디로 짧고 간결한 문장으로 내용을 명쾌하게 표현하지 못한다. 이런 지적을 받을 때면 자괴감에 빠지곤 했다. 문장흠결을 고치려고 애를 써보지만 매끄럽게 다듬어지지 않는다. 내심 변명이 고개를 쳐든다.

이를테면 한자어를 풀어쓸 때 적확한 어휘의 선택이 어렵고 문장이 길어지는 폐단이 있다. 한두 어휘로써 이해와 공감을 얻기가 어렵다. 짧은 글은 문장의 긴밀성이 떨어지고 지속성과 유장한 흐름이 없다. 비유를 통해 우회적 표현을 하면 짧은 문단으로 줄일 수 있겠지만 그런 수사修辭능력이 부족하다. 이러저러한 핑계거리에 안주해 온 것이 내 글 버릇의 이력이다. 손주 녀석의 불만이 아니라도 이제 타성에 젖은 해묵은 버릇들을 과감하게 내쳐야 하겠다. 수필의 밑거름은 다독이다. 치열하게 섭렵하여 축적해야겠다. 명수필들을 두루쳐 독창적 논리와 수사 등 표현법을 익혀야 하겠다. 나만의 체취가 풍기는 정직한 글, 재치 있는 글, 따듯한 글, 시원시원한 글, 쉽게 읽히는 글, 잘 짜이고 자연스러워 감동주는 글을 쓸 것이다.

실버독서클럽

"오늘에 사는 노년들은 급격한 사회변동과 핵가족화 등 전통적 가족체계가 무너지고 효의식의 변화로 인하여 정서적인 갈등, 역할 상실, 여가시간의 활용문제, 건강문제, 심리적 고립과 소외 문제 따위의 고통에 노출되어 있습니다.

현대는 지식 폭발의 시대라고 할 만큼 매일매일 새로운 지식이나 학설이 기하급수적으로 밀려오고 있습니다. 이와 같은 지식 폭발의 시대에 폭넓은 교양을 갖추고 노년을 지혜롭게 헤쳐 갈 풍부한 지식을 습득하기 위해서는 무엇보다도 독서가 최선의 방법입니다.

학지호몰이후지學至呼沒而後止라는 순자荀子의 가르침이 있습니다. '배움은 죽음에 이르러서야 멈추는 것이다. 한 과정이 끝났다 함은 공부의 마침이 아니요, 새로운 공부를 위한 출발점으로 삼아야한다'는 뜻도 함축하고 있습니다. 오늘날 시대적 과제가 되고 있는 평생학습의 정신을 갈파한 명구입니다. 독서는 어느 특정한 시기가 아니라 평생학습으로서의 독서여야 하겠습니다.

노년들에게 책보다 더 좋은 위안이 없고, 책에서 얻는 자양분만큼 마음을 풍요롭게 해주는 보약이 따로 없고, 책만큼 주체적 삶의 의지를 북돋워주는 것도 없습니다. 그래서 우리는 수불석권手不釋卷으로 책을 가장 가까운 벗으로 삼아야 하겠습니다.

다행히 광주광역시 도시철도공사에서는 지하철 남광주역에 '열린도서관'을 개설했습니다. 경로우대 시책에 따라 지하철 이용 승객 중 노인이 차지하는 비중이 매우 큽니다. 그러기에 노인들의 지하철역사 출입 비율이 높을 수밖에 없습니다. 열린도서관은 규모는 자그마하지만 노년들의 독서 열기를 충분히 흡수 소화해주고 있습니다. 열람석이나 대출기록부를 보면 노인들의 독서열을 짐작할 수 있습니다. 열린도서관은 도서의 열람 대출은 물론 노년사회에 독서하는 기풍을 더욱 떨쳐 일으키는 캠페인을 지속적으로 전개해 왔습니다.

열정 넘치는 노년독서 마니아들이 뜻을 모아 '열린도서관 실버독서클럽'을 탄생시켰습니다. 노년독서의 의의나 중요성 그리고 효과적인 독서방법을 공부하기 위해 전문가를 초빙하여 세미나를 열기도 하고 자체연수회도 수시로 가져 독서 열기를 확산시키고 있습니다. 과거처럼 여가선용이나 취미로서의 독서보다는 생활로서의 독서가 절실한 시대입니다. 따라서 단순히 읽는 데에 그치지 않고 중요 부분에 방점을 찍는다든지, 밑줄을 긋는다든지, 독후감을 쓴다든지, 동료와 토론한다든지, 독후감을 발표한다든지, 독후감 쓰기 대회를 연다든지, 북크로싱(book crossing)을 한다든지, 현장학습으로 문학기행을 한다든지, 독후감모음집을 발간한다든지, 독서를 통해 지적인 허기를 채우고 그 지식을 실생활에 적용케 하는 등 독서효과를 극대화하는 데에 이바지하고 있습니다."

이상은 열린도서관 실버독서클럽의 활동을 '본따르기(Benchmarking)'위해 방문한 전국 각지의 독서클럽 인사들에게 현황을 브리핑한 내용이다.

다음은 조정래의 소설 「불놀이」를 읽고 문학작품의 배경이 되는 현장이나 문학관, 작가의 출생지나 생가 등을 돌아봄으로써 작가와 작품이해의 폭과 비평적 안목을 높이기 위해 조정래문학관(벌교와 김제)을 다녀온 뒤에 회원이 쓴 독후감 가운데 한편을 골라 여기에 옮긴다.

· **열린도서관 실버독서회 - 독후감상문 발표대회 자료**

◆ 소설 『불놀이』를 읽고

노후래

· 작가(조정래(趙廷來)

1943년 전남 승주군 선암사에서 대처승인 아버지 조종현과 어머니 박성순 사이의 4남4녀 중 넷째(아들로는 차남)로 태어남. 1948년에'여순반란사건을 순천에서 겪었다. 1953년에는 벌교로 이사했다. 광주 서중학교, 서울 보성고등학교를 거쳐 동국대학교 국문학과 졸업. 1970년『현대문학』추천으로 등단. 단편집『어떤 전설』,『20년을 비가 내리는 땅』,『황토』, 중편집『유형의 땅』, 장편소설『대장경』,『불놀이』등의 작품을 발표했으며, 대하소설『태백산맥』,『아리랑』,『한강』은 1980년대 이후 시대를 초월한 고전으로 읽히고 있다. 현대문학상 대한민국문학상 소설문학작품상을 수상했다.

· 소설『불놀이』

불놀이는 초창기 문학의 대표작으로 꼽히며 80년대 중반에 나오는 태백산맥 등 대하소설의 밑거름이 된 작품이라고 한다.

『불놀이』는 소재를 역사적 사실에서 찾았다. 여순반란사건과 6·25전쟁을 바탕으로 한 살육과 복수를 다룬 작품이다.

◆줄거리

작품의 주인공은 한국전쟁의 혼란기에 마을 인민위원회 부위원장을 지내면서 동리의 행세깨나 하는'신 씨 일가'38명을 몰살시키고 도망한 뒤 이름과 고향 등 신분을 바꾸고 살면서 사업에 성공한 황복만 사장이다. 29년 전 그의 행적을 알고 있는 누군가가 불쑥 전화를 걸어오고, 황사장의 아들이 고향을 찾아가 아버지의 비밀을 확인하며, 전화 건 사람의 신원과 내력이 알려지자 황사장이 충격으로 의식을 잃고 쓰러진 뒤 마침내 죽게 된다는 참담하고 파멸적인 이야기가 큰 줄거리다

◆감상

불놀이는 원한과 원한이 얽힌 이야기다. 해방 이후 좌우 이념대립이 극명했던 벌교를 중심으로, 이념 이전에 감정의 대립으로 벌어질 수밖에 없었던 평범한 사람들의 한을 생생하게 그리고 있다.

불놀이는 근대사회로 넘어오면서 겪었던 역사의 단면을 보여주고 있다. 오랜 세월 가슴 속에 차곡차곡 쌓여있던 누군가의 한이 또 다른 누군가의 한으로 전이되면서 돌고 돌아야만 했던 겨레의 아픈 정서가 잘 그려져 있다. 6·25한국전쟁을 전후해서 벌어졌던 살육전은 물론 이념적 갈등을 핑계 삼은, 대대로 세습되어온 가난과 봉건적 신분제도가 낳은 비극이었던 것이다.

과거에 자신이 받은 상처로 인해 또 다른 누구에게 그 상처를 전가시키고 그 전가된 상처는 부메랑이 되어 결국 자신에게 돌아오는 것이다. 인생사 돌고 도는 것이며 우연히 스친 사람의 손길이 결코 우연히 아니

라는 사실을 배워야 하겠다. 따라서 한恨의 사슬, 고리를 끊는 일이야말로 민족정서를 순화하는 지름길이라고 생각한다.

작가는 이 소설의 말미에서 주제를 잘 요약했다.

"나는 당신 아버지를 용서하진 않지만 내 입장에서 미워하지도 않소. 왜냐하면 당신 아버지가 처해 있던 입장을 이해하기 때문이요. 이 말은 우리 신 씨 문중이 저지른 횡포가 잘못되었음을 시인하는 것이오. 그러나 당신 아버지가 자행한 행위는 분명 옳지 않았고 용서될 수 없는 일이오. 당신 아버지의 논법대로 한다면, 어마어마한 재산을 가진 당신 아버지는 이제 누구의 손에 찔려죽어야 되는지 알겠소? 바로 나처럼 가난한 사람들의 손이오. 이 얼마나 유치한 논법이오?"

4

오방 주머니

오방주머니란 다섯 가지 빛깔의 헝겊으로 지어 만든 주머니로
다섯 방향에서 재수가 들어온다는 뜻이라고 주장했다.
ㅎ가가 식당 간판에 특별히 집착한 까닭을 살다보니 자연스레 알게 되었다.
장사가 잘 돼야 집세를 간간이 올려 받을 수 있고,
집수리도 제 돈 안 들여 좋고,
사람까지 달고 와도 술밥은 공것이니 일석삼조이기 때문이었다.

아름다운 동반자

30대 초반에 화분 가꾸기를 취미로 삼았다. 여남은 종류의 꽃이나 나무를 가꾸었다.

교직이라 3~5년이면 전근을 하게 되는데 이삿짐에 화분이 차지하는 분량이 점점 많아져 부담이 되었다. 이사할 때면 아내의 불평이 많았다. 희귀한 것도 아니고 꽃도 별로인 시답잖은 화분들을 꼭 옮겨가야 하느냔 것이다. 비록 아내의 눈에는 그렇더라도 공들여 가꾼 것들이라 내겐 값지고 귀한 것이었다. 나의 취미와 정서를 이해해 주지 않는 아내가 서운했지만 좋은 말로 설득해서 이사할 때마다 화분들을 갖고 다녔다.

1970년 3월에는 섬 학교로 발령이 났다. 승진점수를 확보하기 위해 가산점이 높은 섬 학교 희망자가 많을 때라 발령받기가 쉽지 않았다. 그런데도 용케 발령을 받고 보니 기쁘기만 했다. 그런데 아내는 별로 좋아하는 기색이 아니었다. 혼자 들어가서 하숙이나 자취를 할 수도 있었지만, 부가점수를 많이 따려면 적어도 3년은 섬살이를 해야 하기에 가족들과 함께 들어가야만 했다.

아내는 섬 생활에 적응해야 하는 일이 심란하고 당장 이삿짐을 꾸리는 일도 난감했을 것이다. 장롱이나 이불장 같은 것은 엄두가 나지 않는 일이라 고리짝 두어 개에 옷가지를 넣고 간단한 취사도구만 가져가야 할 형편인데 섬에까지 그 화분들을 가져가야 하느냐고 푸념을 해댄다. 지난날 육지에서 이사 다닐 때에는 내 고집대로 했었지만 이번에는 반박할 명분이 없었다.

아내의 뜻을 존중하기로 했다. 수년 동안 정들었던 것이라 아깝긴 했지만 누구에게 맡기기도 마뜩잖아서 몇몇 친구들에게 그냥 나눠 주어버렸다.

수년이 지나 여수 소재 학교의 교감으로 승진되어 취임했는데 친지들로부터 축하화분이 몇 개 들어왔다. 문주란文珠蘭, 군자란君子蘭, 관음죽觀音竹, 소나무분재 등이었다. 들어온 화분들은 전에 키워보지 않았던 것들이어서 호기심이 생겼다. 그동안 손 놓았던 화분 가꾸기를 다시 시작해 보기로 작정했다. 앞 베란다에 자리를 잡아 화분들을 배열해 놓고 보니 새삼스러웠으나 흐뭇했다.

관리방법을 묻는 등 관심을 보이기 시작한 아내는 메마르기 쉬운 도시살이에서 녹색식물은 생활환경과 정서에 도움이 될 것이라면서 이번에는 자기가 맡아서 관리하겠다고 나섰다. 뜻밖이었지만 고맙고 사랑스러웠다.

화분들이 낮이면 광합성으로 공기를 정화해 주고 밤이면 이산화탄소를 흡수해 환경정화와 건강지킴이 노릇을 한다는 사실을 뒤늦게 알게 된 아내는 소녀처럼 기뻐하며 우쭐댔다.

소나무분재는 그중 기품과 운치가 있어보여서 교무실 내 책상머리에 올려놓았다.

군자란은 봄이면 줄기가 올라와 깔때기 모양의 주홍색 꽃이 긴 꽃대 끝에 여러 개가 피어난다. 문주란은 여름에 산형繖形꽃이 차례[84]로 핀다. 관음죽은 야자과의 상록 관엽觀葉식물이다. 연한 풀색의 작은 이삭꽃이 핀다.

우리 내외는 차츰 분재 가꾸기에 취미가 붙고 정이 들어서 정성을 쏟아 부었다.

그러구러 몇 년이 지난 어느 해. 4주 동안의 긴 연수를 마치고 돌아왔다. 애지중지 내 입김이 어렸던 소나무분재가 슬슬 잎이 말라가고 있지 않는가. 이리저리 손써 봤지만 허사였다. 고고한 선비는 마침내 황천의 손님으로 내 곁을 떠나버린다. 청소시간이면 여학생들이 착실하게도 물을 너무 자주 주었던 모양인데 그것이 빌미가 되어 생죽음을 당한 것이다. 분재가 놓였던 빈자리가 허전했다. 저린 별리가 내 가슴에 선연하게 찍혀 있다. 관음죽도 웬일인지 활기가 없어서 물어보았더니 역시 물주기에 문제가 있었다. 범사에 과부족이 없이 알맞아야 함은 하늘의 가르침이다.

그때 그 문주란, 군자란, 관음죽과 함께 무정세월의 쾌속정을 타고 달려온 지 어느덧 33년이다. 우리 두 사람의 정성스러운 손길을 자양분으로 군자란은 포기가 크게 번식하여 화분을 꽉 매워버렸다. 여덟아홉 개로 늘어난 줄기 끝에서 꽃이 피면 온 집안을 압도할 만큼 눈이 부시게 찬란하다.

문주란은 세 뿌리가 화분 하나에서 사이좋게 공생해 왔다. 꽃대는 해마

---

84) 산형繖形꽃차례: 꽃대의 끝에서 많은 꽃이 방사형으로 나와서 끝마디에 꽃이 하나씩 붙는다. 미나리, 파꽃 따위에서 볼 수 있다.

다 하나씩 튼실하게 올라온다. 그들은 다투어 꽃을 피우는데 예쁘기도 하려니와 웬만한 향수보다 더 격조 높은 향기를 내뿜어 우리를 매혹시킨다.

35cm 넓이의 화분에 빼꼭히 새끼 쳐 총림叢林[85]을 이룬 관음죽의 질푸른 잎새는 사계절 상록의 정취를 안겨주고 있다. 이들은 연륜이 쌓여감에 따라 값지게 보답하고 있는 것이다.

세월만 축내고 있는 실없는 인생들이라면 타산지석으로 삼아야 할 대목이 아닌가한다.

그들은 춘풍추우 30여 성상을 우리 내외와 함께하면서 생활 속의 반려자로, 혹은 보호자로, 피를 나눈 가족으로 늙어간다. 갈려서 살아가는 자손들은 일 년에 기껏해야 네댓 번 볼까 말까하지만 그들은 눈만 뜨면 언제나 곁에 보이는 든든한 동반자이다.

화분교과서는 분갈이를 적당한 간격으로 해서 흙을 갈고 뿌리를 골라 줘야 한다고 가르치고 있다. 허나 분갈이 한번 하지 않고도 30여년을 노익장으로 지탱해온 것을 보면 자기들이 갖고 있는 생장의 방식이나 깜냥으로 교과서를 고쳐 쓰고 있는 셈이다.

군자란의 아름다움에 홀려 눈독들이고 있던 누이의 성화로 올봄에 꽃대가 올라온 상태에서 분주分株를 단행해 나누어 주었다. 꽃은 가까스로 피워냈지만 갈린 동료뿌리가 그리워선지 시들거리고 있다. 분주分株몸살일 것으로 짐작은 하고 있지만 혹여 잘못되기라도 하면 큰일이 아닌가. 꽃집에 알아보았더니 적응기간이 얼마나 될는지 모르지만 괜찮을 것이라고 했다. 무슨 가루약 한 봉지를 내주면서 물에 타 먹이라고 했다. 적이 안심은 되지만 마음 졸여 지켜보고 있다.

---

85) 총림叢林 : 잡목이 우거져 이룬 숲.

어렵사리 성립된 등식

이제는 얼마 남지 않았다는 아쉬운 상념이 머리를 짓누르고 있었다.

그쪽을 향해 나아가는 걸음걸이에 가속도가 붙고 있음을 절실히 느꼈고, 보추때기 없이 나아가는 나의 귀토-소멸감을 지울 길 없음이 참으로 안타깝기만 했다. 그런 위기의식은 하나의 증후군이 되어 생활 전반에 걸쳐 번져나게 된 것이다.

증후 (1)은 희수다운 의연함은 간데없고 대수롭잖은 일에도 곧잘 감동받아 울먹, 울컥 눈물이 배어나는 감상적 성격으로의 변화다. (2)기억력과 집중력의 퇴화로 매사에 어수룩해졌고 긍정보다는 비관적 사고와 자신감이 없어져 가고 있다. (3)이취泥醉 만취라도 가벼운 숙취로 해거름에는 언제냔 듯 다시 마시는 장골이 이즘엔 칠팔일이 넘는 회복력의 둔화이다. (4)눈귀 노화는 날로 시청력(視聽力)을 떨어뜨려 안과, 이비인후과를 무상출입하게 되었다. (5)극심한 통증을 수반하는 통풍 발작이 잦아진다. (6)웃음의 빈도가 듬성드뭇해진 까닭은 불안 우울 등의 정서와 성격변화에 따른 정신적 노화다. (7)기억력 현저한 저하와 주관적 판단 경향의 심화이다. (8)신체적 노화에 따른 피로나 상처의 회복능력 저하다. (9)지구력이나 순발력의 퇴화다. (10)정신 신체적 증후군은 이수, 사탄이나 두억시니 같은 악재들의 출몰을 억지(抑止)하고 저항하며 면역하는 버팀목의 흔들림으로 이어진다.

삶의 끈을 놓아버리느냐 아니면 증후군과 결연히 대결하느냐의 기로에서 우유부단하던 참에 사무엘 울먼의 「청춘」이 생각났고 82살 늙은 그의 씩씩한 기상과 당당함 앞에 감동하게 되었다.

> 청춘이란 인생의 어느 기간을 말하는 것이 아니라/ 마음의 상태를 말한다./ 그것은 장미빛 뺨, 앵두 같은 입술,/ 하늘거리는 자태가 아니라, 강인한 의지, 풍부한 상상력,/ 불타는 열정을 말한다./ 청춘이란 인생의 깊은 샘물에서 오는 신선한 정신,/ 유약함을 물리치는 용기, 안이를 뿌리치는 모험심을 의미한다./ 때로는 이십의 청년보다 육십이 된 사람에게 청춘이 있다./ 나이를 먹는다고 해서 우리가 늙는 것은 아니다./ 이상을 잃어버릴 때 비로소 늙는 것이다./ 세월은 사람의 주름살을 늘게 하지만/ 열정을 가진 마음을 시들게 하지는 못한다./ 고뇌, 공포, 실망 때문에 기력이 땅으로 들어갈 때/ 비로소 마음이 시들어 버리는 것이다./ 그대와 나의 가슴속에는 남에게 잘 보이지 않는 그 무엇이 간직되어 있다./ 아름다움, 희망, 희열, 용기, 영원의 세계에서 오는 힘,/ 모든 것을 간직하고 있는 한/ 언제까지나 그대는 젊음을 유지할 것이다.
>
> - 사무엘 울먼 「청춘」

그리고 신문 Book카페에서 '전신마비 교수의 희망방정식'이라는 제목의 서평을 읽었다. 『0.1그램의 희망』(이상묵·강인식 지음) 미국 MIT 출신의 서울대 지구환경과학부 교수인 이상묵이 주인공이다. 1년에 평균 3개월을 바다에서 지내며 해저지형을 연구했다. 누구보다 정력적으로 활동한 유망한 과학자였다. 그러던 그가 목 아랫부분을 움직일 수 없는 전신마비 장애인이 됐다. 교통사고였다.

그러나 그는 6개월 만에 강단에 복귀했다 기적 같은 재활이었다. 어느 기자에 의해 그의 이야기가 세상에 알려졌다.

"서울대의 스티븐 호킹 이상묵 교수, 강단에 선 그는 슈퍼맨이었다."는 제목이 달렸다. 이 교수가 재활에 성공한 것은 '긍정의 힘' 덕분이었다.

"나는 항상 이런 생각을 한다. 사고로 장애를 입었지만 다시 재기해 활동하는 데에 필요한 최소의 부분은 하늘이 가져가지 않았다." 또 이 교수는 "하늘은 모든 것을 가져가시고 희망이라는 단 하나를 남겨주셨다"고 말했다.

희망이 있다는 이유 하나만으로도 살아야 할 이유는 충분하다는 것이었다.

나는 위의 '청춘'과 이 서평을 읽고서 대오각성, 생각을 바꾸기로 결심하고 내게 합당한 수학 등식等式 하나를 성립시키게 된 것이다.

2개의 수학적 대상(기호)을 등호等號 (=)로 연결한 식으로 좌우의 식을 각각 좌변과 우변으로 하는 등식을 만든 것이다.

등식의 수학적 의미는 좌우변이 똑같이 동일한 수학적 대상을 지시하고 있다는 것이다.

* 1~ 2+3 = 5 * 2~ a+b = b+a * 3~ x2-3x-4 = x+1

위 3개의 등식에서 *3번은 X(미지수)가 특정한 수치(-1과 5)를 나타낼 때에만 성립하므로 방정식이다.

등식 - 방정식의 사전적 의미는 2개 또는 그 이상의 식을 같음표 '=' 로 묶어 그것이 서로 같음을 표시한 관계식으로서 방정식은 미지수를 품은 등식이 그 미지수에 어떤 특정한 수치를 줄 때에만 성립하는 등식이라고 했다.

나는 이 방정식에서의 미지수를 '수명대로 살고자 하는 강력한 의지와 희망'으로, 그리고 그 미지수의 특정한 수치를 '성실한 건강관리 등 끊임없는 노력'으로 대입시키기로 결심한 것이다.

내 이런 결심과 노력이 부정적 제 증후들을 잠재워 물리칠 수 있다면 다시 말해 내가 세운 방정식의 해법이 적중, 주효한다면 나의 영전靈前에 한 두 편의 만시挽詩 만가輓歌가 올려 질 수 있을 것으로 확신하고 있다.

여보, 나 먼저 가서 미안해요

"엊그제 애들 어미와 함께 '님아, 그 강을 건너지 마오.' 라는 영화 한 편을 봤어요. 무명의 감독이 산골의 노부부이야기를 찍은 다큐멘터리였어요. 하지만 한겨울 극장가를 달궈 예매율 1위를 기록했고, 객석에는 훌쩍이는 소리로 음향페이더가 고장 날 만큼 인기절정이었습니다. 관객층도 2~30대가 윗세대를 능가할 정도였고요. '어떻게 살고, 어떻게 사랑하고, 어떻게 이별해야 하는가.'라는 메시지가 잘 녹아있었어요.

보통사람들, 평범하지만 조금 특별한, 90노인들의 애틋한 사랑 이야기를 극적인 허구가 없이 사실적으로 찍은 기록영화였어요. 감독은 진모영이란 낯선 사람이고, 출연은 98세의 조병만 할아버지와 89세의 강계열 할머니로, 강원도 횡성 산골마을의 백발청춘 노부부였어요. 스물둘과 열셋의 나이에 결혼하여 76년을 살아온 한생연인들의 로맨스, 사랑교과서였습니다. 하지만 이렇듯 고귀한 사랑도 흐르는 세월은 못 당하고 이별의 순간을 맞게 되는, 감동의 여운시餘韻詩였어요. 이 다큐는 흡인력 있는 묘사와 독특한 감수성으로 관람객들의 큰 호응을 얻고 있어요. 사실감과 현장감에서 당연히 어머니아버지가 부각되더군요. 예약을 해 두었네요. 시간을 내서 두 분이 함께 보시라고요, 꼭요."

백년해로란 가시버시가 한평생을 사이좋고 화락하게 같이 늙음을 이른다. 사랑이 아우러진 연애감정은 유효기간이 있다고 한다. 세월이 지나면서 차츰 식어가기 때문이란다. '깨가 쏟아진다, 콩깍지가 씌다'라는 말이 평생 유효한 부부로, 날마다 봐도 그립고 반가운 당신이라면서 부둥켜안는 하루요, 백년인 것이다.

계곡물이 흐르는 강원도 횡성의 산골마을. 플라토닉러브의 로맨틱한 버시와 감성소녀 가시. 연노랑 저고리에 연분홍 치마와 바지, 흰 저고리에 파란 치마와 바지의 빛깔 고운 커플한복을 즐겨 입는다. 나들이할 때면 어린이들처럼 두 손을 꼭 잡고 활개 쳐 걷는다.

봄에는 꽃을 꺾어 서로의 머리에 꽂아주고, 여름에는 계곡물에서 물장구치고, 가을엔 낙엽 한 움큼씩 얼굴에 흩뿌리며 장난치고, 겨울이면 신나는 눈싸움에 헐떡이는 천진무구한 로틴 노부부다. 일찍이 보지 못했던 핍진성逼眞性이 묻어나는 그림이 아닌가. 그들은 사람답게 살고, 사람답게 늙고, 사람답게 죽는다는 시대적 트랜드인 웰에이징(Weell-Aging)이 아니라도, 훌륭하게 살아가기 위한 최선의 방법을 알고 있었다. 건강을 챙기면서 언제라도 죽을 수 있는 준비를 하다 보니, 그들의 생애는 자연스럽게 사람다운 삶이 되었다. 현명한 삶은 혼탁한 세속의 갈등에서 벗어날 수 있었고, 연애로 사랑을 키우며 유유자적할 수 있었다.

12남매를 낳았지만 1남 5녀는 홍역이나 이질로 3~6살에 날리고 6남매만 장성했다. 남다른 교훈으로 사람답게 성장한 자녀들은 모두 도시로 나가고 노부부만이 붙어산다.

그러던 어느 날 할아버지가 기르던 귀여운 강아지 '꼬마'가 갑자기 세상을 떠난다. 꼬마를 땅에 묻고 돌아온 뒤부터 할아버지의 기력이 점차 기우러진다. 밤새 기침에 시달리는 날이 늘어난다. '수진상전에 지팡이 짚기 쉽게 되었다.' 할머니는 집 앞 계곡을 흐르는 강물을 바라보는 일이 잦아지고, 언덕 위의 소나무에 기대서서 하염없이 먼 하늘을 바라본다.

"당신과 때 없이 건너던 저 강, 기쁨과 슬픔과 애처로움과 즐거움이 스며있는 저 강, 나 홀로 어쩌라고 먼저 건너려는 거예요. 제발 혼자 건너가지 말아요."

날로 쇠잔해져 거동조차 어려운 할아버지가 애처롭다. 할머니는 친구를 잃고 홀로 남은 강아지를 바라보며, 머지않아 다가올 또 다른 이별을 의연하게 준비한다. 나이를 먹으면서 자연스럽게 찾아온 노쇠였기에 약발이 나지 않는다. 정신 신체적으로 어쩔 수 없는 증상이니 자연의 이치로 번역한다. 다가오는 죽음을 두려워하는 것이 아니라 삶의 한 부분으로 받아들인다. 젊음으로는 미처 내다보지 못할, 늙음 그 자체로 빛을 내는 할머니 할아버지다. 인생달관의 경지가 아니고 무엇이랴.

짝꿍은 젊은 시절처럼 귀를 만져주며 잠을 청했고, 마루에서 낮잠을 잘 때에도 서로의 몸을 끓어 안는다. 서로를 좀 더 깊게 아로새기기 위해 매몰찬 시간의 꼬리를 쥐는 것이다. 76년 연애의 정인과 이별해야 하는 마당에도 눈물은 애써 보이지 않는다. 백발 청춘의 추억을 묻으려는 듯이. 이야기에 담긴 것은 죽음의 비극이 아니라 죽음을 준비하는 사람들이 보여주는 삶의 위대함이다.

할머니는 남편의 옷을 철철이 정리하기 시작한다. 그 가운데는 즐겨

입던 커플한복이 여러 벌이다.

살기 어려웠던 시절이라 날린 아이들에게 내복은커녕 양말 한 켤레 제대로 신기지 못한 것이 맺혀있다. 할아버지의 귀천을 마련하면서 장터 옷가게에서 여인 애들이 입을만한 내복가지를 사온다.

자손들은 그냥 보내드릴 순 없다며 병원으로 모신다. 마지막 순간에 이르러 가쁜 숨을 몰아쉬며 "여보 미안해 먼저 가서", "너희 어머니를 잘 모시라"는 유음遺音을 하려고 무진 애를 쓴다. 허무 한줄기가 볼을 적시며 쥐었던 아내의 손을 놓는다.

할머니는 정리했던 옷가지와 어린이들 내복과 양말을 함께 태운다. 할아버지가 저 세상에서 아이들을 만나 따뜻하게 입혀 정을 나눴으면 하는 소망이다. 다음 세상으로 이어지는 고리가 되는 옷, 영원한 부정모정婦情母情이다. 옷을 뒤적여 태우면서 "나 보고 싶더라도 꾹 참고 계셔요, 나도 참고 있잖아요. 우리 다시 눈 맞출 날까지요."

집에 간들 나 혼자잖아. 차마 떨어지지 않는 발걸음을 뗀다. 할아버지만의 외톨집을 뒤돌아보고 또 뒤돌아보다가 끝내 철퍼덕 주저앉아 땅을 비비며 서러이 울다, "여보~어서 나 좀 데리러 와요, 하양저고리에 파랑바지 치마 차려입고, 저기 재 너머 사랫길 같이 가게요."

이렇게 할머니는 할아버지를 떠나보낸다. 그 어떤 허구로도 대신할 수 없는 감동이요, 그 어떤 인생독본으로도 갈음할 수 없는 철학이 여기 있다.

애틋한 사랑과 애절한 별리. 500만 관객이 자늑자늑 흘린 눈물, 그 감동의 눈물에는 우리 내외가 흘린 방울도 섞여있으려니. 막내의 효도관람권 두 장이 은은한 울림으로 그지없다.

연리지(連理枝)처럼

지난 추석 때이던가, 자손들이 모여앉아 정담을 나누는 자리였다.

"할아버지는 구식 결혼하셨죠? 결혼절차 좀 가르쳐주세요." 손녀의 진지한 질문에 "얘, 너 구식결혼하려고 그러니? 아직 멀었잖아." 고모들과 큰어머니 작은어머니, 언니 오빠들이 웃으며 놀려댄다.

"아니에요, 일반사회과의 숙제걸랑요! 할아버지 왜 그렇게 뜸들이세요? 체험 하셨잖아요."

"그래, 네가 잘 알 수 있도록 말하려니 너무 장황해질 것 같아서 그런다. 내 이야기에 끼어들지 않고, 어려운 한자어는 사전이나 인터넷검색으로 알아내겠다고 약속하면 이야기해주지."

"1910년대에 서양식 혼인문화가 이 땅에 처음 들어왔단다. 전통의 뿌리문화에 눌려 좀처럼 확산되지 못했지. 6·25의 1950년대 만해도 전통혼례식이 대세였다. 혼인 육례六禮 (납채納采, 운길涓吉, 납폐納幣, 청기請期, 친영親迎, 폐백幣帛 등 여섯 가지 절차)라는 까다로운 절차를 거쳐야만 어엿한 부부가 될 수 있었다.

할아버지는 1955년, 스물넷에 장가들었단다. 시대의 변천에 따라 혼인문화도 많이 간소화되었지. 친척의 중매로 양가가 합의하여 날을 받았고, 신부집에서 친영례(親迎禮·醮禮式:결혼식)를 올렸단다. 초례식의 진행순서는 변함없이 전통 그대로였어. "신랑신부의 복식復飾은 예대로, 신랑은 사모관대紗帽冠帶에 목화木靴를 신었고, 신부인 네 할머니는 원삼圓衫에 족두리를 쓰고 초례청에 나왔지. 초례의식은 주도자主導者(司會者·主禮)가 홀기笏記(의식의 순서를 적은 글)를 봐가면서 차분차분 엄숙하게 진행했다.

신랑인 내가 '기럭아비'를 앞세워 전안례奠雁禮(나무로 만든 기러기를 신부 어머니께 드림)를 드린 뒤 교배례交拜禮(신랑신부가 번갈아 절함)와 합근례合巹禮(표주박에 술을 부어서 번갈아 마심)를 끝으로 식을 마쳤지. 이어서 신방으로 옮겨 동상례東床禮라는 걸 치렀단다. 신랑신부와 가까운 친구들이나 젊은 친척들이 신랑을 짓궂게 다루는 풍습이었다. 나를 시렁에 거꾸로 매달고 방망이로 발바닥을 때리는 따위의 익살스러운 장난이었다. 물론 엄살을 섞어 아프다고 소리를 질러댔지. 신방에는 동상례를 받아먹으려는 사람들로 가득 찼는데, 좀 더 세게 쳐라, 너무 아프게 때리면 안 된다, 때리지 말고 말로 해라는 등 중구난방이었다. 익살꾸러기들의 우스갯말에 웃음판이 벌어져 집안이 온통 들썩거렸다. 보다 못한 신부가 "아무리 장난이라지만 아프다잖아요, 그만하세요." 신부와 그 어머니가 족장足杖을 말리려고 술상을 차려다 대접하는 모습이 화기애애했다. 저녁에는 합궁례合宮禮를 치러야만 진짜 부부가 되는 것이라고 여자들이 들으란 듯이 지껄이면서, 신방 문살에 침으로 구멍을 내고는 '엿을 보던구나.' 동상례나 합궁례는 정감어린 풍습이었다. 그때의 정경이 아련한 추억으로 남아있구나.

부조단자扶助單子(부좃돈이나 선물 따위의 내용을 적은 종이)를 건넨 친척이나 동네 사람들이 초례청에 모여들어 구경한 뒤에 차려놓은 음식을 먹으면서 환담하는 모습이 단란하더라. 혼례는 간소하고 엄숙하게 치러졌지. 요란 법석을 떠는 오늘의 결혼식 문화와는 견줄 수 없을 만큼 근엄했었다."

손녀는 할아버지의 어려운 설명을 경청했고, 난삽한 대목을 열심히 메모하는 모습이 귀여웠다.

농경시대에서 산업화, 압축성장시기를 지내면서 결혼문화도 크게 바뀌었다. 신랑이나 부모의 사회적 지위나 명망, 재력의 다과多寡에 따라 식장 풍경은 천차만별이다. 청첩장에서부터 피로연까지 일련의 그림은 갑甲은 물론이고, 을乙도 나름으로 자기과시에 정신이 없다. 참으로 꼴불견이다. 간소하고 엄숙하게 치러야 하는 결혼 본래의 의미는 간데없다. 왜곡되고 퇴폐적인 결혼문화에 물려서 웬만해서는 결혼식장에 가지 않았다. 축의금만은 아내나 지인에게 부친다.

종친회의 책임을 맡은 뒤로 주례를 서달라는 요청이 줄을 잇는다. 퇴폐적인 결혼문화를 외면해 왔던 터에 주례라니 가당찮았다. 정중히 거절했다. 지난날, 친지나 제자들의 결혼 주례를 많이 서지 않았느냐며 집요하게 부탁하는 족숙族叔 한분이 계셨다. 신랑 될 총각이나 족숙의 선비다운 인생역정을 세세히 듣고서야 마음이 움직였다.

S군은 나와 동항同行의 족제族弟이다. 첨단기기 생산현장에서 품질관리를 맡아 묵묵히 일하는 성실한 인재로, 동료들이 부러워하는 '꿀보직'이지만 거들먹거리거나 우쭐거리지 않는 등 고상한 인격을 지녔다. 그의 아버지는 전형적인 농부로 농사개량에 앞장서며 동네 대소사를 감당해 나가는 유지다. 비록 고등교육은 받지 않았지만, 박기후인薄己厚人(남에게는

후하고 자신에게는 박하게 함)의 선비정신으로 자녀교육을 해왔다. 나는 그 부자의 품성을 높이 사서 평소 소신과는 달리 주례를 서기로 작정했던 것이다. 나의 소신과 충정이 담긴 주례사를 여기에 옮긴다.

· 주례사主禮辭

꽃샘하던 추위가 대자연의 섭리에 쫓겨나자 만화방창萬化方暢에 백화난만百花爛漫하여, 무르익은 봄이요, 꽃천지입니다. 내로라하는 매화, 산수유, 개나리, 목련을 비롯한 미녀들이 어우러졌습니다. 꿀벌 꽃나비도 덩달아 춤추고 있습니다. 이들의 경염잔치競艶는 하늘이 내리신 축복임에 틀림없습니다.

하늘의 높은 뜻으로 맺어진, 두 젊은이의 아름다운 백년동행을 축복하기 위해 이 자리에 모이신 하객여러분! 주례를 맡은辛 克 洲가 인사드립니다.

신랑 辛成哲 군과 신부 陳賢美 양은 으뜸인생으로 거듭날 자질과 품성을 지닌 위남자偉男子요, 주색姝色의 재원입니다. 영롱히 빛나는 인생구슬 한 쌍이 바야흐로 동행으로 하나 되어 양양한 탄탄대로에 첫발을 들여놓으려 하고 있습니다. 쿵쾅거리는 심장의 고동소리가 들립니다. 희망찬 고동소립니다. 벅차오르는 가슴, 부풀대로 부풀어 오르는 가슴! 청춘의 특권입니다. 이 얼마나 아름다운 인생의 봄입니까? 여러분 이 영롱한 한 쌍의 청춘구슬에게 박수를 쳐 축복해주지 않으시렵니까?

본 주례는 신랑과 한성바지로, 신씨辛氏 종친회 회장을 맡고 있는 동항同行의 형제입니다.

신랑 신성철辛成哲 군은 우리고장에 자리 잡고 있는 세계적 대기업 기아

자동차의 품질관리팀을 이끌고 있는 빼어난 중견입니다. 선비정신에 투철하고, 첨단영농으로 각광받고 있는 엄친과 지혜롭고 자애 넘치는 자모 슬하에서 자랐습니다.

명문가의 가통을 이어나갈 인격과 품성과 도덕을 배워 익히면서, 면학정진했던 소년시절을 거쳐, 대학에서 전공한 학문을 발판으로 글로벌 대기업인 기아자동차 입사 10여 년에 첨단엔지니어로 우뚝 섰습니다.

신부 陳賢美 양도 양친의 엄격한 훈도와 자애로운 사랑 속에서 착하고 공부 잘하는 소녀로 이름을 떨쳤습니다. 대학에서는 식품영양학을 전공한 뒤 100세 시대의 국민영양사로 등극하기 위해 정진하고 있습니다. 근래에 와서 각광받고 있는 네오웰빙족이나 슬로비족이 추구하는 슬로푸드의 음식문화를 창달하기 위해 부단히 궁구하고 있는 재원입니다.

신랑신부가 지닌 진지하고 건실한 삶의 자세와 합리적이고 원대한 인생포부를 긍정적이고 경이롭게 바라보고 있습니다. 요즘 세상에 이만한 젊은이들이 흔치않기 때문입니다. "검은머리 백발 되도록 건강하여라. 화목하여라, 효도하여라." 따위의 번다하고 상투적인 주문을 하지 않기로 했습니다.

딱히 한 가지만 당부하려고 합니다. 시대변화의 물결에 적응하려면 갖가지 어려움에 직면하게 됩니다. 그 어려움을 헤쳐 나가는 원동력이 있습니다. 그것은 바로 '사랑'이라는 두 글자입니다. 백년동행의 주춧돌인 '참사랑'을 실행하라는 것입니다. 이 참사랑이야말로 역발산기개세力拔山氣蓋世, 매머드의 위력보다 더 강한 힘을 지니고 있기 때문입니다.

여기서 시인 황봉하의 「연리지」라는 시 한편을 낭송하겠습니다.

손 한번 맞잡은 뒤,/ 당신을 사랑하기 시작하여/ 송두리째,/ 나의 전부를 당신에게 걸었습니다./ 이제 떼어놓으려 해도 떼어놓을 수 없는/당신과 나는 한 뿌리 한 줄기 한 잎사귀로/ 숨을 쉬는 연리지입니다.// 단지 입술 한번 맞대었던 까닭으로/ 나의 가슴 전부를 당신으로 채워버려,// 당신 아닌 그 무엇도 받아들이지 못하는 나는/ 몸도 마음도 당신과 하나가 되어버린,// 당신에게만 나의 마음을 주는/ 연리지입니다.// 이 몸 당신에게 주어버린 인연으로 / 이제 한 몸뚱이가 되어/ 당신에게서 피를 받고// 나 또한 당신에게 피를 나누어주는,/ 어느 한 몸 죽더라도/ 그 고통 함께 느끼는 연리지입니다.// 이 세상 따로 태어나/ 그 인연 어디에서 왔기에/ 두 몸이 함께 만나 한 몸이 되었을까요.// 당신의 체온으로 이 몸 살아간다 하렵니다./ 이 몸 살아가는 이유가 당신이라 하렵니다// 당신과 한 몸으로 살아가는 이 행복/ 진정 아름답다 하렵니다.

– 황봉하 「연리지連理枝」

가지가 맞닿아서 결이 서로 통한 連理枝라는 나무가 상징하는 것은 결혼의 참 의미 즉 영원한 사랑입니다.

서로 뜻이 맞아 사랑으로 이루어진 결혼이라면 연리지가 되어야 마땅하다고 노래하고 있습니다.

비익조比翼鳥와 비목어比目魚라는 이야기도 덧붙이겠습니다.

비익조는 중국 숭오산崇吾山에 산다고 하는 전설적인 새인데 날개와 눈이 하나뿐이어서 암수가 몸을 합쳐야만 날아갈 수 있다고 합니다.

남녀간의 지극한 사랑을 그린 문학작품들에서 이 비익조가 인용되었고, 그 중에서도 당나라 양귀비에 대한 현종의 사랑을 읊은 백거이 작품이 유명합니다.

"상천원작비익조上天願作比翼鳥 하늘에선 날개를 짝지어 날아가는 비익조가 되게 해주시고, 재지원위연리지在地願爲連理枝 땅에선 두 뿌리 한 나무로 엉긴 연리지가 되게 하소서!"

또 부부금슬과 다산을 상징하는 비목어比目魚 이야깁니다. 전설 속에 비목어라는 고기가 있습니다. 우리나라 광어를 말하는데 이 비목어도 눈이 하나밖에 없어서 암수 두 마리가 나란히 함께 해야만 헤엄칠 수 있다고 합니다. 부부 사이의 두터운 정, 영원한 정을 비유적으로 말하고 있습니다.

오늘 하나된 영롱한 인생구슬을 위해 빌겠습니다.

"거듭되는 나날, 하잘것없는 불신과 원망과 다툼과 배반 따위의 감정유희에서 벗어나게 하시어, 하늘에 올라가서는 비익조가 되고, 땅에서는 연리지가 되며, 물속에서는 비목어로 한 몸 되어 세세생생에 떨어져 못 사는 영원한 사랑되어 지이다."

다시 강조합니다. 신성철辛成哲 군과 진현미陳賢美 양이 연리지와 비익조와 비목어가 상징하는 부부금슬을 일생의 좌우명으로 생활화한다면 대한민국에 첫손 꼽힐 으뜸짝, 으뜸동반자, 으뜸부부가 될 수 있을 것임을 본 주례는 확신합니다.

신랑신부의 '인생화단'에는 '영원한 사랑'에 바탕한 평화와, 건강과, 공경과, 믿음과, 성취의 꽃들이 잇따라 피어나기를 간절히 바라면서 주례사로 가름합니다. 감사합니다.

연애편지

편지는 꿈과 사랑을 실어 나르는 낭만의 메신저였다. 오늘날의 종이편지는 생활정보나 세금고지서 또는 무슨 통지서처럼 단순하고 획일적인 의미의 통신매체로 바뀌어 가고 있다. 21세기는 디지털문명의 산물인 제4세대 이동통신 '스마트폰' 전성시대이다. 페이스북이나 트위터 사이월드 같은 'SNS'를 통한 커뮤니케이션을 한다든지, 실시간 e메일, 문자메시지, 카카오톡이 대세를 이루고 있다.

최근에는 갤포아(갤럭시S4 LTE-A의 줄임말)로 정보소통이 더욱 빨라졌다. 스마트폰이나 태블릿PC를 갖추고 언제 어디서나 업무를 보고 정보를 검색하며 음악이나 영화를 감상하는 등 '디지털 노마드족(digital nomad族)'이 우글거린다. 따라서 일부 노인세대를 제외하고 지필편지紙筆片紙같은 통신수단은 옛이야기가 되어가고 있다.

'스마트기기機器'가 생활혁명이고 축복임에는 틀림없다. 하지만 진정한 삶과 인간관계의 정의적情意的 측면에서 바라보면 비인간적이고 비감성적이라는 생각을 지울 수 없다. 육필肉筆편지에서처럼 아름답고 따뜻한 마음을 전달하면서 정을 나눌 수가 없기 때문이다.

오늘을 사는 구세대들의 육필편지에의 향수는 뿌리가 깊다. 세월이 흘러 어느덧 60여 년, 내 기억의 갈피에는 고소한 사연들이 배어 있다.

나는 중고교 시절에 친구들 사이에서 제법 인기가 있었다. 그들의 연애편지 대필로 어설픈 문명을 얻고 있었기 때문이다. 이 친구 저 친구의 청탁을 받다보니 편지가 늘 밀려있게 마련이었다. 자기 것을 먼저 써달라면서 술을 사는 친구도 있고 고급 편찰지便札紙와 봉투 등 문방구를 선물받기도 했다.

애틋하게 그리워하고 사랑하는 마음을 진솔한 필치로, 유명시인의 연애시나 선현들의 로맨틱 연애담戀愛譚을 인용한다든지 자작시로 감동을 주려고 펜과 씨름을 했다. 때로는 내용 없는 현학적衒學的인 말로 상대를 현혹시키려고도 했다. 이렇게 대필해준 편지로 연애가 성사되면 축제마당이 벌어지곤 했다. 여러 쌍이 한자리에 모여 사랑을 구가했다. 내겐 반대급부로 푸짐한 선물들이 안겨졌다. 선물 중의 백미요 압권은 '고급 만년필高級萬年筆'이다. 사랑을 성사시켜 준 고마움의 표시였지만 십팔구의 소년에겐 과람하기만 했다.

요즘 세상에는 일부 부유층을 제외하곤 만년필을 쓰는 사람들이 별로 없다. 하지만 그 당시에는 웬만하면 값싼 것이라도 한 자루씩 갖고 있었다.

1884년 미국의 발명가 워터먼이 기존의 펜을 사용할 때 계속해서 잉크를 묻혀야 하는 번거로움을 덜기 위해 고안했다고 한다. 펜축(pen蓄)에 잉크를 저장하고 글을 쓸 때 저장된 잉크가 모세관 현상으로 촉으로 흘러나오는 원리로 되어 있다. 세계적으로 유명한 만년필 상표로는 '몽블랑'과 '파커'가 있었다. '워터맨 에드슨' 만년필은 몽블랑의 최고급품으로 쌀 두 가마 값이었고 '파카 뉴소네트 골드트림'도 쌀 한 가마 값일 정도로 비싼 물건이었다. 문방사우文房四友 중에서 종이만 빼고 붓, 먹, 벼루의 기능이 하나로 합쳐진 것이 만년필이다. 참으로 편리한 문방의 이기利器가 아니던가.

지금도 그때 받았던 '워터맨에드슨'과 '뉴소네트트림'은 내 필갑 속에 깍듯이 모셔져 있다. 비록 낡아빠진 폐품이지만 추억의 향기가 서려있기에 이따금 꺼내 만져보면서 마냥 깝죽대던 소년시절을 회상하곤 한다.

연애편지를 우편으로 보냈다가는 어른들에게 들키기 쉽고, 인편으로 보내자니 마땅히 맡길 만한 사람이 없고, 직접 전달하기도 수월찮아서 고민들이었다. '전자메일세대'들은 겪어보지 못한 고난이었다.

그런데 H군은 아이러니하게도 행운을 거머쥐었다. 구구절절 간절한 애모의 정을 담은 편지를 세 번을 보냈지만 응답이 없었다. 이번엔 마지막으로 호소해 본다는 결연한 심정으로 P양을 만나 가까스로 골목길로 인도하는 데까지는 성공했다. P양은 편지받기를 완강히 거부하면서 자기 오빠에게 일러바쳐 혼내주겠다고 앙탈을 부리고 있을 때, 마침 그 오빠란 청년이 둘 사이의 실랑이를 목격하고 다가왔다. 그 오빠는 대학생이었다. H군의 연애편지를 빼앗아 읽어본 뒤 누이에게 이런 명문의 편지를 쓸 수 있는 사람이라면 학과성적도 좋을 것이니 '네겐 오히려 과분하다'면서 두 사람이 사귀도록 부모님의 허락까지 받아주었다. 불감청이언정 고소원이었다. 하늘을 훨훨 나는 기분이었다고 한다.

이후 3년 세월, 주고받은 편지를 한통도 버리지 않고 모았는데 1천통이 넘었다고 하니 하루에 한통씩 주고받은 셈이다. 열정적인 사랑을 응

변으로 말해 주는 일화였다.

열애 끝에 결혼해서 행복한 가정을 꾸린 것은 말할 것도 없다. 그들은 80여 년을 해로한 가운데 자손이 20여 명이나 되는 번창한 일가를 이루었다.

H군은 대학재학 중에 '고등고시행정과'에 합격했다. 엘리트 공무원으로 정부 부처에 근무하면서 후에 중앙 언론사의 칼럼니스트로 이름을 날리기도 했다. 아내가 여학생 때 처음 받았던 네다섯 통의 연애편지가 모두 대필이었다는 것을 알고 은근히 작문실력을 얕잡아 봤기 때문에 그 수모受侮를 벗으려고 글공부를 열심히 해서 문필가가 될 수 있었다는 후일담後日譚이었다. 그는 고급공무원으로 은퇴한 후 낙향하여 유유자적으로 전원생활을 즐기고 있다.

H군과는 동창모임에서 자주 만난다. 술자리가 사뭇 도연陶然한 경지에 이르면 "자, '미스터 뚜' 내 잔 받게나, 나의 존경하는 뚜쟁이에게 드리는 술 석 잔이로세!" 그 말뜻을 아는 친구들은 박장대소다. 나의 이야기 쌈지에는 이밖에도 편지에 얽힌 낭만들이 한 죽이 넘게 들어있다.

엽목이우쟁론기

가을나무와 잎새들의 쟁론이 뜨겁습니다. 희생·배려가 쟁점인 이 다툼이 시작된 지 만년입니다. 이웃한 상록수常綠樹들의 입바른 비아냥입니다.

산야에 가을이 내려앉으면 꽃단풍이란 명분으로 한 몸을 버릴 수밖에 없는 나뭇잎. 빨강 노랑 옷 꿰입고 사람들 눈에든 것은 잠시, 독살스런 나무를 원망하면서 하릴없이 낙하산을 타야 합니다. 소싯적에는 광합성으로 나무를 키워냈고, 부엽토 되어 걸운 공적을 모르쇠하는 나무의 비정함을 따지고 나무라 봤지만 쇠귀에 경 읽기였어요. 새 봄엔 부활한다지만, 비록 내세가 있다한들 죽음을 기꺼워하는 이 누굴까요. 버림받은 서러움 호소할 곳 없는 우리 잎새. 가을은 비탄과 절망의 계절입니다. 나무는 삼동설한 살아남으려는 얄팍수로 성가신 잎새들, 떨켜로 떨어뜨리고는 정작 공치사로 낯가림합니다. 봄엔 연두새싹 고이 틔워 만인이 귀애케 하고, 가을엔 눈부시도록 찬란함으로, 자박자박 낙엽길 걷는 이들의 감탄성을 듣게 해주며, 동화작용으로 짙푸른 엽록체를 선사한 게 누구냐며 '화무십일홍花無十日紅이요, 엽무년상록葉無年常綠'[86]이란 생명현상의 원리를 웹사이트에서 찾아보라고 쇠가죽을 씁니다.

두 진영의 논리가 평행선 위에서 거셉니다. 오랜 중재자 상록수목 유지들이 팔 걷어붙이고 걸린 문제의 탄원서가 헛 타작이 되지 않게 손쓰기로 입맞춤했습니다. 엽葉·목木이 혀로 말끝을 옭아매고 요격미사일을 쏘아대는 공방이 치열합니다. 난타전을 지구 종말까지 말밥에 얹을 것인가. 엘리자베스 췰러도 나란히금平行線은 끝내 하나라고 설파했듯이, 소통 화해 통합의 시대정신 아우를 역발산기개세力拔山氣蓋世[87]는 어디서 멀뚱거릴까요. 이참에 항우를 출마시켜 닭과 달걀의 패러독스, 도토리 키 재기 몰아내고, 정녕 새끼손가락 걸고 엄지 찍게 해야 하지 않겠습니까. 엽목이우쟁론葉木二友爭論[88]을 역사 뒤꼍에 묻어야 한다는 3백년 원로소나무의 결연한 의지입니다.

---

86) 화무십일홍 엽무연상록 : 열흘 붉은 꽃이 없고, 일 년 내내 늘 푸른 잎사귀는 없다.
87) 역발산기개세 : 힘은 산을 뽑을 만큼 세고 기개는 세상을 덮을 만큼 웅대함을 이르는 말.

항우가 가이샤(垓下)에서 漢나라 군사에게 포위되었을 때 적군들이 사방에서 초나라 노래를 부르는 것을 듣고 읊었다는 시의 한 구절이다.
88) 葉木二友爭論記 : 잎새와 나무 두 벗이 서로 다투어 토론하는 기록.

오방(五方)주머니

사람의 심성을 크게 세 가지로 나누어 본다. 그릇이 크고, 넓은 아량에 관대하며, 남을 존중하고 배려하는 대인배가 있다. 다음으로 남이야 어떻든 자기 잇속만 챙기는 자린고비나 도척盜跖이를 소인배로 본다. 그 밖에 이도저도 아닌 얼치기들이 있다.

어느 시골 면사무소 소재지에 맛집으로 소문나 성업 중인 식당이 있었다. 면사무소에 민원으로 출입하는 이들을 비롯하여 출장 나온 군청직원이며 길손들과 내로라하는 식도락가들이 주 고객이다. 하루면 백여 명의 손님이 드나들어 부지런하고 솜씨 좋은 세 모녀의 손길이 쉴 새가 없었다.

퇴락한 목조건물이라 리모델링해 세놓는 게 정석이다. 집주인 ㅎ가哥는 목 좋은 곳이라 내놓으면 다투어 들어오니 돈 들여 수리할 필요가 없다고 생각한다. 아쉬운 사람이 샘 파더라고 제 알아서 하겠지 하는 옹망추니요, 놀부 심보였다. 세든 홀어미와 두 딸은 낡아빠진 출입문을 갈아

달고 헐어서 비바람이 들이치는 벽면은 흙 발라 재사再沙질하고 도배하여, 그런대로 장사에 재미를 봐왔다.

건물주인 ㅎ가는 냉혹한 수전노 스크루지 뺨치는 구두쇠인데다 도척으로 소문난 망종이었다.

식당 이름을 엉뚱하게 '오방五方주머니집'으로 하라고 강박했다. 맘에 안 들고 뜻도 몰랐지만 위세에 눌려 시키는 대로 했다. 오방주머니란 다섯 가지 빛깔의 헝겊으로 지어 만든 주머니로 다섯 방향에서 재수가 들어온다는 뜻이라고 주장했다. ㅎ가가 식당 간판에 특별히 집착한 까닭을 살다보니 자연스레 알게 되었다. 장사가 잘 돼야 집세를 간간이 올려받을 수 있고, 집수리도 제 돈 안 들여 좋고, 사람까지 달고 와도 술밥은 공것이니 일석삼조이기 때문이었다.

식재료가 색다르고 신선하며 손맛이 뛰어나 맛집으로 알려진 데다 음식값마저 싸서 손님이 넘쳐나니 제 심중이 적중했다고 우쭐댔다.

칠팔년을 그렁저렁 유지해 왔지만 그동안에 건물이 기울고 비가 새며 손볼 데가 점차 많아서 주인에게 수리를 요청했지만 가게세만 받아먹지 집 고쳐 줄 생각은 아예 하지 않았다. 돈벌이가 잘 되니 너 알아서 하라는 투였다. 울며 겨자 먹기로 세입자가 그때그때 집수리해가며 장사를 해왔다. 여러 해를 겪는 동안 한 번도 항의하거나 반발하지 않은 대인배였다. 그저 그런 사람이거니 하고 꾹 눌러 참아 왔다.

2002년 9월에는 끔찍한 태풍 '루사'가 내습했다. 지붕이 날아가고 집이 폭삭 무너져 내려 세 모녀가 처참한 주검으로 나뒹굴었다. 객지에 나가 있던 아들 형제가 급히 내려와 시신을 수습해 장례를 치르는 동안 친지와 면민들의 문상이 끊이지 않았다. 수전노 ㅎ가는 조위금이 아까워

조문조차 오지 않았다.

평소에 집단속을 하지 않은 책임을 통감하고 잘못을 빌어도 시원찮은데, 이 참사를 남의 일처럼 외면하다가 장례가 끝나자마자 그달의 집세를 요구해 왔다. 아수라장의 가게 안을 대충 정리하던 아들이 금전출납부를 발견하여 펼쳐보니 그달 가게세가 이미 지불되어 있었다.

"인생살이는 단순하지 않단다. 온갖 상황과 문제들이 고비마다 담겨 있으니 시비선악을 함부로 가리려 하지 말아라. 삼가야 한다." 자녀들은 현명한 어머니의 교훈으로 자랐다. 인성이 착했던 두 아들이 장례를 치르는 동안 느긋이 참았는데 그의 비인간적인 행태에 분노가 치솟았다.

"네가 칠십 나이를 허투로 먹었구나. 너는 살인자가 아니냐. 태풍이 아니라도 집을 뜯어고쳤어야 했고 사람이 죽었으니 애도의 말 한마디쯤 하는 게 도리가 아니더냐? 더구나 이달의 집세를 받아먹고도 다시 손을 내밀다니, 너 같은 철면피를 어찌 사람이랄 수 있겠느냐!"

웬만한 사람이면 멱살잡이로 내동댕이치거나 발길질이라도 했으련만, 워낙 바탕이 용庸한 아들들이라 말 몇 마디로 울분을 눌렀다. 기개氣槪 있는 면내 유지들이 분노했다. 뉘우칠 줄 모르는 파렴치한 ㅎ가를 그냥 놔두지 않았다. 연판장을 부쳐 과실치사죄로 고발했다.

판사의 조정을 거쳐 보상을 하면 형량이 감경될 수 있는데도 이 수전노는 외면했다. 과연 자린고비의 원조다웠다. ㅎ가는 10년을 갇혀 살았다. "개꼬리 삼 년을 묻어도 황모 되지 않는다."고 했던가, 개전改悛은커녕 응어리진 상판이 험상궂다. 여든을 건너 아흔을 치달으면서도 마냥 소인배이니 그의 도대아는 자기 자신일시 분명하다. 온 나라를 휘정휘정했던 유병언과는 짬밥으로 굴렁쇠경연대회에 나가면 제격일 듯싶다.

왜구의 유전자

여수항에서 연락선을 타고 20여 시간의 항해 끝에 일본 시모노새키下關항에 도착했다. 제이차세계대전을 일본사람들은 태평양전쟁이라고 불렀다. 그 전쟁에서 연합국인 미군美軍이 전세를 역전시켜 승기를 잡아가던 1943년 1월 달의 일이었다.

친척 한분이 일본 큐슈九州의 광업회사에서 '함바飯場(노무자 합숙소)'를 운영하고 있었다. 아버지께서는 일제의 징용을 피하기 위해 그분께 의탁하여 피신하고 계시던 때였다. 이를테면 적지에서 은신 중인 아버지를 뵙기 위해 찾아간 일본 땅이다.

코스는 혼슈本州의 시모노세키와 키다큐슈北九州 모지 사이의 해협에 가설된 해저터널關門海底鐵道을 통과해서 후쿠오카현의 지쿠호지역 이이즈카飯塚시 인근 탄광지대였다.

당시에 나는 국민학교 4학년이었다. 일본어를 '국어國語'라는 명목으로 공부하던 터라 일본말을 전혀 모르는 어머니를 모시고 낯선 일본 땅을 찾아가는 데에 별 어려움이 없을 것이라고 생각했다. 다만 어머니께서 기차멀미와 뱃멀미 때문에 큰 고통을 겪게 된 것만이 안타까웠다. 조선(한국)의 광주역에서 여수까지의 기차는 승객이 많지 않았다. 차멀미로 속이 메슥거리면 바로 변소에 들어가 토하거나 잠시 안정하면 되었다. 현해탄의 파도는 거세어서 큰 여객선도 한낱 나뭇잎이었다. 어머니에게 뱃멀미는 견디기 어려운 지옥이었다.

시모노새키항에서 큐슈의 이이즈카飯塚행 기차로 갈아탔다. 문제는 어머니가 일본 땅, 왜놈들 틈새에 끼어 차멀미를 어떻게 견디느냐 하는 것이었다. 미리 양은주전자를 준비하기는 했지만 불안하기 짝이 없었다.

일본 큐수지방의 열차궤도는 협궤挾軌여서 조선 열차에 비해서 작고 좁았다. 게다가 그날따라 승객이 초만원이었다. 통로에 사람들이 빽빽이 들어차 있어서 몸을 움직이기조차 어려운 콩나물시루였다. 설상가상으로 해저터널을 지나는 열차는 비포장도로를 달리는 자동차처럼 철컥철컥 요동을 치면서 협궤를 달리는 것이 아닌가.

어머니는 더 이상 참을 수가 없었던지 구역질을 거듭하면서, 입석의 좁은 공간에서 주전자에다 웩웩 토하기 시작했다. 나는 당황망조하여 일본말로 "제 어머니가 심한 멀미 때문에 토하고 있으니 죄송하지만 좀 비켜 서 주십시오. 변소로 들어가게요. 제발요!" 하고 외쳐도 내 말을 알아차리지 못한 듯 승객들은 의아한 얼굴로 쳐다만 보는 게 아닌가. 식민지 조선총독부는 조선학생들에게 동경표준어를 가르쳤기 때문에 심한 사투리를 쓰는 큐슈지방 승객들이 내 말을 제대로 알아듣지 못했던 것이다. 어머니의 토하는 모습과 토사물에서 나는 역한 냄새를 맡은 승객들이 사방에서 아우성을 지른다. "뭐야 이거 썩은 냄새잖아! 웬일이야? 이

무슨 냄새야, 조선반도의 천한 여편네 아냐? 기차 밖으로 밀어내버려!" 일제강점기의 식민지 '죠센한토진(朝鮮半島人ちょうせん はんとうじん)'은 일본 본토에서 거의 사람 취급을 못 받던 때였다. 한토진(半島人はんとうじん)은 조선반도 사람이라는 뜻이지만, 한국인을 천한 야만인쯤으로 얕잡아 부르는 단어가 되어 있었다.

"한토진노 구세니(半島人인 주제에はんとうじんのくせに)", " 구삿데구사이, 구사이(썩어서 나는 고약한 냄새, 역한 냄새 腐くさって臭くさい, くさい)" 이 따위 치욕적인 언어폭력과 떼밀침을 당하면서도 말 한마디 못하는 식민지배하의 힘없는 백성이었다. 하지만 이 위기를 모면하기 위해서는 "죄송합니다. 용서해 주세요, 용서해 주세요." 를 반복할 수밖에 없었다. 인간취급을 받지 못한 것은 하나도 억울하지 않았다. 다만 열차 밖으로 떼밀려 떨어지지 않기만을 바랄 뿐이다. 불안과 공포의 순간들이었다.

1km 길이의 해저터널을 벗어난 기차는 덜컹거림이 좀 덜해졌다. 어머니의 멀미 토악질은 더 이상 이어지지 않았다. 천만 다행이다. 멀미를 하지 않는 사람들도 협궤해저터널을 지날 때면 속이 메슥거린다는 것이다. 심한 멀미체질인 우리 어머니임에랴….

일본체류 1년은 인고의 하루하루였다. 국민학교에 편입을 했는데 담임교사라는 사람이 내 이름을 고쳐야 한다고 일방적으로 선언했다. '극주克洲'라는 글자는 하찮은 조선 반도인에게는 분에 넘친다는 것이다. 극克은 '이기고 다스린다.' 이고 주洲는 대륙의 큰 땅이라는 의미여서 두자를 합친 극주克洲는 '대륙을 지배한다.' 는 뜻이 되므로 바꿔야 한다는 논리였다. 새 이름은 '게이이치(계일啓一)'로 하라고 명령했다. '강자에게 복종하라'는 뜻이란다. '극주克洲'라는 이름과는 정반대인 셈이다. 내 이름은 그런 거창한 의미가 아닌 항렬의 돌림자 극克에다 물가洲를 합해 지었을 뿐인데, 쥐새끼처럼 약은 담임교사는 터무니없는 논리로 밀어붙였다. 출석부나 학적부에 게이이치啓一로 등재했음은 물론이다. 왜놈들이 조선 사람을 보는 시각이 사사건건 이러했다.

학급운영의 기본은 인격존중과 기회균등이다. 무슨 기념일에 나누어주는 물품이나 시상품은 공정하게 배분해야 함에도 반도인半島人으로 낙인찍힌 내게는 차별이 자심했다. '조센진한토진'하면서 늘 괴롭히는 동급생을 참다못해 좀 혼내주었더니 이내 일러바쳤다. 담임교사는 불문곡직하고 나에게만 몽둥이부림이었다. 신상필벌信賞必罰이 사도임을 모르지 않으련만 극심한 차별대우로 어린가슴에 지울 수 없는 울분과 상처를 안겼다.

도국근성島國根性을 지닌 왜놈들의 국민성은 약자에겐 강하고 강자에겐 약하다. 폭력성과 야만성을 경제대국이라는 간판 뒤에 숨겨놓고 자칭 선진문명국이라고 으스댄다.

왜구倭寇는 13세기부터 16세기까지 중국과 우리나라 서남해 연안을 무대로 약탈을 일삼던 일본 해적들을 말한다. 배를 타고 조선의 남서해안과 중국 동해안 일대의 평화로운 해안마을들을 불시에 습격, 재물을 약탈하고, 부녀자를 겁탈하고, 사는 집을 불태우고, 마을을 쑥대밭을 만드는 등 노략질을 일삼던 도적의 무리를 말한다.

왜구의 도둑근성은 마침내 임진·정유왜란을 일으켜 국토를 유린했고, 을사늑약으로 나라를 송두리째 빼앗아버린 강도가 아니던가.

수세기에 걸쳐 저지른 죄과를 뉘우치기는커녕 역사교과서를 왜곡하여 침략을 합리화하는 작태를 보면, 왜구의 DNA유전자가 면면히 이어져 내려오고 있음이 분명하다.

지난 3월, 일본 동북지방의 초대형 지진으로 2만 명 이상의 사망자를 낸, 전후 최악의 참화가 계속되는 와중에도 '독도도발獨島挑發'을 자행하는 비열한 행태를 우리는 똑똑히 보았다. '독도도발의 하수인 일본 자민당 의원 3명'이 인천공항에서 입국을 시도했고, 2011년판 방위백서라는 걸 발표해 '독도는 일본 땅'이라고 억지를 부리고 있다.

그런데도 재난이 발생하자 전국 각지에서 위문금을 모아 전달하는 등 온정을 베풀었던 한국인들이 있었다. 1923년의 관동대지진 당시, 무고한 조선인 수천 명이 학살당한 피맺힌 역사를 잊었단 말인가. 너무 착하기만 하여, 흉포한 야만인 후예들에게 쓸데없는 아량을 베푸는 실속 없는 민족이라는 생각이 든다.

이제라도 늦지 않다. 간교하고 집요한 왜놈들의 술수를 사전에 간파하여 효율적으로 대처해야 한다. '눈에는 눈, 이에는 이'로 과감해져야 한다.

한국인이라면 분명히 기억해야 할 것이 있다. '세상의 모든 것이 변해도 왜놈들의 국민성만은 변하지 않는다는 사실을!'

외할아버지

우리 갓난이가 어느새 지명知命과 이순耳順의 한가운데 와 있다. 삶의 쓴 곳 단 곳 고운 곳 추한 곳을 훠살펴본, 손주라도 보듬을 연치에 어울리는, 원숙한 아름다움으로 오늘에 섰다. 삼남삼녀의 둘째로 자매 중의 맏이다. 우리 갓난이는 한국전쟁의 상처가 아물지 않아 내남없이 배곯던 시절, 1950년대 끝자락에 세상에 나왔다.

용진산과 황룡강이 어우러져 산천경개 좋고 인심 순후한 고장 林谷땅에서 자랐다. 노령산맥의 지맥 소금강이라 불리는 용진산聳珍山에는 마애여래좌磨崖如來坐像이 암각돼 있고 가학정駕鶴亭, 용진정사湧珍精舍 같은 문화유산이 널려있다. 내장산국립공원 백암산에서 발원한 황룡강이 남북을 꿰뚫고 흐르면서 비옥한 충적지沖積地를 펼쳤다. 임곡은 교통의 요충지로 기차역이 있고 5일장이 서는 농수산물의 집산지였다.

외할아버지는 소도읍 임곡에서 명망 있고 영향력을 가진 유지有志로서, 고장의 대소사에 관여하고 챙기는 큰 인물이었다.

1950년대 맨 끝, 전쟁이 빚어낸 척박한 삶을 벗기 위해 우리 갓난이 엄마는 직업전선에 나서야 했다. 겨우 돌 지난 갓난이는 외갓집에 맡겨졌고 엄마는 애잔한 가슴을 부여안고 발걸음을 무겁게 떼었다. 외할아버지 자손 사랑은 용진산보다 높았고 황룡강보다 깊고 길었다.

외할머니의 자손사랑도 신사임당이었지만, 밭일에 겨를 없어 차분히 돌보지 못했다. 외할아버지 품에서 자라게 된 소이연所以然이다. 외할아버지는 엄마 못잖은 사랑의 저수탱크였다. 갓난이의 엄마 찾는 목멘 울부짖음도 세월 앞에는 무상했다. 외할아버지는 어머니였다. 그 품속은 포근하고 아늑했다. 마구마구 파고들었다. 잠시라도 안보이면 울음보를 터뜨릴 만큼 친밀한 애정적 결속이 이루어졌다. 가엾은 갓난이는 외할아버지 가슴에 못으로 박혔고 사랑은 더욱 열렬해졌다.

두 살짜리 외손녀를 강보에 싸안고 논두렁 밭두렁이며 동내나들이까지 해야 했다. 젖 뗀 강아지처럼 울고 보채도 귀찮아하기는커녕 얼굴 한 번 찡그리지 않고 어르고 쓰다듬어 품에서 내려놓지 않았다. 어쩌다 외할아버지 옷에다 쉬를 하거나 응가를 해도 털털 털어 버리곤 '엇참 그 냄새 한번 고소하다'며 너스레를 떨었다.

촌각을 다투는 급한 일로 외출해야 할 때가 있다. 아무도 없는 집안에 갓난이만 두고 나갈 수 없는 일. 안고 나가야만 한다. 근데 갓난이는 마침 발가벗은 벌거숭이다. 옷을 입히고 자시고 할 겨를이 없다. 에라 어쩌랴, 외할아버지는 벌거숭이 갓난이를 그냥 둘러업거나 보듬고 나가 일을 보았다. 우리 갓난이는 이렇게 외할아버지와는 이신일체二身一體로 자랐다. 서너 살로 훌쩍 자라서 제법 말을 하게 되자 외할아버지를 부르는 우리 갓난이만의 호칭은 '하빠'였다. '하빠, 하빠'를 입에 달고 하빠만 쫄

쫄 따라다니는 아삼륙이 되었다. 잠에서 깨어나도 먼저 찾는 것은 하빠였다. 그러나 안쓰러워 다독이기만하는 단순보육자는 아니었다. 인지발달과정에서 자기중심성, 정서성, 구체성이 바람직하게 형성되도록 일깨우고 일상어日常語나 생활 양습관의 정착을 아울렀다. 턱없는 응석이나 어리광은 허용하지 않는 자애와 엄격의 두 얼굴, 지혜로써 품었다. 영유아발달심리는 지난날 아들딸을 낳아 키울 때 이미 터득한 터. 그러나 아들딸 때보다 세심하게 심혈을 들이부었다.

외할아버지는 검약 절용하셨지만 써야 할 곳에는 아끼지 않는 큰손이었다. 평소에는 푼돈을 아끼는 소문난 약꿉쟁이였지만 우리 갓난이에게만은 유달랐다. 호떡집 앞을 지나면 호떡이요 엿장수를 만나면 가락엿이었다. 황룡강 물고기조림은 맛좋기로 이름나 있었지만 당신 입에 들어갈 세라 잔가시까지 발라서 숟갈 위에 얹어 먹이는, 닭을 잡거나 고기를 사오면 당신 몫은 없고 갓난이 것이었다. 갓난이 사랑은 옹달샘 물이었다. 갓난이는 응석받이로 하빠의 보옥이다. 오랜만에 돌아와 한번 안아보려는 엄마를 몽총하게 뿌리치는 우리 갓난이. 머쓱해진 엄마를 어찌 아랑곳하랴.

하빠의 외손녀 사랑의 본디는 당신의 딸일 것이었다. 당시에 광주 전남여중고는 명문으로 호남 수재들의 집합처였다. 엄마는 그 명문고에서도 일 이등을 놓치지 않는 수재 중의 수재였다. 운명의 장난이 엄마를 낚아챘다. 기차통학하다 사고로 발가락을 다친 것이다. 후유증으로 학업을 중단할 수밖에 없었던 안쓰러운 사연은 외할아버지 가슴을 애이고 짓눌렀다. 가엾은 딸의 딸은 바로 자신의 친딸이었다. 눈에 넣어도 아프지 않을 외손녀에의 애착을 웅변하는 대목이다.

외할머니는 요즘엔 흔한 병명이지만 '암'이라는 생소한 이름으로 먼저 떠났다. 하빠의 슬픔이야 오죽했으랴만 갓난이를 쓸어안고 얼굴을 비벼대며 몰래 오열했다.

하빠는 죽는 날까지 자녀들에게 폐 끼치지 않고, 의연히 살려고 보약이라면 돈을 아끼지 않았다. 눈귀가 없는 병마는 선악인을 가리지 못한 채 하빠에게 중풍이란 불청객으로 왔다. 최선의 치료로 호전되는가 싶더니 겹쳐 치매까지 달라붙었다.

병마와 약으로 씨름하고, 약의 두 얼굴로 또 다른 약 먹고, 약의 약에 덮여 하빠는 마침내 외할머니 댁으로 바쁘잖게 찾아 나섰다. 희수㐂壽의 귀천이다. 덧없어 갓난이가 여고를 졸업하던 해였다. 하빠의 애틋한 사랑을 빨며 자란 갓난이의 비통을 어찌 쓰랴. 하빠에게 드린 것 없이 챙기기만 했던 몽매가 새록새록 애달프다.

외할아버지의 현철은 나를 비추는 거울, 우러르고 굽어봐 부끄럼 없는 삶으로 하빠를 갚으려 숙연히 비노니, 부디 하느님의 오른쪽에서 영생하소서.

- 하빠 34주기에 부쳐

5

이름으로 서다

이름에는 염원이 담겨 있게 마련이다.
이름을 부를 때마다 '이름대로 이루어지이다'라고 주문 외우듯 기구한다면
이름의 기운이 영향을 미쳐 실제로 이루어지는 효과가 있다고 한다.
'열공'이란 이름을 세뇌하듯 "열공아, 안 그러니 응? 열공아!"
이런 식으로 말끝마다 붙여 은근히 불렀더니
실제로 '열심히 공부'를 해서 성공했다는 실화가 있다.
진정으로 염원하여 목표달성에 매달리면 꿈이 실현된다는 이론이다.

용 광(龍光)

군자와 예술적 기질에 대한 이야기를 하려고 한다. 공자의 군자론君子論 가운데 핵심은 "시로써 정서를 일깨우고, 예로써 행동을 바로잡으며, 음악으로써 인격을 완성해야 한다."이다. 군자와 예술적 소질, 소양이 불가분의 관계임을 말하고 있다.

『논어論語』에서, 공자는 '군자의 요건'을 무엇이라 말하고 있는지 알아본 다음에 우리 가문 선조들의 군자행적과 너희의 기질과 품성을 살펴보고 바람직한 도야陶冶를 당부하는 것으로 이 글을 맺으려고 한다.

공자의 기본 사상과 군자다운 행적을 아래와 같이 정리해 본다.

공자의 가르침을 집대성한 것이 『논어論語』임은 다 아는 바다. 孔子는 논어에서, 군자를 길러 치국治國의 근간根幹으로 삼아야 한다고 역설하고 있다. 군자는 89) 오륜五倫, 90) 오상五常, 91) 육예六藝의 도덕과 학문을 지

89) 오륜(五倫) : 유학에서, 사람이 지켜야 하는 다섯 가지 도리 - 부자유친(父子有親), 군신유의(君臣有義), 부부유별 (夫婦有別), 장유유서(長幼有序), 붕우유신(朋友有信)을 이른다.

닌 사람이며 그것을 실천하는 사람이어야 한다고 했다. 그런 군자를 양성하는 데는 시詩와 음악音樂과 회화繪畫와 가무歌舞를 중시하였다. 군자는 스스로 예악에 힘써 성정性情을 닦고, 시와 음악으로 백성을 교화하는 조화로운 전인全人이어야 한다고 했다. 공자는 타고난 재질才質이 시인이며 음악인이었다고 한다. 논어와 시경詩經에는 공자의 예술가적 기질이 생생하게 나타나 있다.

제齊나라에서 "92)소韶의 곡曲을 듣는 석 달 동안 고기 맛조차 잊고 지냈다." 이처럼 즐거움에 취했다든지, 사람들의 노래 소리가 듣기 좋으면 반드시 되풀이 시키고 곧 화답하여 노래를 불렀다는 이야기며, 흘러가는 물에서조차 인생을 보았고(逝者如斯夫 不舍晝夜: 가는 세월이 냇물 흐르는 것과 같구나, 밤낮을 가리지 않고 흐르니), 그가 편찬한 시경의 첫머리에 연애시를 실을 정도로 다정다감한 풍류인風流人의 면모가 그것이다. 공자는 몸소, 제자교육君子教育 현장에서 예술을 모범할 정도였으며, 흥어시興於詩요, 입어예立於禮며, 성어악成於樂이라고 했다. 이는 시로써 정서를 일깨우고 예로써 행동을 바로잡으며 음악으로써 인격을 완성하라는 뜻이다.

사람은 반드시 예술을 알아야 하며 불학시면 무이언不學詩 無以言 즉 시를 배우지 않은 사람은 남을 상대로 하여 이야기할 것이 없다는 뜻이다. 시적 정서詩的 情緖가 지성知性에 미치는 힘을 강조하는 말이라고 본다. 다만 사람이 사람답지 않으면 예법은 알아 무엇 하며, 사람이 사람답지 않으면 음악을 알아서 무엇에 쓰느냐고 했다. 이는 사람다운 바탕에서 우러나오는, 삶의 표현으로서의 예술은 시와 음악과 회화繪畫여야 한다고

---

90) 오상(五常) : 인(仁), 의(義), 예(禮), 지(智), 신(信)의 다섯 가지 덕을 말함.
91) 육예(六藝) : 고대 중국 교육의 여섯 가지 과목. - 예(禮), 악(樂), 사(射), 어(御), 서(書), 수(數).
92) 소(韶)의 곡(曲) : 순(舜) 임금이 즐겨 부르던 음악. 또는 풍류로운 노래

했음이다.

자, 이쯤 했으면 군자란 무엇이며 어떤 삶을 살아야 하는지를 대충 알았으리라고 본다. (참고자료 : 『논어선論語選』 이기석. 정순모 공저)

"유교는 조선왕조의 국가지도이념이었기에 양반 계급의 자제들은 군자가 되는 필수 코스인 유학儒學 공부를 했다." 우리 가문의 선조들도 예외일 수는 없었다. 여기에서 우리 집의 '가계도直系圖'를 적어본다.

- 26世-경檠, 27世-태풍兌豊, 28世-종묵宗默, 29世-항교恒敎, 30世-봉규鳳珪, 31世-휘경徽璟, 32世-극주克洲.

족보의 기록이나 구전口傳에 의하면 내 6대조 경檠자께서는 군자로서의 고결한 품성을 지니셨고, 다정다감한 풍류인이었다고 한다. '영광靈光 독배기立石里'에서 '장성長城 가정리柯亭里'로 이주해 오셨다. 정착하는 과정에 어려움이 많아서였던지 예술적 기량을 크게 떨쳐내지 못했고, 벼슬길에 나아가지 않은 백두白頭요, 한사寒士이셨다고 한다. 이후 27세 兌자 豊자 할아버지에서 31세 내 선고先考이신 徽자 璟자에 이르는 5대代의 어른들은 시와 그림(문인화文人畵·五友 - 梅蘭菊竹蓮)과 음률(노래, 북, 장구, 93) 퉁소)에 특출한 재질을 가지셨다고 한다. 윗대 어른들은 하나같이 호방·호탕한 성품을 타고나셔서 음률에는 끽주喫酒(술을 마심)하심으로 감흥을 돋우셨다고 하니, 술은 단순한 음식을 넘어 군자의 풍류문화 형성에 일

93) 퉁소 : 가는 대로 만든 목관 악기. 세로로 내려 불고 앞으로 다섯 개의 구멍과 뒤에 한 개의 구멍이 있다. 본디 아악기(雅樂器)인 소(簫)를 개량한 것으로 청아한 소리가 일품이다. 현대의 플루트와 친척간이다. 너희들의 조고(祖考 - 돌아가신 할아버지를 일컬음)께서는 이 퉁소의 명인이셨다.

익一翼해왔음을 알 수 있다.

우리 집 사랑방에는 선비들이 때때로 모여 시회詩會를 열고 성축成軸(지은 시를 두루마리에 차례로 적는 일)하여 감상과 합평을 했다. 가객歌客과 악공樂工들은 판소리, 단가, 시조창과 북장구의 장단과 퉁소의 아름다운 음률을 쏟아냈다. 내 증조고曾祖考께서는 시조창이 빼어나셨고, 선고先考는 장구와 퉁소 연주가 발군이셨다. 나도 등단문인으로 문단활동을 하며 전자오르간과 아코디언 하모니카 기타연주를 즐겨하지 않았느냐.

우리 집안은 시문詩文과 문인화와 음악과 산수화조풍류山水花鳥風流의 전통을 면면이 이어오고 있다. 선비의 기질氣質(행동이나 성격, 능력에서 뚜렷하게 드러나는 유전적, 생물학적, 감정적 경향)은 대대로 유전된다고 한다. 더하여 가족구성이나 환경에서 학습되기도 한다. 오늘날의 군자(선비)는 남녀의 구분이 없다.

내가 고맙고 자랑스럽게 생각하는 바는 맏이 동렬東烈은 문재文才가 있는데다 시인 아내를 맞이했고, IT(정보기술)의 권위자이며, 색소폰을 연주하고 성악가로서 합창단에서 기량을 떨치고 있지 않느냐. 딸 맏이 미연美姸은 피아노, 오르간 연주와 여성합창단, 평화마을성가대원으로 활약하는 성악가가 아니냐. 서예에 도가 트인 대가로 우러름을 받고 있으며, 은근과 끈기는 그의 신조가 아니더냐. 가운데인 미형美亨은 격물치지로써 학업성적이 뛰어난 데다 재주에 어울리는 덕성을 갖춘 재원이었고, 사범대학에서 국사교육학을 전공한 유능한 교사가 아니냐. 긍정적인 마인드(자신에 대한 신뢰와 용기와 끈기)로 어려움을 헤쳐 나가니 이것이 군자가 아니고 무엇이겠느냐. 딸막내 미리美利는 자작시를 시화전에 출품하여 최우수상을 수상한 적도 있고, 오카리나, 하프, 플루티스트로 선망을 받고 있으며, 국어교사로 문학전반에 학문적 조예가 있지 않느냐. 막내 병태秉泰도 유려하고 논리적인 문장력으로 감동적인 글을 쓴다. 섬세하고 치밀한 성격의 소유자가 아니냐. 컴퓨터마인드의 딘트족(Double Income No Time의 약칭)으로서 탁월한 컴퓨터 활용력과 정보화 마인드로 무장한 시대의 일꾼이며, 클래식기타 동아리에서 활동했고, '아스트리아스'의 어렵고 긴 곡을 연주할 때 연주색채가 매우 감미롭고 정열적이어서 감동을 받는다. 운동에도 기량이 뛰어나 테니스의 선수권을 가지고 있다.

이렇듯, 육남매 모두 문재文才와 필재筆才가 있고 음악에 소질素質이 있음은 DNA가 유전된 까닭으로 본다. 장손 나리리鍾岷의 경우 그것이 적실하지 않느냐. 스스로 예술고등학교를 선택했고 대학에서는 기악 트럼펫을 전공하여 교향악단의 연주자로 활약하고 있지 않느냐. 피아노, 오르간, 색소폰, 오카리나, 플루트, 클래식기타, 트럼펫 따위는 너희 형제자매들이 늘 다루는 악기들이 아니더냐.

요즘처럼 사교육(학원, 개인지도 등) 전성시대가 아니어서 예술적 소양과 능력을 더욱 북돋워 주기가 어려웠지만, 최선을 다해 뒷받침했더라면 지금쯤은 모두 대가가 되어 있을 것이다. 어려운 여건을 핑계 삼아 소홀했으니 아비로서 당혹스럽고 겸연쩍어 낯을 바로 들기 어렵구나.

군자라는 단어 앞에는 접두어가 붙는다. 대인-군자, 정인-군자, 후덕-군자, 성인-군자 따위다. 접두어는 각기 다르지만 모두 마음씨가 올바르며 학식과 덕행이 높고 어진 사람을 가리킨다.

군자의 덕목 가운데에 덕德은 기본적이고 공통분모다. 도덕적 윤리적 이상을 실현해 나가는 인격적 능력과 공정하고 남을 넓게 이해하고 받아들이는 마음이나 행동을 말한다.

실천덕목으로는 수기치인修己治人(격물格物, 치지致知, 성의誠意, 정심正心, 수신修身, 제가齊家, 치국治國, 평천하平天下)이다. 자신의 몸과 마음을 닦은 연후에 남을 다스린다는 뜻이다. 격물치지는 모든 사물의 이치를 끝까지 파고들어야 비로소 앎에 이른다는 뜻이고, 치국평천하의 현대적 의미는 '리더십'이다. "생각을 바꾸면 행동이 바뀌고, 행동을 바꾸면 습관이 바뀌고, 습관이 바뀌면 성품이 바뀌고, 성품을 바꾸면 운명이 바뀐다."는 말이 있다. "이러한 모태에서 리더가 만들어지며, 만들어지기 위해서는 근본적인 뒷받침 즉 자기를 다스릴 수 있어야 가정도, 조직도 다스릴 수 있다."는 뜻이 된다. 군자를 다른 말로 용광龍光이라고도 한다. 고결한 선비의 풍모를 말한다.

논어에 '이요二樂'라는 말이 나온다. 군자가 즐기는 두 가지는 요산요수樂山樂水를 이른다. 산수의 자연을 즐기고 좋아한다는 뜻이니, "어진 사람은 의리에 밝고 산과 같이 중후하여 변하지 않으므로 산을 좋아하고, 지혜로운 사람은 사리에 통달하여 물과 같이 막힘이 없으므로 물을 좋아한다."는 깊은 뜻이 들어 있다.

삼국유사의 일연一然스님이 위군자적인 소인배들의 행태를 해학적으로 설파한 '여섯 가지 도둑' 이야기가 있다.

"세상에서 제일 고약한 도둑은 바로 자기몸 안에 있는 여섯 가지 도둑일세. 눈 도둑은 보이는 것마다 가지려고 성화를 하지. ◆귀 도둑은 그저 듣기 좋은 소리만 들으려 하네. ◆콧구멍 도둑은 좋은 냄새는 제가 맡으려 하고, ◆혓바닥 도둑은 온갖 거짓말에다 만난 것만 먹으려 하지. ◆제일 큰 도둑은 훔치고 못된 짓 골라 하는 몸뚱이 도둑. ◆마지막 도둑은 생각 도둑, 이놈은 싫다 저놈은 없애야 한다면서 혼자 화내고 떠들며 난리를 치지. 그대들이 진군자가 되려면 이 여섯 가지 도둑부터 잡으시게나."

군자에는 진군자眞君子와 위군자僞君子가 있다. 위군자는 "거동을 거짓으로 꾸미고 세상을 속여 군자인 척하는 사람"을 가리키고, 우리 가계의 선조들처럼 천분天分이 군자인 사람을 진군자라 한다. 너희는 군자 중의 진군자로서 부끄럼 없는 삶을 살아갈 것으로 확신한다.

- 嘉軒家의 君子들에게 보내는 글

울 함머니 온다

전쟁의 참화에서 버둥거리는 가난하고 힘없는 백성들이었다. 권력 다지기에 여념이 없는 위정자들과 94)모리정상배謀利政商輩들이 들끓는 한심한 투전판이었다. 허기져 배가 등에 붙은 사람들. 병들어 사경을 헤매는 사람들에게 한줌의 쌀, 한 첩의 약으로 구제救濟하는 최소한의 정치政治조차 실종된 혼돈의 시대. 재산은 물론 혈육을 잃거나 생이별하여 마음이 응어리진 사람들을 어루만져주려는 사회적 기풍마저 해이된, 인정이 메마르고 정서가 고갈된 각박한 세태. 그런 시대가 1950년대였다.

수도 서울 무악재를 지나 홍은동사거리에서 북서쪽 산골山骨고개를 넘으면 녹번리가 나온다. 녹번삼거리 못미처 오른쪽으로 200여m 경사진 산골짜기에는 움막들이 옹기종기 들어서 있다. 1950~60년대에 집도 절도 없이 떠돌던, 찢어지게 가난한 사람들이 모여 사는 곳이었다. 움막은 통나무를 제재할 때에 나오는 변죽을 주어다가 ㅅ자 모양의 기둥 서

---

94) 모리정상배 : 온갖 수단과 방법으로 정치가와 결탁하거나 정권을 이용하여 사사로운 이익을 꾀하는 무리

너 개를 세운 뒤 상량대를 걸쳐 뼈대를 만든다. 지붕이자 벽은 거적을 씌우고 그 위에다 루핑조각을 주어다 덮었다. 두 평도 채 못 되는, 어른은 허리도 제대로 펴지 못하는 움막 속에서 네댓 명의 가족이 부대끼며 산다.

내남없이 어려운 살림이라 기차역이나 시장바닥에서 등짐을 지거나 들녘에 나가 푸성귀나 나물을 캐다 팔아 입에 풀칠을 했다. 그도저도 어려우면 구걸을 하는 수밖에 도리가 없었다. 낮에 움막 안에는 병들어 골골하는 노약자나 어린애들밖엔 없다.

다섯 살배기 우리들의 손주 녀석은 오늘도 또래 두엇과 움막 앞에서 놀고 있다. 봄이라지만 변덕스러운 날씨, 꽃샘추위에 웅숭크린 모습들이다. 꼬마들은 고뿔이 들었는지 하나같이 콧물을 흘리고 콜록거린다. 코흘리개들의 옷소매는 유지油脂가 되어 번들거린다. 어른들은 고단한 삶에 지쳐 웃음기가 사라진지 오래지만, 천진한 꼬마들은 킬킬거리면서 장난질이다. 움막 안에는 병든 '하버지'가 누어있다. 하버지의 잔기침소리나 신음소리가 이따금씩 밖으로 새어나온다. 어린 손주는 하버지가 걱정되는지 움막 안을 기웃거리기도 한다. '하버지와 함머니 울 함머니'는 할아버지와 할머니를 부르는, 혀짧은 어린 손주만의 호칭이다.

전쟁은 민생을 도탄에 빠뜨렸다. 혹독한 가난에서 헤어나기 위해 단란했던 가족들이 살길을 찾아 뿔뿔이 헤어졌다. 가엾은 우리 손주도 엄마 아빠와 헤어져 할머니와 살아야만 했다. 엄마 품이 그리워 목이 쉬게 울었지만 비정한 현실은 그의 눈물을 닦아주지 못했다. 이젠 함머니가 엄마다. 아니 엄마보다 더 좋다.

함머니는 중병을 앓는 하버지와 금쪽같은 손주를 굶기지 않으려고 새벽 같이 집을 나선다. 사랑하는 손주를 떼어놓고 나와야 하는 또 하나의 이산離散이 가슴 아프다. 어린 손주와 환자가 안 잊혀 발걸음이 무겁다.

애잔한 우리 손주, 함머니 없는 하루는 슬프고, 허전하고, 지루하지만 시간의 흐름은 덧없다. 이젠 함머니를 기다리는 데에 이골이 붙었다. 하루를 사는 재미는, 오직 함머니와 만나는 해거름인 것이다. 해질 무렵이면 언덕아래 한길을 바라보느라 하염없다. 오늘따라 함머니의 귀가가 좀 늦어지자 어린 손주의 얼굴에 초조한 빛이 떠오른다.

함머니는 들녘에서 캐간 봄나물을 팔고 시장바닥에서 잔심부름으로 푼돈을 얻어서 잡곡쌀 한 봉지나 95)꿀꿀이죽 한 그릇을 사들고 돌아온다. 눈알이 빠지게 기다리던, 광주리를 옆에 낀 울 함머니가 한길에서 언덕백이로 접어든다. 손주 녀석 얼굴에 생기가 돈다. “함머니 함머니 함머니~~”를 목이 터져라, 숨넘어가게 불러댄다. “울 함머니 온다 울함머니 온다”고 노래처럼 외장치면서 골짜기를 허겁지겁 뛰어 내려간다. 함머니는 “응 어 어~, 내 강아지 넘어질라, 그냥 거기 있거라”하며 손 흔들어 반색한다. 마침내 조손祖孫이 만나 얼싸안고 얼굴을 비벼댄다.

“내 강아지 오늘 잘 놀았어?”

“응 함머니!”

함머니도 이 순간만은 온갖 어려움이나 시름을 잊고 혈육의 정에 빠져든다. 함머니는 품속에 간직했던 종이봉지에서 붕어빵 한 마리를 꺼내 손주에게 쥐어준다. 체온으로 보온해 아직 식지 않은, 따뜻한 붕어를 손에 들고도 먹지 않고 함머니만 쳐다본다.

“어서 먹어 식을라, 왜 안 먹어?” 어린 주제에도 앓아 누어계시는 하

95) 꿀꿀이죽 : 전쟁 직후 어렵던 시절, 미군부대에서 흘러나온 음식쓰레기를 모아다가 끓인 죽. 시장바닥에서 팔았다. 꿀꿀이죽으로 끼니를 이어간 사람들이 많았다.

버지를 의식한 것이리라. 기특한 심성에 감복한 함머니의 눈엔 어느새 이슬이 맺힌다. 함머니는 다시 손주를 껴안으면서 "내 강아지가 이렇게 착할 수가! 다 어른이네, 하버지 드리려고 한 마리 더 사왔으니 어서 먹어라 응 내 강아지야."

뼛속까지 스며든 가난이나 세상의 천더기라도 제 살붙이, 내 강아지는 불면 날까 쥐면 꺼질까 금지옥엽이다. 이 어린 게 어미아비 떨어져 사는 걸 생각하면 가엽고 짠해 가슴이 저리다. 화락했던 한 가정을 이렇듯 산산이 결딴내버린 전쟁이 지겹고 원망스럽다.

임종이 머잖은 하버지가 모처럼 힘겹게 일어나 벽에 기대앉았다. 오늘따라 한결 밝은 표정이다. "여보, 힘들었지요, 피곤하지 않아요?" 하버지는 함머니가 늘 고맙고 미안한 모양이다. "얘야 이리 온, 코 닦게." 이마에 손을 얹어 보고는 "열은 없구나, 낮에 자꾸 콜록거리더니…."

유만부득類萬不得인 첫 손주라 금이야 옥이야 귀여운 강아지를 부여안고 다독이는 하버지의 눈가에도 물기가 번득인다.

오늘 저녁상은 모처럼 호화롭다. 허구한 날 멀건 시래기죽이었는데 오랜만에 보리싸라기일망정 밥을 짓고 꿀꿀이죽을 곁들였으니 어찌 호화롭지 않겠는가. 싸라기밥에다 함머니 손품 든 봄나물에 꿀꿀이죽 서너 순갈 떠얹고 썩썩 비벼 한술 듬뿍 떠 넣으니 산해진미가 따로 없다.

유생무생과 오금오권

'빛고을노인건강타운'은 노인복지, 사회교육, 건강증진 등 노인 종합복지시설로 한국 제일의 규모를 자랑하고 있다. 하루에 2, 3천 명이 넘는 엄청난 숫자의 노인들이 모여드는 종합 건강타운이다. 드나드는 노인들 가운데는 80대는 흔하고 90이 넘은 노인들도 꽤 많다. 90이 넘어야 노인 대접을 받는 세상이 되었다. 100세 장수시대가 멀지 않았다는 이야기다. 노인들의 화두는 단연 평균수명, 건강수명, 기대수명, 기대여명이다. 그중에도 몸이나 정신에 아무 탈이 없이 튼튼한 상태로 활동하며 사는 건강수명과 기대여명에 대한 관심과 소망이 으뜸이다.

세계보건기구(WHO)의 최근 통계에 따르면 2010년 출생아를 기준으로 한 한국인의 기대수명은 평균 81세로 나타났다. 2000년 조사 자료보다 다섯 살이 더 늘었다고 한다. 기대수명이란 새로 태어난 0세의 아이가 생존할 수 있을 것으로 기대되는 나이를 말한다. 요즘 자주 거론되는 기대여명(Life expectancy)이란 특정한 나이의 사람이 앞으로 생존할 것으로 기대되는 평균 생존연수라고 한다.

경로우대를 받는 65세의 경우 기대수명 81세는 기대여명이 16년이나 된다. 지난날에 비하면 16년이란 여명은 덤이 아닐 수 없다. 하지만 단순히 오래 산다는 것이 행복한 삶을 보장하는 건 아니다. 건강이 뒷받침되지 않는 장수는 행복할 수 없다. 기대여명이 아무리 길다고 한들 건강수명이 짧다면 불행과 연결된다. 배우자도 의지할 자식도 없이 살아야 하는 환과고독鰥寡孤獨의 노인들이 부지기수다. 그러니 덤의 삶-기대여명을 어떻게 사느냐에 따라 노년의 행복지수도 달라질 수밖에 없다.

어떤 통계에 의하면 사람의 한평생을 80년으로 잡았을 때 3분의 1인 26년은 잠을 자고, 21년은 일을 한다는 것이다. 그리고 9년은 먹고 마시는 데에 쓴다고 한다. 즐거운 마음으로 웃는 데에 쓰는 시간은 고작 20일에 지나지 않는다니 얼마나 인색한가. 또 화를 내는 데에 5년, 무엇을 기다리는 데 3년이나 허비한다는 조사 결과다. 그러니 장삼이사張三李四의 삶은 한마디로 고달픈 인생 여정이 아닌가. 현역에서 물러난 80 당년의 노인들은 기대여명을 어떻게 살아야 행복할 것인가.

시대를 초월한 겨레의 스승 다산 정약용 선생은 240여 년 전에 인생의 의미를 말하면서 유생무생有生無生을 주장했다. 살아있어도 살아 있지 않은 것 즉 숨 쉬고, 밥만 먹으며 살아있을 뿐 아무런 의미도 없는 사람의 인생을 가리키는 말이다. 유생무생의 정의를 이렇게 말하고 있다. "치심양성변사목지위한사治心養性邊事目之爲閑事(마음을 다스리고 본성을 기르는 일을 그저 한가로운 사람들의 일이라고 제쳐두거나, 서궁리지위고담書窮理指爲古談(책을 읽고 세상의 이치를 따져보는 일을 옛날이야기쯤으로만 생각하는 사람이야말로), 세유일등경박남자世有一等輕薄男子(세상에서 가장 경박한 사람이며 살아있어도 죽은 인생이나 마찬

가지의 사람)"이라는 것이다.

마음을 다스리고 본성을 기르며 책을 읽고 세상의 이치를 따져보는 것이야말로 인생의 의미라고 가르쳤다.

한국학의 석학이자 지식의 거장인 김열규 서강대 명예교수는 '노년의 즐거움'이라는 저서에서 가슴을 울리는 금과옥조를 읊조리고 있다.

노을빛 같고, 흰 눈빛 같고, 또 별빛 같은 삼광三光과 노숙과, 노련과, 노장의 삼노三老를 겸한 기로耆老로서 의욕이나 기력이 더욱 좋아질 것이라고 주장했다.

그는 삶을 즐길 수 있는 기로들을 위해서 '오금오권五禁五勸'을 제시하고 있다. 다섯 가지 금할 것 중 첫째는 잔소리·군소리를 삼가라고 했다. 그리고 나머지 넷은 노怒하지 말고, 기죽는 소리 하지 말고, 노탐老貪 부리지 말고, 어제를 돌아보지 말라는 것이다. 그 다음은 '해봄 직한 일들, 해 보면 보람 있는 일들, 마음에 내키는 일들'을 다섯 가지로 주문했다. 유유자적, 큰 강물이 흐르듯 차분하라가 첫째 권유사항이다. 이어서 달관, 두루두루 관대하라 이고 세 번째가 소식小食·疎食·素食, 소탈한 식사가 천하의 맛이다. 넷째로 다산의 유생무생을 보다 깊이 있고 쉽게 풀어 쓴 사색, 머리와 가슴으로 세상의 이치를 헤아려라와 마지막으로 운동, 자주 많이 움직이라고 권유하고 있다.

한국 노년들이 건강하게 활동하며 사는 기간은 평균적으로 72세라고 한다. 노년을 사는 자세가 지난날의 수동적인 노화에서 능동적인 건강 찾기 개념으로 바뀌고 있다는 것이다. 적절한 맞춤형 사회활동을 했을 때에 노화속도를 늦출 수 있다고 한다.

요즘 각종 매체에서 회자되고 있는 것이 있다. 자기 나이에 0.8을 곱해서 얻는 '현대나이계산법'이다. 현재 우리나라 전체 인구에서 85세 이상 인구 비율은 정확히 50년 전의 68세와 같다고 한다. 85세에다 0.8을 곱한 68세라는 공식과 답은 실제의 통계 수치를 연산演算해서 얻은 것이라고 한다. 예컨대 나이 만82를 연산해 보면 82X0.8=66세가 된다. 14년을 덤으로 살아 온 셈이다. 아무리 통계라지만 믿기지 않는 수치가 아닌가.'현대나이계산법'은 우스개가 아닌 실생활에서의 진짜 자기 나이라는 것이다. 신뢰도 높은 통계학적 수치라고 하니 믿어볼 수밖에.

다산의 '유생무생'과 김열규의 '오금오권'은 지혜, 건강, 열정, 품격을 새로운 시작의 동력으로 삼는다면 바야흐로 노년의 마지막 성취와 결실은 풍성할 것임에 틀림없다. 노년의 행복은 멀리 있지 않다. 오직 정진만이 있을 뿐이다.

이것만은 꼭

버킷리스트(Bucket List)란 죽기 전에 꼭 해보고 싶은 것들의 목록이다. 그 어원은 죽는다는 뜻의 '킥 더 버킷(Kick the Bucket)'이라고 한다. 중세 시대에 교수형을 집행하거나 자살할 때에 올가미를 목에 매고 양동이에 올라간 다음 양동이를 발로 걷어차 버리는 행위에서 유래되었다고 한다.

"꿈은 머리로 생각하는 게 아니라 가슴으로 느끼고 손으로 적고 발로 실천하는 것이다." 존 고다드(John Goddard. 탐험가, 인류학자)의 '꿈의 목록'에 나오는 명구이다.

"자기가 처한 상황, 꿈, 욕망은 일상의 사소한 일일 수도 있고, 많은 시간이 걸리는 큰 일일 수도 있다. 버킷리스트는 행복으로 가는 꿈을 이루려는 목록이자 프로젝트다. 꿈은 도전을 통해 달성되기 때문에 버킷리스트는 꿈의 목적지에 이르기 위한 도전목록이다. 아무리 훌륭한 버킷리스트라도 실천하지 않으면 공허한 목록에 지나지 않는다. 시작하지 않고 되는 일은 없다. 쉬운 것부터, 금방 실천할 수 있는 것부터 행동으로 옮겨보면 놀라운 변화가 일어난다. 행복은 목적이 아니라 과정이다. 리스트를 실천하면서 얻는 즐거움이 바로 행복이다."

버킷리스트의 작성요령에는 구체적으로, 측정 가능한, 행동지향적인, 현실적인, 마감 시간이 있는, 다섯 가지 항목에 맞춰 쓰면 도달점이 분명해진다. 내 한생에 걸린 문제를 이 방식에 대입하려니 조금은 뜬금없다.

버킷리스트를 하나하나 이루면서 뿌듯한 성취감과 행복을 느끼고 삶에 자신감이 생겼다는 어느 체험담에 감동했다. 나의 버킷리스트 10가지가 하나씩 성취되어 보람 있고 행복한 여생이 되었으면 좋겠다.

(1)노년은 죽음에 가장 가까이 있다. 죽음은 피할 수 없는, 필연이므로 두려움을 지혜롭게 떨쳐내야겠다. 죽음이 삶과 별개의 문제가 아닌 연속선상의 좌표임을 깨닫고자 철학적 인간학에 골몰할 것이다. 죽음을 삶의 절정으로, 삶의 완성으로 승화시키는, 진지한 준비학습을 통해 존엄한 죽음을 맞이하겠다.

(2)아내의 나이 산수가 되는 해에 어깨동무하고 신혼(황혼)여행을 다녀오려고 한다. 망태사랑을 한결 살찌우려는 소망의 발로이다. 크루즈에서 평생 잊지 못할 추억을 완성하기 위해서, 떠다니는 바다 위의 도시 얼루어호를 예약해 두었다. 지중해 연안의 다채로운 풍물과 매력과 엔터테인먼트를 한껏 즐기려고 한다. 품격 높은 크루즈여행의 이미지를 UCC로 만들고 기행문도 꼼꼼히 써서 e-Book으로 펴내야 하겠다.

(3)증손주를 얻어 무릎에 앉히고, 재롱에 대거리를 해주는 재미가 쏠쏠하지 않겠는가. 손녀와 손자들에게 골드미스의 탈을 벗기고 삼포三拋를 내려놓게 하여, 하루 빨리 결혼하도록 닦달하려고 한다.

(4)사람답게 사는 웰빙(Well-Being)과 사람답게 죽는 웰다잉(Well-Dyin

g)의 중간이 사람답게 늙는 웰에이징(Well-Aging)이라고 회자되는데, 하나의 방편으로 저염低鹽 저당 低糖의 무공해 자연식품만 섭취하는 웰이팅(Well-Eating)을 실천하려고 한다.

(5)공직 정년 후 무절제한 음주로 아내와 자손들에게 보인 명정酩酊 20년의 실태失態를 성찰하여 금주를 단행하되, 지난날처럼 작심삼일로 얼버무리지 않고 준절히 실천해야겠다.

(6)망구를 건넌 노옹이 웬 버킷리스트냐고 할지라도, "머리를 높이 들고 희망의 물결을 잡는 한/ 그대는 여든 살이라도 늘 푸른 청춘이네." 사무엘 울만의 「청춘」을 듣고, 98세의 문맹이 알파벳을 깨우쳐 101세 되던 해에 자서전을 펴냄으로써 '늙은 젊은이'로 명성을 떨쳤던, 의지의 흑인 '조지도슨'을 스승 삼으려 한다.

(7)야마하 일렉톤(yamaha-electone : 2단 건반과 20여 개 페달의 전자오르간. 관현악의 악기와 흡사한 디지털음색을 구현하므로 1인 오케스트라 연주가 가능. 1천만 원이 넘는 고가)을 구입하고, 연주기량을 높여서 나만의 일렉톤 라이프를 즐기면서, 내 연주를 UCC에 담아 유튜브에 올리려고 한다.

(8)새해에는 일기를 쓰려니, 호화 양장 365P짜리 일기노트를 펼쳐, 1월 달엔 가까스로 메꿨지만, 2월부턴 용두사미P가 늘어나고 있다. 초지일관이 눈 부라리게 해서 용두사미를 내쫓으려 한다.

(9)서재의 장서들이 뾰로통해 손가락이 그립고 답답하다고 하니 동네 도서관에 이민 보내고, 무료해하는 장속 옷가지를 매만져 '아름다운 가게'에 시집장가 보내야 하겠다.

(10)장묘문화가 바뀜에 따라, 후손들의 묘소관리 부담을 덜어주기 위해, 조상 봉분을 헐어서 유골을 화장한 다음, 납골당에다 봉안하려고 한다.

이름으로 서다

"소소리 북장단에/ 금나고/ 신나고/ 나라가 아람이네// 은가루 꽃송이고/ 한모로 낙락장송에/ 셈 센 슬기나고// 으뜸으로 다스림을/ 나래 쳐/ 아울러// 이름으로 섰네."

자기 친사촌 형제자매의 이름을 제재로 쓴 시다. 어느 백일장의 차상 작품이다. 그는 '으뜸나'란 이름의 대통령 지망생이다.

인간은 어울려 산다. 공동사회에서 다른 사람과의 구별을 위해 이름을 가지게 되었다. 성명에는 성, 이름, 호, 자, 아명, 별명 따위가 있다. 김 기사, 이 사장, 정 상병, 학동 댁, 직업이나 직책 계급 지역에 따라 성 밑에 붙임이름도 있다.

한 음절의 한자성漢子姓이 정착하게 된 것은 고려 때부터라고 한다. 이름만은 고유어로 통용되다가 차츰 한자로 바뀌어졌다고 하는데 조선시대에 들어서도 천민들은 오랫동안 고유어를 썼다고 한다. 마당쇠, 돌쇠, 가로치, 도치, 돌이, 소근개, 개똥이, 합이, 야오새 따위다.

3음절 성명은 조선 말기에야 정비되었다고 한다. 이름은 고유어를 한자로 취음해 표기했고, 항렬에 맞춰 지었다. 죽은 뒤까지 쓰이는 표징이기에 웬만한 집에서는 작명가나 유식한 사람에게 지어 받았다.

이름도 외세에 휘둘렸다. 고려도 원나라 침략기에는 대부분 몽골 이름을 썼다고 하는데 공민왕의 몽골식 이름은 '파이엔티무르'였다고 한다.

일제강점기에 창씨개명을 강요하는 소위 조선총독부 민사령이란 걸 1940년 2월에 발효시켰다. 우리의 고유성명을 일본식으로 바꾸기 위해서다. 예컨대 김상범金相範을 '가네하라강이치金源範一'로 바꾸는 방식이다.

내 창씨개명은 '노리모토개이이치:教本啓一'라는 이름으로 담임훈도가 직접 지었다. 본이름은 극주克洲인데, 극克은 '이기다'이고 주洲는 '대륙'이라는 뜻이 들어 있어 '대륙을 지배한다'고 해석할 수도 있다. 조선인朝鮮人 주제에 이름이 너무 분에 넘친다면서 일본인 교장에게 충성하는 친일훈도親日訓導의 비열하고 교활한 아첨이었다.

1946년에 미군정청 포고로 창씨개명은 본래의 성명으로 회복됐지만, 광복 이후 겨레의 존엄을 지키기 위해 한글이름을 부활하자는 여론이 일기 시작했다. 한글이름 짓기는 이때부터 널리 퍼지게 되었다.

세계 으뜸인 우리 한글을 두고 굳이 한자이름을 고집할 이유가 없다는 생각으로 손자손녀들에게 한글이름을 지어주고 있을 때였다. 한글이름 펴기 계몽운동이 활발해져 국민들의 호응을 얻고 있었다. 작명가들의 상투적인 틀(성명학)을 믿지 않는 사람들이 늘어났다. 든든한 증원군이었다.

나는 아홉 손자손녀 모두에게 좋은 뜻이 담긴 한글 이름을 지어주었다. 큰손녀/ 나리: 백합화, 하늘말나리, 참나리, 금나리, 개나리. 큰손자/ 나리라: 신이 나누나, 뛰어나리라, 뜻을 펴면 신나리라. 셋째/ 나라:

찬란히 빛나라, 배달나라, 한글나라, 금 나와라. 넷째/ 아람: 농익다, 굵직한 아람, 아람 밤톨처럼 오달지다. 다섯째/ 은송이: 은비야 쏟아져라, 은가루 송이송이 날리고, 맑고 은은한 종소리. 여섯째 한모로: 산봉우리에 낙낙장송 한그루, 한모로 장수로 우뚝 서다, 사물의 첫째, 어떤 일의 기준. 일곱째/ 나래: 힘차게 솟구쳐 오르다, 땅의 온갖 것을 아우르다. 여덟째/ 슬기나: 지혜롭게 태어났다, 신사임당을 웃돌다, 셈 센 누나다, 초사흗날에 뜨는 달은 잰 며느리만 본다. 아홉째/ 으뜸나: 으뜸으로 태어났다, 나라를 다스림은 벼리가 으뜸이다, 으뜸삼화음이다.

큰손자 '나리라'의 유치원 시절 이야기다. 하루는 징징거리며 돌아왔다. 아이들이 '나리라가 뭐니, 무슨 이름이 나리라야?' 라고 놀려댄다며 '나리라'가 싫다고 푸념이다. 개네들 짓궂은 장난엔 한눈팔아버리고, 청소년기엔 몰라도 어른 이름으론 걸맞지 않다는 셋째사위의 주장에는, 아직 한글 이름이 드문데다 한자문화의 타성에 젖은 고정관념이라고 일깨웠다.

이름에는 염원이 담겨 있게 마련이다. 이름을 부를 때마다'이름대로 이루어지이다'라고 주문 외우듯 기구한다면 이름의 기운이 영향을 미쳐 실제로 이루어지는 효과가 있다고 한다. '열공'이란 이름을 세뇌하듯 "열공아, 안 그러니 응? 열공아!" 이런 식으로 말끝마다 붙여 은근히 불렀더니 실제로 '열심히 공부'를 해서 성공했다는 실화가 있다. 넌지시 호기심을 일으켜 동기를 유발하면 힘든 일도 즐겁게 해내는 행동경제학의 '넛지(Nudge)효과'와 맥을 같이 한다. 또 발달심리학의 신념이 기적을 낳는다는 뜻의 '피그말리온 효과(Pygmalion Effect)란 게 있다. 진정으로 염원하여 목표달성에 매달리면 꿈이 실현된다는 이론이다.

재롱쟁이 '으뜸나'가 어언 대학생이다. '그물이 삼천 코라도 벼리가 으뜸'이라 했던가. 리더십이 있고 행동거지가 숙정하여 싹수가 보인다. '넛지와 피그말리온 효과'를 기대해도 좋을 듯싶다.

"장차 대통령이 제 염원입니다. 으뜸으로 났으니 으뜸정치인으로 거듭날 것입니다. 기대주란 격려를 자주 들어 자신감도 생겼고요, 기어코 대통령이 될 겁니다. '신으뜸나 대통령 만세'라고 온 국민이 환호한다면 내 이름값을 톡톡히 한 거잖아요. 제 이름이 자랑스러워요." 내 생일상 앞의 거방진 변설에 한바탕 갈채다.

교향악단 상임연주자인 큰 손자 '나리라도 거든다. "내가 트럼펫을 독주할 때 관객들이 신이 나서 기립박수 치는 걸 보면 '신나리라'가 딱 들어맞는 이름이라고 생각합니다. 할아버지의 예지叡智가 존경스러워요."

순둥이 효손들이 대견하기만 하다. 설부른 초짜작명이었지만 흐뭇해할 만하지 않는가. 그래저래 망구望九를 한발 건넌 내 생일상(床)의 미역국이 시원하고 찰수수떡이 한결 존득거린다.

인송(仁松)을 추모함

오늘, 우리는 인권운동가이며 민주투사이고 유능한 정치가였던 인송仁松 신기하辛基夏 선생의 묘원墓園 앞에 모였습니다.

'괌'에서 날아온 청천벽력靑天霹靂으로 모두는 망연자실茫然自失했고, 통곡慟哭의 울부짖음은 처절悽絶하게 메아리쳤고, 애도哀悼의 물결은 누리를 휩쓸었습니다. 아! 그날의 참담慘憺한 정경情景, 엊그제인 듯 눈에 선하고 귀에 쟁쟁한데, 세월의 수레바퀴는 덧없어 님이 가신지 어느덧 15주년입니다. 우리는 지금 미증유未曾有의 국난에 허덕이며 내일에의 희망이 없는 암담暗澹한 삶을 살고 있습니다. 민주주의의 후퇴, 민생경제의 파탄, 부정부패의 만연蔓延, 남북평화의 위기 앞에서 고통 받고 있습니다. 역사는 이명박 새누리당 정권 5년을 대한민국의 암흑시대로 기록할 것입니다.

국난칙사현신國亂則思賢臣이요, 가빈칙사현처家貧則思賢妻라는 말처럼 암흑시대를 살고 있는 우리 모두는 위대한 정치가 인송仁松 선생을 떠올리면서 그분의 빈자리를 못내 안타까워하고 있습니다.

그분이 살아계셨더라면 지금쯤은 집권민주당의 대통령이 되어 모든 국민이 고복격양鼓腹擊壤하는 일등 국가를 만들어 청사에 빛나는 대통령으로 우뚝 섰을 것입니다.

절대부강국絶對富强國으로 거듭나 세계질서의 판도版圖를 고쳐 쓴 '대한민국 신기하辛基夏 대통령'을 국제사회는 경이적인 눈으로 바라보면서 국가경영의 노하우를 벤치마킹 할 것입니다.

인송仁松 선생은 일찍이 고매한 유학자이신 아버지와 후덕·자애로운 어머니의 가르침을 받아 어려서부터 효제충신인의예지孝悌忠信仁義禮智의 팔덕八德에 투철했고 특히 억강부약抑强扶弱의 정의감으로 힘 있는 자들의 횡포와 부당함에 맞서 힘없는 사람들의 편에서 용감히 싸우셨습니다.

정계에 입문하신 이후로는 군부독재의 암울한 시기에 인권신장과 민주화투쟁에 앞장선 투사이셨습니다.

훌륭한 인격, 원대한 포부, 웅혼雄渾한 기상을 지닌 차세대 지도자로, 큰 정치인으로 손꼽혀 왔기에 그분을 성공한 대통령으로 상정해 보는 것은 결코 무리가 아닙니다.

인송仁松 신기하辛基夏 선생 15주기 추모제를 맞아, 오늘을 사는 모든 한국인, 특히 호남인들은, 시대의 향도요, 정신적 지주였던 위대한 정치가를 비명에 잃은 슬픔과 아쉬움을 누르고, 어른의 숭고한 유지를 받들어 나라발전의 대열에 적극 참여해야 하겠습니다. 그분께서 못다 이룬 유한을 풀어드리는 일이야말로 우리들의 몫이요, 도리라고 생각합니다.

'그 어머니에 그 아들'이라고 칭송이 자자했습니다. 아드님 인송仁松을 따르던 비명의 죽음들을 애틋이 조상하면서도 당신이 당한 참척慘慽의 쓰라림은 의연毅然하게 삭이시던 아흔셋의 노모는 비통한 내심을 이기지 못하고, 끝내 아들 곁으로 총총히 떠나가셨습니다.

당대의 '장한 어머니, 후덕하고 사려 깊은 모정', 그 유덕을 높이 기리면서 삼가 명복을 빌어드립니다.

전국 성균관유림成均館儒林의 원로고문이시며, 신씨광주·전남종친회辛氏光州·全南宗親會의 원훈元勳이시고, 인송仁松 선생의 백형伯兄으로서 후광·후견하셨던 신대규辛大圭 족조族祖님의 고심참담苦心慘憺한 세월에도 위로의 말씀을 보내드립니다.

전국 20여만 영산영월신씨종친일가靈山寧越辛氏宗親一家들은 인송仁松 신기하辛基夏 종인을 우러러 숭모하면서 효제궁행孝悌躬行과 나라사랑의 거룩한 정신을 귀감으로 삼아 실천할 것입니다.

인송仁松 신기하辛基夏 선생의 생애를 조명하고 업적을 현창顯彰하는 사업에 뜻을 세워 매진하시는 인송추모사업회仁松追慕事業會 김용 회장님과 문남렬 수석부회장님을 비롯한 회원 여러분의 노고에 머리 숙여 경의를 표하는 바입니다.

오늘 추모제追慕祭 행사준비와 진행에 만전을 기하신 관계자 여러분께도 치사의 말씀을 드립니다. 감사합니다.

- 仁松辛基夏先生 第15週忌 追慕祭에 즈음하여

장어와 게발선인장

며칠 전에 녹동에 내려갔다. 고흥에 살고 있는 몇몇 친구들의 초대였다. 오랜만에 내려가 본 녹동항은 활기에 차 있었다. 70년대에 국가어항으로 지정된 바 있는 녹동항을 해양관광과 수산유통 등 복합적인 기능을 수행하는 어항으로 개발하기 위해 정부의 투자가 활발히 이루어지고 있었다.

녹동항은 거문도 같은 가까운 섬들을 비롯해서 멀리는 제주도를 연결하는 거점으로 자리 잡고 있었다. 인근의 섬에서 생산되는 활어나 김, 미역, 멸치 같은 해산물의 집산지이기도 해서 시골 어항답지 않게 사람들이 북적거리고 있었다.

녹동항 부둣가 600m 앞에는 작은 사슴처럼 아름다운 섬, 소록도小鹿島가 한눈에 보인다. 지금은 연륙교가 가설되어 있어서 교통도 편리해졌다. 일제강점기에 세워졌던, 한센병 환자를 위한 국립소록도병원이 있다.

눈부신 유월의 녹음, 훼손되지 않은 자연환경, 해안선의 절경, 그리고 한센병과 관련된 역사적 기념물들이 있어서 새로운 관광명소로 각광받고 있었다.

내려간 김에 소록도에 들어가 몇 곳을 둘러보았다. 한센병(Hansen病) 환자들의 슬픈 역사를 그대로 간직하고 있는 시체해부실과 검시실檢屍室과 단종대斷種臺96)의 선연한 핏자국을 위로라도 하려는 듯 예배당의 청랑한 종소리가 구슬피 울려 퍼졌다.

넘쳐나는 관광객들 사이를 비집고 녹동항으로 다시 건너 왔다. 격조했던 친구들과 쌓인 회포를 푸는 만남이다. 친구들의 얼굴을 하나하나 떠올리며 천천히 걸어 M군이 미리 알려준 식당을 찾아갔다. 부둣가의 어느 장어집이다. 녹동의 활어 가운데 가장 유명한 참장어(갯장어) 맛을 보여준다는 M군의 호들갑에 잔뜩 기대를 걸었다. 식당에는 M군을 비롯해서 B, Y, C, H군이 기다리고 있었다. 감격스러운 해후라 힘찬 악수와 더불어 얼싸안음으로 정을 나누었다. 밀린 이야기 주고받다보니 입에 침이 마른다. 어느새 저녁시간이 되어간다.

'맛 집'으로 이름났다더니 손님들이 많았다. 미리 시켜놓은 속살이 뽀얀 生장어고기가 나왔다. 얇게 썬 고기를 끓는 물에 데쳐먹는 요리다.

이름하여 '장어샤브샤브'인데 별칭으로 '하모유비끼(はもゆびき)'라고 한단다. 일본어에서 따온 말인데 'はも갯장어 + ゆびき양념장에 찍어먹기' 라는 뜻이라고 한다. '샤브샤브(ざぶざぶ)'도 일본말인데 끓는 물에 얇게 썬 고기를 데쳐먹는 요리의 이름이고 원래 샤브샤브(ざぶざぶ)는 '살짝살짝' 이라는 뜻의 의태어擬態語라고 B군이 풀이해준다.

장어 샤브샤브의 좀 느끼하고 비릿함을 덜기 위해 매콤한 열무김치와

96) **斷種臺** : 수정관이나 수란관의 일부를 절제하거나 막아서, 또는 X선을 쐬어 생식능력을 없애는 장소. 악질惡疾 유전 질환을 없애기 위하여 행했다고 함.

절인 양파가 보조안주로 나왔다. 육수에 데친 장어샤브샤브 한 점에 열무김치와 양파를 곁들여 입에 넣고 몇 번 씹으니 어느 사이에 살살 녹아버린다.

이런 장어 맛은 난생 처음이다. 이 훈감한 맛의 비결은 녹동갯장어에도 있지만 거기에 더해 육수에서 나온 것이라고 한다. 육수는 잘 우려낸 쇠고기 뼛국 물에다 된장을 풀고 수삼, 황기, 대추, 다시마, 대파를 넣어 만든 것이다. 그리고 갖은 양념의 열무김치와 새콤달콤하게 절인 양파도 미각을 돋우는 데에 한몫을 한다. 아무튼 기똥찬 맛이다.

맥주 컵에 소주를 가득 부어 원샷을 몇 차례 해도 도무지 취기가 오르지 않으니 하모유비끼의 위력을 알만하다. 장어 1인분씩을 다 먹고나니 이어서 장어 죽이 나온다. 육수에다 불린 찹쌀을 넣고 몇 분 기다리니 걸쭉한 죽이 되었다. 죽맛이 너무 독특해서 몇 숟갈 떠 넣으니 시원한 것이 술기가 싹 가시면서 속이 풀린다. 나이 들면 모두 식도락가가 된다더니 참으로 '원더풀 샤브샤브'다. 빈소주병을 헤아려보니 무려 12병이나 되었다. 한 사람 앞에 두 병씩 마신 꼴이다. 기이한 것은 취해 건들거리는 친구가 한 사람도 없다는 점이다.

옛 선비 이백李白의 '월하독작月下獨酌'같은 아취雅趣에는 미치지 못한다 해도 근주자건近酒者健이요, 근려자척近慮者瘠[97]이므로 심신의 건강은 내 것이라면서 즐거이 마셔댄 '장진주사將進酒辭'의 정송강松江과 '명정酩酊40년'의 수주樹州 변영로卞榮魯와는 호형호제할 만도 하다.

담소를 즐기면서 권勸커니작酌커니 잔을 기울였던 것이 어마하게도 두 병씩이라니 결코 범속한 노인네들은 아니잖은가. 음주에 자만은 금물이

97) 近酒者健이요, 近慮者瘠이라 : 술을 즐기면 강건하고 근심하면 심신이 메마른다.

다. 주도酒道를 지키면서 실태失態를 경계해야 함은 말해 무엇 하랴. '친구 좋고 안주 좋아' 벌인 일탈逸脫이니 "오늘은 예외야, 암 예외이고말고!" 하며 나를 부둥켜안고 도닥거려 주는 우정들이 느껍다.

내킨 김에 풍류악風流樂으로 노래방을 뻴쏜가. 비록 흘러가버린 뽕짝이지만 음정박자와 가사를 잊지 않은 기억력은 치매를 내칠 만하지 않는가. 요즘 '아이돌그룹'의 파리공연이 인기 폭발하여 세계적인 화제가 되고 있다지만 우리 노옹들의 열창도 '소녀시대' 미녀들 못지않은 인기를 얻을 수 있었다. 거방지게 잘 부르고 잘 노는 모습을 종업원들이 구경할 정도였으니까.

우리 여섯 친구들은 동갑내기다. 산수傘壽의 나이에도 크게 아픈데 없이 아직 살아있음은 타고난 체질이나 건강관리와 의료수준의 향상에 있다고 믿고 있다. 그런데 그보다 더 중요한 것을 간과해서는 안 된다. 온갖 자기주장과 위선과 기만으로 혼탁해진 세파에 휩쓸리지 않으려는 의연한 마음가짐과 긍정과 배려의 넉넉한 삶으로 매듭지으려고 노력한 보람이 아닌가한다.

이튿날은 녹동항과 인접한 도덕에 살고 있는 이질녀姨姪女를 찾았다. 아내가 가장 아끼고 사랑하는 '송알송알송월송월' 했던 애칭처럼 귀엽고 예뻤던 '송월이네' 집이다. 3남매를 잘 키워낸 송월이도 어느새 50대 후반의 중늙은이가 되어 있다. 잘 차린 점심상에 반주를 곁들이니 이 또한 하늘에라도 올라앉은 기분이다.

내 이질녀 송월이는 요즘, 잎이나 줄기 속에 많은 수분을 간직하고 있는 선인장 같은 다육식물多肉植物을 수집하여 분재하는 데에 골몰하고 있다. 선인장을 잘 모르는 내게 '게발선인장'이라는 것을 보여주면서 그 특성을 가르쳐 준다. 원산지는 브라질이고 숲속이나 정글에서 서식하며 줄기가 마디마디로 형성되어 있고 게의 발처럼 생겼다고 해서 '게발선인장'이란 이름이 붙여졌다고 한다. 개화기간이 길어서 달포나 되니 겨울 화초로 제격이라고 한다.

특히 선인장을 노인들의 침실에 두어야 하는 까닭을 말해 준다. 낮에는 광합성을 해서 맑은 공기를 만들지만 밤에는 몸에 해로운 이산화탄소를 흡수해 버리기 때문에 노인들에겐 긴요한 보건식물이라고 설명한다.

둥글납작한 분에 심겨진 제법 볼품 있는 게발선인장 한 분盆을 포장해 주면서 물을 싫어하므로 20~30일에 한 번씩 관수해 주면 혼자 알아서 자란다며 "침실에다 놔두고 보시면서 백수白壽를 누리세요, 이모부!" 라고 한다. 호방豪放은 어제요, 요초妖草는 오늘이 아닌가! 간만의 나들이가 챙겨준 것들이다. 자꾸 뭉클거리는 가슴을 부여안으며 광주행 버스에 올랐다.

아직도 수줍어 이모부의 얼굴을 똑바로 쳐다보지 못하는 순박하고 인정 많은 송월이를 뒤로 한 채….

젊은 상해(上海)와 지긋한 蘇·抗

이국땅에서 외롭게 사는 막내로선 피붙이들에 대한 그리움이 절절했을 것이다. 벼르던 끝에 여름휴가에 맞춰 가족들을 상하이로 초청해주었다. 교직에 있는 자매는 마침 방학 중이고, 아비는 책상퇴물인 터라 초청객이 될 수 있었다. 모처럼의 가족여행이라 설레는 마음으로 무안공항에서 트랩을 올랐다. 상하이 푸뚱浦東공항까지는 약 1시간 거리였다. 공항의 규모는 가히 세계 제일이라 할만 했다. 4층 높이의 탑승동 길이가 자그마치 1300m나 된다는데 가고 오는 이들로 인산인해였다. 엄청난 규모의 푸뚱浦東에 다다랐을 때의 감동은 장마당에 내다놓은 촌닭 그것이었다. 세계 경제를 주름잡는다는 상하이의 관문다웠기 때문이다.

마중 나온 막내 가족들과의 해후는 감격적이었다. 꼬마 손주 남매 슬기나와 으뜸나를 끌어안고 얼굴을 부빌 때는 눈시울이 뜨거웠다. 육친의 정이란 이런 것일까 새삼 느꼈웠다.

말복과 칠석이 겹쳐 있던 터라 더위에 고생께나 하리라고 예상은 했지만, 상하이의 날씨는 시쳇말로 장난이 아니었다. 24시간 30도에서 35~6도의 폭염이 이어지는데 콩티아오(空調机:aircon) 없이는 한시도 견딜 수 없는 찜통 속이었다. 게다가 한낮에도 짙은 안개처럼 뿌연 매연이 하늘을 가리고 있었다. 곳곳에서 정체되는 차량들이 내뿜는 CO^2가 오염의 주범으로 보였다. 심한 공해를 견뎌내야 하는 막내네가 측은했다.

오랜만의 만남이라 얼싸안고 나누는 회포가 끝이 없다. 막내는 때가 겨웠으니 점심부터 하자면서 상하이 제일의 맛집 왕바오허저우지아王寶和酒家로 안내했다.

중국 중부지방의 대표적인 요리로 난징, 상하이, 양저우, 쑤저우 등지의 요리가 있는데 이를 상하이요리 쑤차이蘇菜라고 총칭한다. 양즈강 유역에서 나온 해산물과 미곡, 장유醬油로 만든다. 기름기가 많고 진하다. 생선 한 마리로 머리에서 꼬리까지 양념을 달리해서 맛을 낼 만큼 요리법이 다양하다. 돼지고기에 진간장을 곁들인 홍사오로우, 만두인 샤오롱빠오, 꽃빵인 화주앙이 유명하다. 무엇보다 이걸 못 먹으면 상하이요리를 먹었다고 할 수 없다는 것이 바로'게蟹요리'였다. 양즈강 하류에 서식하는 민물 게로 조리하는데 요리법에 따라 씨에차오蟹炒(해초:볶음)-씨에지엔蟹煎(해전:튀김)-씨에자蟹炸(해작:굽고지짐)-씨에뚠蟹燉(해돈:찜)이라고 불렀다.

또 하나 포타오치앙佛跳墻불도장이라는 호사스러운 보양식이 있다. 닭고기, 오리고기, 돼지고기, 전복, 오리발, 갑오징어, 소건(쇠힘줄), 상어지느러미, 새우, 해삼, 버섯, 죽순, 은행 등 18가지 주재료와 샤오싱주(紹興酒:중국 제일의 황주) 등 12가지 부재료를 합해 30가지로 만드는 일품요리다. 막내 부부는 4가지 씨에 요리와 포타오치앙을 먹여주었다. 논리적으론 설명되지 않는 천하진미를 즐기니, 목구비目口鼻가 놀라 중국이란 나라가 새롭게 보였다.

막내며느리가 만든 한국식 게탕 솜씨도 왕보화주가王寶和酒家의 그것에 비해 모자람이 없었고, 끼니마다 색다른 음식들은, 타고난 솜씨에다 애써 배우지 않고서는 만들 수 없는 팔진미八珍味였다. 특히 잊을 수 없는 것은, 귀국하던 날 공항으로 싸온 삼각김밥은 진수珍羞에 틀림없었다.

부득이하게 빠졌지만, 너희 3남매에게는 공연히 겸연쩍은 생각마저 드는구나. 막내네의 환대를 받을 때마다 너희가 안쓰럽기 때문이 아니겠느냐. 함께 하지 못한 너희를 위해 기행소감을 써 보려고 일정에 따라 정연정연井然整然히 메모하고 자료도 모으려니 한결 가볍구나.

이제 날씨와 먹거리 타령은 이만 접고 관광명소의 이야기를 해 보자꾸나.

도착 이튿날은 상하이 시내 관광에 나섰다. 먼저'대한민국 임시정부 청사'와 '윤봉길 의사 기념관'을 찾았다. 일제의 침탈로 나라를 잃었던 통한을 이곳에서 실감할 수 있어 감회가 깊었다.

두 곳을 찾는 한국 탐방객을 상대로 돈벌이를 하는 중국인들의 얄팍한 상혼에는 묘한 반감을 느꼈다. 비싼 입장료며 기념품값에, 심지어 사진 촬영에 이르기까지, 남의 아픈 역사를 이용해 떳떳치 못한 돈벌이를 하고 있는, 중국사람 특유의 상술이 궤우(詭遇 : 옳지 못한 방법으로 부귀를 얻음)로 비쳤기 때문이다. 개운치 못한 마음으로 다음 행선지로 향했다.

도읍지로서의 역사성을 지니지 못한 상하이는 도시형성의 역사가 일천하다. 그럴듯한 유물 유적이 없는 대신에 근대적 상공업이 융성해서 지금은 중국의 경제수도라 일컬어지고 있다. 세계 유수의 투자자들이 모여드는 국제 금융 허브이며, 중공업과 수출입의 메카로 활기에 차있었다.

우리가 관광했던 곳 가운데 유이위엔豫園은, 중국 황실정원을 본떠 만든 하나뿐인 예스러운 명소였다. 예원은 유열노친愉悅老親을 표방하고 있는데 부모를 즐겁게 해드린다는 뜻이라고 한다. 동방명주東方明珠는 원스톱서비스 체제로 관광, 쇼핑, 오락, 숙박 등을 한 건물 안에서 즐길 수 있는 곳인데, 전 세계에서 세 번째로 높은 '타워'라고 한다. 268m 높이의 중간 층 전망대는 상하이 전역을 두루 볼 수 있어서 좋았다. 그밖에 와이탄外灘은 150여 년 전에 지어진 유럽 열강의 조계租界가 있던 곳으로 지금도 당시의 서양식 건물들이 그대로 남아 있어서 관광객들이 모여들고 있었다. 황포강 유람선 선유船遊도 양안의 경관을 살펴 볼 수 있어 좋았고, 대소 선박들의 분주한 왕래는 경제 활성화로 물동량이 많음을 알 수 있었다. 황포강을 흐르는 물은 글자 그대로 누런 흙탕물이어서 상하이의 이미지에 걸맞지 않았다.

둘째 날의 탐방지는 쑤저우蘇州였다. 쑤저우는 상하이에서 1시간 반 거리에 있는 2500년의 고도古都이다. 고사성어 오월동주吳越同舟와 와신상담臥薪嘗膽의 발상지發祥地다. 이 두 고사성어에는 오왕吳王 부차와 월왕越王 구천에 얽힌 고사가 적실的實한 곳이라 감회가 새로웠다. "쑤저우에서 태어나 항저우에서 사는 것이 인간의 행복"이라는 말이 있을 만큼 경관이 뛰어났다. 오랜 역사와 잘 꾸며진 정원庭園으로 유네스코 세계문화유산으로 등재된 쥬오쩡위엔拙政園과 리유위엔留園이 이름을 날리고 있다. 거미줄처럼 종횡으로 연결된 대운하가 장장 600km, 물의도시로 '동양의 베네치아'라 불린다. 양잠과 비단의 명산지이며, 담수어의 도시로 이름난 곳이다. 담수어 요리로 유명한 스자판뎬石家飯店의 바페이탕鮍肺湯이 진미였다.

쑤저우는 옛날 환로(宦路:벼슬살이를 하는 길)에서 물러난 사람들이 많이 모여 살던 선비의 도시였다고 하는데, 그래서인지 탑신塔身이나 비문碑文에 유명 시인들의 작품이 눈에 띄었다.

월락오제상만천月落烏啼霜滿天 : 달지자 까마귀 울고 하늘엔 서리가 차가운데
강풍어화대수면江楓漁火對愁眠 : 강변 단풍, 어선의 등불도 시름겨워 잠 못 이룬다.
고소성외한산사姑蘇城外寒山寺 : 고소성 밖의 한산사에서 울려오는
야반종성도객선夜半鍾聲到客船 : 한밤중의 종소리, 객선에까지 울려오누나.

장계張繼의 풍교야박楓橋夜泊(풍교 나루에서 하룻밤을 묵다)이라는 시편이다. 지난날 과거에 낙방을 거듭하는 사람들이 이 한산사의 종소리를 들은 뒤 응시하면 바로 등과를 한다는 전설이 있을 정도로 한산사寒山寺는 그곳 사람들이 애착愛着하던 사찰이라고 한다.

중국 명소탐방 일정 중 마지막 날은 항저우杭州 관광길에 나섰다.

항저우 역시 2300여 년의 고도이다. 중국 사대미녀 중의 한 사람인 시쓰西施의 이름을 비유해 붙인 시후西湖는 '중국 경관미학이 집대성된 문화경관'으로서 역사상 저명한 시인묵객들의 낭만이 깃든 유서 깊은 곳이었다. 시후는 호수와 산이 아름다울 뿐 아니라 풍부한 문물고적이 있고, 신비로운 신화와 전설이 깃들어 있는 자연, 인문, 역사, 예술이 융합된 꿈의 명소였다.

일산一山 이제二堤 삼도三島로 특징지어진 시후는 한 폭의 수채화 그것이었다. 시후의 一山은 산이 삼면을 병풍처럼 둘러싸고 있다 해서 이름붙인 것이며, 二堤의 제방 중 소제蘇堤는 1.8Km의 길이로, 당송팔대가의 한 사람인 시인 소식蘇軾이 항주 자사刺使로 있을 때 축조했으며, 다른 하

나는 백제白堤로서 뒷날 자사로 온 백거이白居易가 축조한 1.5km 길이의 제방인데, 5.6km^2 넓이의 시후 중앙을 향해 뻗어 있었다. 뭇 관상수가 하늘을 가린 아름다운 제방길이 산책로와 선착장으로 활용되고 있었다. 천 년을 뛰어넘은 오늘, 세계 각국의 관광객들에게 둑길을 거닐며, 시후의 아름다움을 완상하면서 시적 감흥에 젖게 해준 두 시인의 선지자적 혜안이 돋보였다.

삼도三島는 넓은 호수 가운데에 떠 있는 세 개의 섬 -왕공둔, 호심정, 소영주를 일컫는데, 그 역시 시후의 경관을 빛내주는 비경이었다.

중국에선 옛날부터 하늘에 천당이 있고 지상에 '쑤저우·항저우'가 있다(上有天堂·下有蘇杭)는 말이 전해오고 있단다. 쑤저우의 두 정원과 항저우 시후도 역사성과 빼어난 경관으로 세계문화유산으로 등재돼 있다니 그럴만하다고 생각했다.

시를 포함한 중국 4대 미녀 이야기도 흥미를 끌었다. 사대미녀는 모두 한 가지씩의 흠결이 있었단다. 서시西施는 발이 지나치게 큰 미녀로 오나라를 멸망케 한 경국지색이었다고 한다. 왕소군王昭君은 천하절색이었으나, 초상화의 흑점 때문에 왕의 눈에 띄지 못하고 북방 흉노족의 공녀로 끌려간 불운의 미녀였고, 양귀비楊貴妃는 겨드랑이 액취증腋臭症 때문에 맘고생이 심했으며, 초선貂蟬은 달이 부끄러워 얼굴을 가릴 만큼 아름다웠는데 거짓말의 달인이었다고 한다.

시후의 풍광을 서경·서정적으로 노래한 두 시인의 작품을 올렸으니 감상해 보려무나.

수류화개水流花開 : 물은 흐르고 꽃이 피네
만리청천萬里青天 : 구구만리 푸른 하늘에

운기우래雲起雨來 : 구름 일고 비 내리는데
공산무인空山無人 : 빈산에는 사람 없어도
수류화개水流花開 : 물은 흐르고 꽃이 피네.

– 소식(東坡) 황산곡黃山谷

상초창창충절절霜草蒼蒼蟲切切 : 서리 맞은 풀이 푸르고 벌레가 찍찍거려
촌남촌북행인절村南村北行人絶 : 마을 남쪽과 북쪽에 오가는 사람이 없어졌네
독출문전망야처獨出門前望野田 : 홀로 문 앞에 나가 들을 바라보노니
월명교맥화여설月明蕎麥花如雪 : 달이 밝아 메밀꽃이 눈 같이 하얗구나.

– 백거이(樂天) 촌야村夜

항주동방문화원杭州東方文化院이란 곳은 중국 삼대종교인 도교, 유교, 불교(道教, 儒教, 佛教)를 아울러 놓은 곳으로 도교의 경당과 유교 경당이 있고 불당이 자리를 잡고 있었다. 노자의 무위자연, 공자의 인의예지, 석가의 해탈을 경건히 묵상할 수 있는 곳이어서 옷깃을 여몄다. 특히 불교 사원 중 만불금탑지궁萬佛金塔地宮은 불교 건축문화의 극치요 정수라 할만했다. 금탑지궁 외관은 거대한 원뿔꼴이었다. 3333개의 황금색불상이 피라미드의 돌을 쌓듯이 탑의 꼭대기까지 빙 둘러 차곡차곡히 양각되어 장관을 이루고 있다.

금탑의 내부, 지하로 들어가 보니 외관 크기보다 더욱 높게 보였다. 거대한 동굴 같은 원추형 공동空洞에는, 아스라한 탑첨까지 6666개의 불상을 양각해 쌓아 올렸는데, 만개의 불상을 모셨다고 하여 만불금탑지궁이라 이름 붙였다고 한다. 그 장대 숭엄한 건축기법에 경탄성이 절로 나왔다. 게다가 사원을 둘러싸고 있는 회랑回廊의 길이 만해도 1.5km가 넘는다니 대승불교의 면목이 눈앞에 생생하다.

남송시대의 역사문화와 현대를 넘나드는 대형 가무-송성천고정宋城千古情 공연도 희한한 볼거리였다. 특히 공연예술의 무대개념을 뛰어넘어 양쪽 벽면, 천정, 관객석에서 연기자들이 불쑥불쑥 뛰어나오는 종횡무진하고 변화무쌍한 연출수법이 기발했다. 레이저 광선을 활용한 화려 무비의 무대조명도 놀라웠다.

조상이 끼쳐준 자연유산과 문화유산을, 현대적 안목으로 재조명해서 수천만의 관광객을 끌어드려 외화를 축적하고 있는, 중국 당국의 관광시책을 벤치마킹하는 것이 우리의 당면과제임을 절실히 느꼈다.

막내 내외의 안내 계획은 정연했다. 유서 깊은 승지유람으로, 한보따리씩의 보람을 선사해 주었다. 오간 비행기 삯이며 4박 5일의 비용도 만만찮았으려니, 가족공동체의 의미를 되새겨본다. 운해 밑의 상하이를 굽어보면서 감회에 젖었다.

종친회장을 맡으면서

존경하는 응수應洙 현 회장님을 비롯해서 지난날 회장을 역임하신 원로宗親님들, 그리고 임원으로 헌신봉사하신 어르신들과 숭조목족崇祖睦族하는 광주·전남종친회光州·全南宗親會 종인 여러분께 신임회장 극주克洲가 정중히 인사드립니다.

문중사門中事에 등한等閒하여 종친회발전에 한낱 도움도 드리지 못한 미거未擧한 종하생宗下生을 새 회장으로 천거薦擧해 주신 종친여러분께 진심으로 감사드립니다.

종친회운영이라는 막중한 책무를 어떻게 수행할 것인지 걱정이 앞섭니다. 저는 응수應洙 회장님께서 헌신적인 노력으로 이루어놓으신 업적들을 발판으로 삼아 더욱 발전할 수 있도록 있는 힘을 다할 것입니다.

풍부한 경험과 열정을 지니고 있는 여러 부회장님들을 비롯한 임원들과 힘을 합하여 보다 진지하고 전향적인 자세로써 소중한 우리의 모꼬지, 신씨광주·전남종친회辛氏光州·全南宗親會 발전을 위해 최선을 다할 것을 감히 약속드립니다.

원로종인들과 일가문중一家門中 여러분의 아낌없는 지도와 편달 그리고 협조를 바라마지않습니다.

광주·전남신씨종친회의 기틀을 더욱 공고히 다지기 위하여 제가 이루어보고자 하는 몇 가지 사업의 개요를 말씀드리겠습니다.

첫째, 광주·전남종친회의 문집을 발간하는 일입니다.

역대 종친회장과 종친인물소개, 종친동정, 선조유적자료, 선조문헌자료, 자라나는 꿈나무인 청소년들을 위해 교훈적인 글이나 선조들의 행적, 종친주소록 등을 수록할 것입니다.

둘째, 광주·전남신씨종친회 홈페이지와 카페 개설운영입니다.

새로운 매체인 신씨辛氏 인터넷홈페이지와 인터넷카페의 운영을 통해서 남녀노소가 망라하여 한데 어울리는 광장으로 만드는 등 시대상황에 맞는 '사이버종친회'를 운영해 보고자 합니다.

뿌리에 대한 통찰과 인식을 새로이 하고, 유익한 정보를 공유하며 공영해야 합니다. 우리 신씨종친회가 더욱 발전할 수 있는 계기가 되리라고 생각합니다. 통계청의 자료에 따르면 현재 국내에 살고 있는 영산영월신씨靈山寧越辛氏는 약18만 명으로 추산하고 있습니다. 우리 일가 중에는 정계. 관계. 재계. 학계에서 두각을 나타내고 있는 파워엘리트들이 매우 많습니다. 롯데그룹(회장:辛格浩) 같은 세계적인 기업도 있습니다. 비록 전국 286개 성씨의 수를 기준으로 하면 46위라고는 하지만 우리 신씨가 가지고 있는 파워로 따져본다면 10위권으로 평가되고 있습니다. 우리 신씨야말로 명실상부한 일등씨족이라는 자부심을 가져야 하겠습니다. 최상위 씨족으로 향상하기 위해서는 더욱 분발 정진해야 합니다. 사이버종친회를 알차게 운영해야 하는 까닭이 한층 명료明瞭해집니다.

셋째, 화봉재禾峰齋 축산齋 내산祠 등 위선소爲先所 참배나 유적지 탐방 행사입니다. 봄가을 제향祭享 때에 맞추어 청소년과 장년층이 다수 참여토록 고령세대의 이해와 교육적 협조가 절실한 사업입니다.

넷째, 춘추로 야유회를 개최하여 일가문중이 한자리에 모여 친화돈목親和敦睦하는 장場으로 만들어 보겠습니다.

다섯째로 일가들의 삶의 현장을 자주 방문하여 친교를 튼튼히 하는 등 발로 뛰는 회장을 해 보겠습니다.

위에 열거한 저의 구상들이 현실적으로 쉽지 않은 사업입니다만 종인 여러 어른들의 적극적인 협조와 참여가 있다면 반드시 성취될 수 있으리라고 확신합니다.

끝으로 종인 여러분의 건강과 가정의 번영을 기원하면서 인사말씀을 마치겠습니다. 경청해 주셔서 감사합니다.

2011年 4月 16日

克 洲 宗下

평생교육, 평생학습

은퇴할 당시만 해도 이 나이에 컴퓨터는 해서 뭣하냐는 생각을 했다. 그러나 우연찮게 IT분야는 빠른 속도로 변화해 갔다. PC보급이 기하급수적으로 확대됨에 따라 인터넷은 생활 속에 깊숙이 파고들었다. 전자우편 문서작성 정보검색 전자민원 홈쇼핑 홈뱅킹 따위의 인터넷 활용능력이 없는 사람들은 생활에 불편은 물론 불이익이 따랐다. 노인들도 생활인이기에 이런 현실에서 예외일 수 없다. IT 공부에 매진해야 하는 이유이다.

시대변화를 내다보지 못한 어리석음을 자책했다. 어영부영 몇 달을 망설이다가 마침내 컴퓨터공부를 시작했다. 체계적으로 배워보려고 학원에를 다녔다. 컴퓨터 기본다지기에서 한글2006~7 문서작성을 거쳐 블로그 & 카페, 파워포인트, 디지털 영상편집 등을 기웃거려 겨우겨우 신돌위에 올라설 수 있었다. 그러나 배움에는 때가 있다고 했던가. 노년의 기억력이나 조작기능에는 한계가 있음을 절감했다. 건망증세 때문에 요스트의 법칙에 따라 반복학습을 하지만 방심하면 다시 망각곡선忘却曲線이다.

내남없이 자손들과 따로 사는 것은 핵가족시대의 대세다. 가족들이 대부분 수도권에 몰려 사는데다 다양한 생활패턴으로 인해 자주 만나지 못한다. 명절이나 기제일 특별한 행사 때에나 얼굴을 보게 된다. 가족 간의 소통기기는 단연 스마트폰이다. 모바일 환경은 일진월보다. 촘촘히 박힌 애플리케이션이 어지럽다. 카톡 보이스톡 화상통화나 문자 e-메일은 소통수단으로 일반화되었다. 노년에게는 새로운 장벽이다. 정보격차(Digital Divide)를 줄이려면 활용법을 끊임없이 익혀야 한다. 손안의 호중천지壺中天地, 스마트폰 전성시대에 노년이 겪는 어려움이 이만저만 아니다.

e-메일은 가장 효율적이면서 다양성을 지닌 통신수단이다. 메일 내용은 여러 모양으로 꾸며서 보낼 수 있다. 편지내용과 관련이 있는 사진이나 그림을 간단편집(Flash Player기본)해서 올리고 그 밑에 사연을 입력한다. 맨 아래에 음악을 붙이면 다채롭고 입체적이어서 상대편에 호감을 준다. 또한 첨부기능이 편리하다. 여러 장의 사진이나 중요한 서류, 데이터나 용량 많은 작품을 파일로 첨부할 수 있다. 해외에 거주하는 자손들과도 이웃처럼 신속하게 소식을 주고받는다.

스마트기술이 영상편집 쪽에도 닥치고 있다. 노년에게 폭발적인 인기를 얻고 있는 포토샵(Photoshop)이나 스위시맥스(Swishmax)가 그것이다. 포토샵은 촬영한 사진을 보정補整하거나 축소·확대하고 합성하는 기법을 말한다. 스위시맥스는, 사진 속에 새가 날아가고, 물결도 치고, 시詩가

3D로 서서히 나타났다가 사라지고, 거기에 음악도 나오게 하는 복합적인 기법이다. 무비메이커(Moviemaker)나 캄타시아(Camtasia)도 인기다. 사진을 촬영해서 동영상으로 편집하는 것을 말한다. 사진에다 장면전환이나 원근 등의 효과를 주고 음악과 자막을 넣는다. 기왕에 동영상으로 촬영한 것을 재편집하여 완성하기도 한다. 스위시맥스나 무비메이커로 만든 작품을 유튜브(You Tube)나 웹사이트(Website)에 올리면 뿌듯하다.

능률적인 컴퓨터마인드를 위해서 17인치짜리 모니터를 27인치 HD디지털로 바꿨다. 웬만한 TV와 비슷하다. 컴퓨터화면이 널찍해서 노년용으로 안성맞춤이다. 특히 한글2007에서 작품을 쓸 때 12포인트 활자를 20포인트 정도로 크게 보여주는 확대장치가 안성맞춤이다. 눈의 피로를 획기적으로 해소해 준다. 게다가 TV기능도 겸하고 있어서 일석이조다. 글을 쓰다가도 인기드라마 시간이 되면 거실의 TV 앞으로 가야만 했는데 이 모니터는 클릭 한 번에 드라마 화면으로 전환된다. 이런 첨단기능은 긴장의 이완과 기분전환에도 효과적이다. 실용에 편리한 PC는 장중보옥이라 여생의 반려요 영원한 애인이기도 하다.

나이의 별칭으로 모기耄期라는 것이 있다. 여든 살에서 백 살까지의 나이를 말하는데 모耄는 80~90세, 기期는 100세를 이른다. 요즘 '80은 장년, 90이 노인'이라는 우스개가 회자되고 있다. 백세시대에 접어들었다는 유머가 아닌가. 늙었으면 국으로 있을 일이지, IT 따위가 뭐냐면서 채신머리없는 노인이라고 삐죽거리는 사람도 있다. 시대착오적 망발이 개탄스럽다.

중국의 유학자 순자荀子는 '배움에는 끝이 없으니 죽음에 이르러서야 멈추는 것이다(學至乎沒而後止)'라고 갈파했다. 2300여 년 전에 평생교육, 평생학습시대의 도래를 간파한 것이다.

줄탁동시(啐啄同時)

반상진이비인후과의원은 나의 외우畏友 반상진 형이 개설하여 운영하고 있다. 병원에 들어서면 여느 병의원처럼 환자대기실의 벽면에 몇 개의 편액扁額이 걸려있다.

그 중에 화이부동和而不同과 줄탁동시啐啄同時라는 서예작품이 유난히 눈에 띈다. 그것은 인술광제仁術匡濟나 활인구세活人救世 따위의 병원스러운 편액이 아니라 다소 생소하고 난해한 글귀이기 때문이다.

반상진 원장의 부인 김태임金泰壬 여사는 저명한 서예가로 명망 높은 분인데 위의 두 편액은 그 분의 작품이다. 추사체로 휘호한 것인데 보는 이마다 그 유려한 필치와 필력에 매료된다.

나는 본시 글귀가 어두운 터라 반 원장의 새김을 듣고도 쉽게 이해되지 않아 집에 돌아와 국어사전이나 고사성어 사전 따위를 들춰봐도 '줄탁동시啐啄同時'라는 사자성어는 나와 있질 않았다. 인터넷의 이곳저곳을 뒤진 끝에 어렵사리 그 출전이나 어원 어의를 알아낼 수 있었다. 과연 우리가 살아가면서 교훈으로 삼아야 할 만한 깊은 뜻이 담겨 있었다.

후진 육성에 관한한 남다른 철학과 열정을 가지고 있는 두 분의 병원에 이와 같은 편액이 걸려있다는 것은 어쩌면 당연하다고 생각되었다. 두 분의 생활을 웅변하고 있기 때문이다.

줄탁동시는 반 원장이 설립운영하고 있는 중고등학교(고창남중 · 장성고등학교)의 건학이념이기도 하다.

줄탁동시의 출전은 달마대사達磨大師가 조사祖師인 선종불교禪宗佛敎의 공안집(公案集-석가모니의 어록모음)이다. 중국 송나라 때에 간행된 『벽암록碧巖錄』에 실려 있는 고사성어였다.

닭이 알을 품고 있을 때에, 달이 찬 알속의 병아리가 밖으로 나오기 위해 소리를 내면서 껍질을 쪼는 것을 '줄啐'이라 하고, 어미닭이 그 소리에 반응해서 밖에서 맞쪼아 껍질을 깨뜨려 구멍을 내주는 것을 '탁啄'이라 한다. 그래야만 건강한 병아리로 부화될 수 있다는 것이다. '줄탁'은 껍질을 경계로 두 존재의 힘이 하나로 모아졌을 때, 비로소 새로운 세상이 만들어진다는 비유이다. 결국 세상은 혼자만의 것이 아니라 자신의 삶은 타인과의 '관계' 속에서 이루어지게 된다는 사실을 깨닫게 해 준다. 이와 같은 현상을 불교에서는 스승이 제자를 가르쳐 깨달음으로 인도하는 것에 비유하고 있다. 마치 어미닭이 정성들여 알을 품는 것과 같이 스승이 제자를 지성으로 가르쳐서 그 근기根氣가 무르익었을 때 깨달음의 길로 인도해 주는 것과 다름이 없다. 따라서 제자는 스승의 가르침에만 의존하지 않고 스스로 깨닫기 위해 자나 깨나 정진해야 함은 물론이다. 스승과 제자의 행동이 동시에 이루어질 때 비로소 새로운 세상이 열리게 된다. 이처럼 사제간의 인연이 어느 기회에 딱 맞아 떨어지는 경우를 불가에서 '줄탁동시啐啄同時'라고 표현한다는 것이다.

이는 불가의 지도법에만 국한되는 철학이 아니라 현대교육에서도 요청되는 덕목이 아닌가 한다. 스승에게는 제자를 위하여 참되게 탁해 줄 수 있는 전문지식과 훌륭한 인격과 열정이 있어야 하겠고, 제자 또한 스승을 존경하고 학업에 열중하면서 인격도야에 힘써야만 줄을 할 수 있는 능력이 갖춰지게 된다.

가르치는 일과 배우는 일이 서로 자신의 공부를 진보시킨다는 뜻의 교학상장敎學相長과 같은 맥락이다. 예기禮記에 그 유래가 나온다.

"옥은 쪼지 않으면 그릇이 되지 못하고玉不琢不成器, 사람은 배우지 않으면 도를 모른다(人不學不知道). 이런 까닭으로 옛날에 왕 된 자는 나라를 세우고 백성들에게 임금 노릇을 함에 교와 학을 우선으로 삼았다. 비록 좋은 안주가 있더라도 먹지 않으면 그 맛을 알지 못하고, 비록 지극한 도가 있더라도 배우지 않으면 그 좋음을 모른다. 배운 연후에 부족함을 알고 가르친 연후에야 막힘을 알게 된다. 부족함을 안 연후에 스스로 반성할 수 있고, 막힘을 안 연후에 스스로 힘쓸 수 있으니, 그러므로 말하기를 남을 가르치는 일과 스승에게서 배우는 일이 서로 도와서 자기의 학업을 증진시킨다고 말한다." 교학상장은 줄탁동시와 같은 맥락으로 가장 바람직한 사제상師弟像이 아닌가 한다.

인술과 신뢰를 바탕으로 한 의사와 환자 사이는 물론, 부부, 형제, 친구 사이에도 줄탁동시를 실천하다보면 진정한 행복과 건강, 우애와 우정이 깊어지게 된다.

나이 듦에 고장 나고 녹스는 곳이 한두 군데일까 만은 대인관계에 '난청'처럼 난감한 질환도 없다. 이 난청을 다스리기 위해 사계의 명의인

반 원장을 자주 찾아간다. 줄탁동시의 편액을 건성으로 보아 넘기다가 이번에 짚고 넘은 것이다. 삶의 길잡이가 거기 있었다. 생래의 큰 기쁨을 얻었다. 평생교육, 평생학습을 역설한 순자荀子의 학지호몰이후지學之乎歿而後止가 진리임을 뒤늦게 깨달았다.

6

참살이

음식 맛은 손맛이고 손맛은 정성이라는 것이 그녀의 지론이다.
양념 만드는 일에 온통 매달린다.
준비가 끝나면 절여놓은 포기에 양념을 끼워 바르는 일이 김장의 백미요
대미다. 거들 계제가 아니라서 어정쩡 서있으려니,
품앗이 아낙이 김치 한 가닥을 떼어 깨를 듬뿍 묻혀서
'옛소 한 점, 아~해보세요!
한껏 벌린 입에 욱여넣어 준 김치가닥을 아삭아삭 씹으니
이 맛을 어찌 말로 하랴, 연중제일미年中第一味가 여기 있네.
가위 세계 5대 건강식품으로 뽑힐 만했네.

지혜로운 부모

아침신문을 대충 훑어보던 중에 칼럼 하나에 눈길이 멎었다. 『과학세상』이라는 제목의 글에 다음과 같은 이야기가 씌어 있었다.

"필기구가 필요하여 문구점을 방문했는데 재미있는 일이 생겼다. 문구점 주인 아들에게서 전화가 왔다. 그 어머니가 말했다. '뭐라고? 지구가 하루에 한 바퀴씩 도냐고? 1년에 몇 바퀴 도냐고? 그런 복잡한 것을 왜 엄마한테 물어! 아빠 바꿔 줄게." 물건을 골라주던 아버지가 전화를 받았다. "야! 지구가 하루에 한 바퀴씩 돌면 어지러워서 어떻게 사냐. 1년에 한 바퀴겠지. 바빠! 끊어" 라는 이야기였다.

짧은 전화내용이지만 우리나라 서민가정의 척박한 교육현실을 시사示唆하고 있다. 엄마는 아들의 질문을 귀찮다는 듯이 아버지에게 떠넘겨버렸고, 아버지는 불성실한 답변 끝에 바쁘다는 핑계로 전화를 끊어버렸다.

물론 서민들의 일상은 바쁘고 고달프다. 귀여운 자녀들과 대화할 시간이나 마음의 여유가 없다. 이들 부모는 아들의 질문을 대수롭잖게 받아 넘겨버렸지만 알고 보면 큰 죄를 저지르고 있다. 아무리 바쁘고 힘든 생활이라 하더라도 진지하게 듣고 충실하게 답변해 주어야 한다.

질문을 한 아들은 아마 초등하교 이삼학년쯤 되었으리라. 한참 사물에 대한 호기심이 많을 때여서 의문투성이요 알고 싶은 것이 태산 같다. 자식의 인성이나 잠재적 능력과 적성을 최대한으로 계발해 주는 것은 부모의 도리다.

되돌아보면 나에게도 비슷한 시기가 있었다. 육남매를 낳아 기를 때의 이야기다. 애들은 대여섯 살쯤이면 호기심이 발동하기 시작한다. 비행기는 하늘을 어떻게 나를까? 비는 왜 내리지? 바닷물은 왜 출렁일까? 애국가의 가을하늘은 왜 높고 구름이 없지? 방귀는 왜 나올까? 총을 쏘면 왜 소리가 나는가? 달은 왜 반달과 둥근달이 있지? 만날 먹는 밥은 왜 싫증이 나지 않지? 등등. 아비와 한자리에 앉아있을 때, 분위기가 괜찮으면 한 녀석이 살며시 아버지! 한 가지만 물어봐도 돼요? 하고 질문의 실마리를 꺼낸다.

분위기가 무르익으면 질문은 이 녀석 저 녀석 서껀 끝도 갓도 없이 쏟아져 나온다. 처음에는 아는 대로 대답해 주지만 한 가지를 가지고 심도 있게 캐물으면 끝내는 대답이 군색해진다. 가령 비는 왜 내리냐고 물으면 수증기가 올라가서 빗물이 된다고 답한다. 수증기는 왜 생기느냐고 물으면 태양의 복사열 때문이라고 말해준다. 복사열이 무엇이냐고 하면 지구가 태양으로부터 받는 열이나 적외선이라고 대합한다. 태양은 왜 뜨겁냐고 묻는다. 이렇게 어떤 현상에 대한 기본 원리를 스무고개 식으로 고조끌텅까지 파고 들어오면 나도 잘 모르는 단계에 이른다. 이 때 솔직하게 아비도 그 이상은 잘 모른다고 말하고 연구해서 다음에 가르쳐 주마고 약속해야 한다. 그런대도 성급한 아비는, 조그마한 게 꼬치꼬치 파고든다면서 버럭 화를 낸다. 더 이상 질문이 이어지지 못하도록 쐐기를 박은 것이다. 대학까지 나온 아비가 그런 기초적인 것도 모른다면 어찌 권위가 서겠느냐는 얄팍한 생각 때문이다.

참으로 어리석은 행태다. 실수를 깨달은 아비는 좋은 말로 해명한다. 더 큰 다음에 알아도 되는 것을 미리 질문했기 때문에 화를 낸 것이라고 둘러대지만 납득하는 기색이 아니다. 애들은 아비가 질문 자체를 귀찮게 생각하는 것으로 간주하고 이후에는 질문빈도가 줄어든다.

심도 있는 질문은 단순한 호기심이 아니라 잠재된 창의력, 탐구력, 영재성의 발현發顯이라고 생각해야 한다. 나아가 그 수월성秀越性을 북돋워 계발하는 일이야말로 지혜로운 부모의 몫이다. 질문들을 분석해 보면 인문사회보다는 자연과학 쪽이 대부분이었다. 예상문제를 미리 정리해 두었다가 차근차근 막힘없이 대답해 주었더라면 얼마나 좋았을까. 아비의 게으름이나 미욱함이 그들에게 상처가 되지 않았는지 돌아보게 된다.

나는 어려서 산술算術이나 이과理科 공부가 부진했다. 집념을 가지고 노력해서 문턱을 넘어야 하는데도 어렵다는 핑계로 어설프고 범범히 했다. 그래서 성적은 늘 병丙을 맞았다.

지금도 99법의 9단을 제대로 외우지 못하는 슬럼프를 가지고 있다. 예를 들면 9× 7=, 9× 8= 같은 경우 7× 9=63, 8× 9=72처럼 7단이나 8단으로 변환해야만 답을 알 수 있다. 단위가 높은 수끼리 곱하는 9단은 왠지 외우기가 싫고 어려워서 그냥 포기해 버렸기 때문이다. 따라서 9단의 값을 구하는 데에는 한 템포 늦을 수밖에 없다. 수판셈도 마찬가지였다. 참으로 야릇한 계산 버릇이다. 조상님들을 탓하는 건 아니지만 이수과理數科를 어려워하는 나의 학습심리는 타고난 것이 아닌가 생각한다. 문文을 높여 소중히(文, 崇尙) 여기고, 이理를 푸대접(理, 忽待)했던 부조父祖에게서 물려받은 유전인자 때문일지 모른다.

애들이 물려받은 유전인자 역시 자연과학 쪽이 열등했기 때문에 역설적으로 특별한 호기심을 가졌는지 모른다. 육남매 가운데 큰딸을 제외한 다섯이 모두 인문사회 분야를 전공했고 모두 자아실현을 한 것으로 본다. 자기분야에서 튼실하게 자리를 잡았기 때문이다. 손자손녀들도 대부분 인문사회 쪽에 적성을 가지고 있다. 유전인자의 면면綿綿함을 알 수 있는 대목이다. 두루뭉술하고 다기多岐한 DNA를 남겨줄 수 있었다면 얼마나 좋았겠는가. 후손들이 선택적으로 계발할 수 있게 말이다.

진화와 퇴화

고고呱呱는 내지르는 실존이다. 허전하다, 춥다, 시끄럽다, 불안하다, 무섭다. 안기고 싶다, 마냥 빨고 싶다. 잠이 온다, 늘어지게 잔다. 점진으로 크느라 기지개를 켠다. 쉬와 응가를 자주한다. 샅이 눅눅하면 싫다. 깃 바꾸라고 노래한다. 어머니 젖무덤과 품속이 아늑하여 파고든다.

기어본다, 모든 게 경이롭다, 보이고 잡히는 것마다 입에 넣고 빤다. 낯선 이는 두렵고 아빠엄마 손잡은 걸음마가 좋다. 달리고 싶다. 아우가 정답고 핏줄이 그늘막이다. 소꿉놀이 공기놀이 고무줄놀이 또래들과 깔깔거리면 신난다. 대말 타다가 수틀리면 쌈박질이 일쑤다. 싫은 공부 강박하면 악쓰고 울어댄다. 세월아 네월아로 마냥 농땡이 쳐 심술도 부린다. 엄마아빠가 공연히 미워 죽겠다. 농경사회 산업사회의 유아기 유년기 소년기 사춘기의 전형적인 발달단계가 아닌가.

지식정보화로 무한경쟁사회가 되었다. 초등부터 유소년다운 응석은 증발하고 생존과 도태 사이에서 생기발랄 따위 유소년의 특권은 생소한 무늬로 아롱댄다. 초청과외, 그룹과외, 학원과외로 개성 창의성 같은 것들은 깔아뭉개진다. 청소년이 직접경험하고 성장하는 발달환경은 박탈된다. 갈등과 방황인들 어찌 끼어들 수 있으랴. 경기침체는 취업시장에 걸림돌이 되고 대학 졸업과 동시에 안정된 직장을 얻기는 하늘의 별따기다.

대학에 입학하면서부터 취업에 유리하다는 스펙 쌓기에 주야로 골몰한다. 진리와 학문의 전당이었던 대학에선 학문보다 재벌기업이나, 신의 직장으로 삼박자를 갖춘 공기업, 철밥통으로 대변되는 공무원을 벼른다. 불안정한 일자리, 대출학자금 상환, 기약 없는 취업준비, 치솟은 집값 등 삶의 비용으로 인해 이들은 가족 구성의 통상적인 세 단계인 연애도, 결혼도, 출산도 포기하거나 기약 없이 미루는 삼포三抛세대로 전락한다.

자본주의 사회는 경쟁체제이고 경쟁의 우위를 차지한 쪽이 중산층 내지 고소득층이 된다. 따라서 부조리하지만 빈익빈 부익부현상은, 어쩌면 자연스러운 구조적 현상일지도 모른다.

넘쳐나는 가공식품으로 입맛 따라 먹어대니, 가지 붇듯 오이 붇듯 쑥쑥 자라나는 몸매는 평균 신장을 늘렸다. 중산층 이상의 건장한 청소년에겐 자개바람이 인다. 애잇머리로 이성 향한 호기심이 돋아오른다. 젊은이다운 정서나 패기로 카톡이나 SNS로 교환交驩하다보니 어느새 사랑으로 골인한다. 나달로 샤넬과 랑콤향으로 애틋해져 단단히 매 묶는 멘델스존 행진곡을 울리게 된다. 애오라지 푸른 딘트족(Double Income No Time의 약칭)을 꿈꾼다. 경제적으로는 풍족하지만 바쁜 업무로 미처 돈 쓸 시간이 없는 신세대 맞벌이 부부가 바야흐로 이 시대의 별이다.

한생 고고孤高한 선비요, 숙녀의 풍도로 묵연히, 그러나 삶의 무게 속에서 치열하게 건져 올린 지혜로 써 미쁜 후계를 세워놓고, 홀연히 떠나시는 어버이를 배웅하고 슬픈 마루에서 무상과 허무에 감싸인다.

3만 불을 넘어섰다는, 세계경제력 10위권이라는, 21세기 지식정보화 시대 젊은이들의 적나라한 오늘이다.

종친회장의 짐을 내려놓으면서

새해를 맞은 지 어느덧 달포가 지났습니다.

존경하는 종친일가 여러분!

우리 종친회의 새로운 출발을 다짐하며 그동안에 쌓인 회포를 풀기 위해서 바쁘신 가운데도 건강한 모습으로 정기총회에 참석해 주셔서 감사합니다.

"우리는 한 핏줄! 사랑으로 손잡고 슬기로이 힘 길러 일등 성바지 辛門으로 우뚝 서리라!" 이는 제가 2011년 '영산·영월辛氏광주·전남宗親會' 홈페이지·카페의 대문大門에 내건 슬로건이었습니다. 우리 종인宗人들이 반드시 이루어내야 할 과제였습니다. 그렇습니다, 조상님들의 유훈과 음덕蔭德을 온고지신溫故知新하여 그 속에 깃든 거룩한 뜻을 창조적으로 계승 발전시켜 나아가려면, 한 넝쿨인 종친일가끼리 화합 단결하여 힘을 모아야 합니다. 일등성씨, 빼어난 ○○씨 가문으로 거듭나는 바른 길이기 때문입니다.

일기일회一期一會라는 말이 있습니다. 일기는 사람의 일생을 뜻하고 일회는 한번뿐인 기회를 뜻합니다. 어떤 사람을 만나거나 어떤 일을 할 때 그 순간이 일생에 처음이자 마지막 기회라고 생각하고 최선을 다하라는 의미를 가지고 있습니다.

제가 종친회장의 막중한 책임을 맡으면서 결심한 바는 바로 일기일회를 교훈으로 삼아 실천하는 것이었습니다.

"힘을 모아 행하고 게으르지 말며, 비난과 칭찬에 흔들리지 말며, 소리에 놀라지 않는 사자처럼, 그물에 걸리지 않는 바람처럼, 진흙에 더럽히지 않는 연꽃처럼 무리 없이 유연하게, 보수·진보적 세계관에 편향되지 않게, 그러나 목적의식을 갖고 단호하게 일하는 사람이 되자! 바로 이것이었습니다.

바꿔 말씀드리면 종회의 합리적 발전방책을 세우고 부단한 노력으로 소신껏 책무를 수행하겠다는 결심이었습니다.

취임 당시에 구상했던 바를 몇 가지로 요약해 보겠습니다.

첫째로 자라나는 꿈나무 유소년들에게는 효의식을 심어주고 청장년층에게는 숭조상문崇祖尙門과 화합돈목和合敦睦하는 기풍을 고취시키되 지식정보화시대에 적응할 수 있도록 유도하며 우리 씨족의 정체성을 일깨우고 자긍심을 북돋우기 위해 홈페이지와 카페를 개설 운영하는 것이었습니다.

둘째로는 ○○재齋 등 위선소나 유적지 탐방 행사와 셋째로는 춘추로 체육대회나 야유회를 개최하여 호연지기浩然之氣를 기르며 친화 돈목하는 장을 마련해 보기로 한 것이었습니다.

그러나 구상을 실현하기에는 너무 많은 간극間隙과 괴리乖離가 있었습니다. 출발 당시에는 동참과 협력을 얻을 수 있을 것으로 기대를 했지만 뜻밖에도 종인들의 관심과 협조는 미미했습니다. 협력을 얻으려고 각 시군이나 호별 방문해 협력을 간구懇求해 봤습니다만 별 성과가 없었습니다.

제가 구상하고 계획했던 몇 가지 과제들은 빛을 보지 못한 채 구두선口頭禪이 되고 말았습니다.

설상가상으로 제 건강문제가 뒤따랐습니다. 노익장老益壯이란 찬사를 들었는데, 대수롭지 않게 여겼던 곳에 큰 문제가 생겼습니다. 응급실을 거쳐 수술대에 올랐고 예후가 좋지 않아 여러 달 동안 발이 묶여 종사宗事는 물론 대외활동을 접고 와석투병臥席鬪病해야만 했습니다. 다행히 회복이 되었습니다만, 돌이켜보면 안타까운 나날, 고뇌에 찬 수삭數朔이었습니다. 회장이라는 묵직한 짐 때문이었습니다.

존경하는 종친일가 여러분! 무능과 리더십부족과 투병생활로 점철된 2년 임기는 한낱 무위無爲로 끝나고 말았습니다. 역대 회장님들이 이루신 알찬 공적에 견주어보면 부끄럽기 짝이 없습니다. 너그러이 헤아려 주시기 바랍니다.

올해 정기총회에서는 새 회장을 뽑게 되어있습니다. 삶의 현장에서 많은 경륜을 쌓고 종문사에 깊은 관심과 화합돈목의 리더십을 가지신 훌륭한 어른을 새 회장으로 추대하시어 침체된 우리 종친회를 활성화하도록 해야 하겠습니다.

2013년 새로운 진용으로 출발하는 영산·영월신씨辛氏 광주·전남종회宗會의 비약적 발전을 기원하면서 종친일가 여러분에게 다시 한 번 호소하고자 합니다.

전 종인이 심기일전하여 한마음으로 뭉쳐야만합니다. 토착재향 종인들의 건설적이고 창의적인 제안이나 조언 등 적극 참여협력은 물론이거니와 출향종인들의 고토故土에의 호사수구 귀소본능狐死首丘 歸巢本能을 일깨워서 후원하고 기여하며 헌성獻誠케 하는 일도 매우 긴요합니다.

그리고 청장년층 젊은 종인들의 관심과 참여를 이끌어내기 위해서는 경륜을 쌓은 고령의 종인들이 한결같이 연대하여 설득교화하자는 것입니다. "빨리 가고자 하면 혼자가고, 멀리 가려면 함께 가라."는 격언이 있습니다. 어렵고 힘든 길을 떠날 때 혼자보다는 여럿이 함께 간다면 쉽사리 목적지에 도착할 수 있다는 뜻이겠지요. 우리 종친회를 위해서는 모두 함께 가야 한다는 교훈적 격언으로 받아드려야 하겠습니다.

미거한 종하宗下가 종친회장이라는 막중한 자리에 올라 미미한 업적이나마 쌓을 수 있었던 것은 제 생애의 광영이자 보람이었습니다.

끝으로 지난 2년간 회장을 보좌하고 종사 실무에 헌신적으로 봉사한 종각 총무님의 노고에 고마움을 전합니다.

회원 여러분 우리 다 같이 격려와 감사의 박수를 보내주십시오.

와석투병 중인 제게 문병 위로를 베풀어주신 종친일가 어른들의 살뜰한 정애에 머리 숙여 감사드립니다.

존경하는 종친회원 여러분!

올해에도 종회발전에 배전의 성원과 협조를 아끼지 말아주십시오. 우리 다함께 힘차게 나아갑시다. 항상 건강하시고 염원하시는 것들이 모두 성취되시길 빌면서 인사말씀으로 가름합니다.

참살이

정신건강과 육체건강을 함께 추구하면서 삶의 행복을 찾으려는 것이 참살이(Neo-Wellbeing)족이다. 우선 육체건강은 건전한 식생활인 슬로푸드를 기본으로 삼는다. 천천히 걷고, 느리게 생각하면서, 친환경 식재료로 천천히 만들어, 즐기면서 먹는 것을 말한다. 아내는 참살이니 슬로푸드니 하는 현대적 개념이 회자되고 확산되기 이전부터 건강식에 관심을 갖고 있었다.

그녀는 20년 세월 친환경 밭농사를 지어왔다. 유기농사꾼이 된 사연은 올바른 먹거리를 손수 생산해 자급하려는 데 있었다. 아는 사람들은 아내를 유기농의 달인이라고 부른다. 이름값만큼 농사에 두루 달통해서 도시농부들이 원로로 우러르게 된듯하다.

'도시농부영농회'를 만들었다. 회원은 아파트단지와 인근의 초보 10여명이다. '웰빙트랜드'와 '친환경유기농법'에 대한 세미나를 정기적으로 연다. 아내는 시도단위 연구모임의 회원이기도 하다. 날로 발전해가는 농법이나 농업철학을 학습하는 창구이다.

많아야 5~60평에 불과한 소꿉장난을 무슨 영농회니 세미나니 하며 거창한 이름으로 으스대느냐고 비아냥거리는 주민도 있다. 그럴 때면, 아무리 규모가 작아도 신개념의 농사인데 주먹구구로는 안 된다고 밝힌다. 삶의 지향점이 비슷한 사람들끼리 모여 강습하고, 유익정보를 교환하면서 어울리면 일석이조가 아니냔 것이다.

아파트 뒤꼍 산기슭의 공한지를 개간해 얻은 70여 평이 아내의 농장이다. 식탁에 올리는 엽채류와 근채류, 조미채소가 주된 작물이다. 유기물과 미생물 같은 자연적인 자재만을 사용하는 농사라서 비료 만들기와 병해충구제가 핵심농법이다.

김장채소는 처서 전후에 씨앗을 뿌리야 하는데 미리감치 묘상에다 뿌려 키운다. 이때쯤이면 일손이 세어진다. 음식물쓰레기 생선내장 깻묵 낙엽 잡초 EM활성액 따위를 썩혀 만든 퇴비를 뒷손질하랴, 부엽토를 파다 모으랴, 깊이갈이해 두둑을 지어놓으랴, 햇빛을 가리는 수목의 가지치기도 하랴, 밭머리 옹달샘의 침전물도 걷어내야 한다.

채비가 끝나면 묘상의 모종을 옮겨 심는다. 때맞춰 물주고, 맨손으로 벌레잡고, 산짐승 날짐승을 손사래 친다. 열정은 넘치지만, 오롯이 해내려니 보건保健이 으뜸이다.

참살이는 아내의 생활신조다. 자중자애하고, 남을 배려하며, 절제력을 키우고 창의와 끈기로 도전하며, 슬로푸드운동에 적극 참여하는 것이 덕목이다. 이래저래 처음 몇 년은 힘겨웠지만 특유의 하고잡이로 너끈히 오늘에 섰다.

그녀는 자격증 없는 영양사요 쉐프다. 산야에 지천인 쑥, 냉이, 달래,

민들레 따위는 단혈산丹穴山의 금과 옥이다. 밭두렁의 대봉감은 홍시죽이고 도라지 더덕은 동삼이다. 토마토 딸기의 라이코펜(Lycopene)은 천사다. 항산화 · 항암이 고무줄이니, '약이 밥상이요 밥상이 약'임을 의식동원醫食同源이라 했던가. 아내는 참살이를 전천후로 사는 지혜의 옹달샘이다.

전통사회에서 마누라 자랑하는 놈팡이를 팔불출이라고 빈정댔고, 오늘날에도 모자란 사람쯤으로 여긴다. 나는 팔불출이건 팔푼이건 덜떨어진 사람으로 손가락질당해도 거리낌 없이 당당하다. 아내의 뒷바라지에는 사랑이 배어 있고, 정성이 깃들어 있고, 신뢰가 쌓였기에 그렇다.

올해는 김장감이 풍년이다. 배추가 이백여 포기요, 무가 두 접이 넘으니 어찌 옹골지지 않겠는가. 과연 유기농 달인다운 수확이다.

김장은 연중 대사다. 김장하는 날에는 '인정도 품앗이라' 이웃사촌과 영농회원들이 모여들어 팔을 걷어붙인다. 김장을 준비하고 담그고 나눔을 통해 이웃과의 연대와 소통이 이루어진다. 이것이 생활 속에 녹아 있는 김장김치 문화가 아니던가.

음식 맛은 손맛이고 손맛은 정성이라는 것이 그녀의 지론이다. 양념 만드는 일에 온통 매달린다. 준비가 끝나면 절여놓은 포기에 양념을 끼워 바르는 일이 김장의 백미요 대미다. 거들 계제가 아니라서 어정쩡 서 있으려니, 품앗이 아낙이 김치 한 가닥을 떼어 깨를 듬뿍 묻혀서 "옜소 한 점, 아~해보세요!" 한껏 벌린 입에 욱여넣어 준 김치가닥을 아삭아삭 씹으니 이 맛을 어찌 말로 하랴, 연중제일미年中第一味가 여기 있네. 가위 세계 5대 건강식품으로 뽑힐 만했네.

품앗이꾼들 손에 손에는 꾸러미가 하나씩이다. 이웃집에는 김장김치 '맛보기'요, 정담과 함께 한두 포기씩 건넨다. 전통사회의 미풍이요 양속을 오늘에 되살린다. 아파트의 삭막한 시멘트벽을 허무는 촉매제다.

자손들에게는 편리한 송달매체 택배가 있다. 김장김치와 생무, 생배추 한 포기씩에다 할애비가 꼼꼼히 쥐빚은 곶감 네댓 꼬치를 끼워 포장한다. 오달진 육남매와 아홉 손주들 얼굴이 암암쟁쟁하다. 김치와 곶감을 받은 자손들은 이구동성으로 "어머님, 할머니, '맛깔스럽고 아삭한 김치' 어머니란 듯, 할머니란 듯 금달걀 은달걀로 먹을 게요"가 문자로 넘친다. 할아비 곶감이야기는 홀하게 끼이잖으니 조금은 괘씸하다. 하기야 김장김치와 곶감의 무게를 어찌 견주랴만. 한참 뒤에 막내 손녀의 카톡이 날아왔다. "할아버지! 혹시 윗대에 곶감장수 계셨던가요?" 혈육의 정이 새록새록 도타워지는 유대가 아닌가.

과학자들이 분석한 김장김치는 영양성분의 보고다. 세계적인 음식문화로 주목을 끄는 연유다. 함의含意된 김장도 끝냈고, 올 농사도 옹골차게 여물었으니 한시름 놓인다. 참살이의 보람을 만끽하면서 한가로이 자리에 누웠다. 다독여 잠재우던, 삼삼한 브람스의 자장가를 흥얼거리다가 잠들었는지 코골이가 가녀리다.

찹쌀 현미밥

어느새 가을도 깊어간다. 만산홍엽과 일렁이는 억새바다가 눈을 즐겁게 한다면, 황금물결의 오곡백과는 삶을 풍요롭게 하는 보배다. 봄여름에 땀 흘려 가꾼 곡물들이 집집마다 그득하다. 농경사회의 한가을 정취가 아닌가.

곡류에는 벼, 보리, 기장(산두), 조, 수수, 옥수수 따위가 있다. 쌀을 비롯해서 곡식에는 메것과 찰것의 두 품종이 있다. 도정搗精하는 방법에서 껍질을 많이 벗겨내면 백미가 되고 왕겨만 벗기면 현미가 된다. 찰벼는 용도에 걸맞게 조금씩 경작하기에 생산량도 많지 않다. 찹쌀은 백미에 비해서 차지고 영양성분이 많아서 값도 비싸다. 어려운집에서는 명절 때에나 멥쌀에 조금 섞어 먹어볼 정도였다. 찹쌀로는 인절미나 찰시루떡, 찹쌀술, 식혜, 조청, 유과, 약밥, 경단 같은 유밀과를 만들어 먹었다. 요즘 세상에는 명절 때에도 떡집이나 시장에서 사다 쓰지만 농경사회에서는 자급자족이 풍습이었다.

어머니께서는 손이 걸어서 찹쌀을 재료로 한 여러 먹을거리를 잘도 만드셨다. 벌써 70여 년 전 나의 초등학교 시절 이야기다. 동네 친구들은 학교가 파하면 공부방이 있는 우리 집에 모여들었다. 명분은 공부를 하기 위해서라지만 찰떡이나 시루떡 아니면 유과며 찰수수경단 같은 유밀과에 솔깃해서였을 것이다.

인심 좋고 손이 크신 어머니께서는 친구들에게 심심찮게 먹을거리를 나누어 먹이시기 때문에 물 묻은 쪽박에 깨알이었다. 어머니께 더 달라고 어리광을 부리는 여자애들도 있었다. 나는 어느새 골목대장이 되었다. 내 풍신이 잘나고 힘이 세거나 멋있고 재주가 뛰어나서가 아니라 오로지 어머니의 넉넉한 마음이 나를 따르고 존중하게 만들었다. 나는 그런 어머니의 인성훈육으로 자랐지만 아직까지 덕망가로 칭송을 받지 못하고 있으니 후덕은 타고 나는 게 아닌가 싶다.

오늘날은 식생활 패턴이 서구식으로 바뀌어 쌀의 소비량이 크게 줄어들었다. 주식은 역시 흰쌀이고 밀가루와 몇 가지 잡곡을 곁들인다. 그러나 참살이 시대(웰빙)라 무공해 쌀이나 현미를 찾는 사람들도 있다. 유달리 '유기농 건강기능식품'만을 선호하는 웰빙족들은 좋다는 현미마저 건너뛰고 비싼 찹쌀현미와 찰잡곡들을 농가와 직거래로 사들인다.

백미와 현미, 현미와 찹쌀현미의 영양성분 차이는 놀랍다. 현미는 볍씨의 겉껍질만 벗긴 것인데 쌀의 영양분은 쌀겨와 쌀눈에 집중되어 있다. 백미는 쌀겨와 쌀눈의 영양성분을 다 깎아 버린 것이니 현미와 비교가 안 된다. 그렇다면 현미와 찹쌀현미의 차이는 어떤가. 찰현미는 식물성 식이섬유를 많이 갖고 있어 장 기능을 활성화시키며 심장질환의 위험요소를 감소시킨다. 비타민B와 비타민E가 현미보다 훨씬 많이 들어 있어 항산화제로서 노화방지에 탁월하다고 한다.

본래 웰빙과 친환경주의자인 아내가 현미찹쌀밥을 주식主食으로 삼은 지 벌써 15년이다. 농장을 경영하는 여동생이 오빠네를 위해 '찰자'가 붙는 곡물을 모두 경작해 공급한다. 찹쌀현미에다 찰보리쌀, 차좁쌀이나 찰옥수수, 찰수수를 적당히 혼합해서 솥에 안치고 일부러 밥물을 적게 부어서 된밥으로 짓는다. 영양덩어리를 소화 흡수시키려면 오래 씹어야 하기 때문이란다. 아파트 뒷산기슭 유휴지를 개간해 유기농 과채류를 자급한다. 아내는 식품영양학을 전공한 후배의 도움으로 '건강식탁'을 공부했다. 삼대영양소 중 단백질은 오메가3같은 고도불포화지방산이 풍부한 등푸른 생선을 빼지 않고 올린다. 자격증 없는 영양사인 셈이다.

명정酩酊 40년의 수주樹州의 말씀대로 "나는 이유를 따질 것 없이 술잔만 대하면 수미愁眉가 펴진다. 호주好酒를 넘어 탐주耽酒를 해왔고 평생에 금주했던 한 3년을 빼놓고 술잔을 들지 않는 날이 거의 없다." '외식엄금'의 가훈을 어기는 일은 '식은 죽 먹기'다. 가족들 특히 아내의 무자비한 탄압도 내심 두렵지 않다. 내 DNA와 아내의 식탁철학 효험을 확신하고 있던 터라 모주꾼(酒賢 6단)으로 처세하는 덴 거리낌이 없기 때문이다.

주신인들 나만은 비켜 가시겠지. 요행과 방자放恣는 폭음을 부추긴다. 마침내 엄습해온 숙취에 멱살을 추켜 잡힌다. 나락에 떨어지면 듬직한 오아시스인 아내만을 바라본다. 아내가 개발한 소복식蘇復食 메뉴(현미찹쌀가루+각종 견과류가루=죽, 현미찹쌀가루+콩 깨 마늘 양파 버섯=죽, 키위, 오렌지, 토마토, 딸기, 당근=주스 따위)는 내 내장을 어르고 달래는 특효방이다. 소복죽을 권하며 짠해 다독여주는 아내는 자애로운 어머니다. 음주전선의 치열한 화력 앞엔 항우장사가 없음을 표정으로써 은근이 설교한다. 그럴 때면 심약한 주졸酒卒은 회한으로 고개를 떨구곤 한다. 노약한 심신이라 숙취의 해탈에는 보름쯤 걸린다.

가까스로 회생한 모주꾼은 불고체면 종합검진소로 내닫는다. 단골의사의 검진 결과를 듣고 한시름 놓는다. 대장은 5년 뒤에, 간과 위는 3년 뒤에 재검진하면 되고 심혈관도 별 이상이 없다고 한다. 총론적으론 좋으나 노년은 '어느 구름에 비가 올지 모르므로' 금주·금연·걷기운동·식이요법 등 건강관리가 필수라고 선고한다.

아내의 과학적 참살이식탁 효력으로 하늘 아래 발을 딛고 망구望九를 쫄랑거릴 수 있음에 재삼 감사한다. 마시면 술만큼 유쾌하고 흥성한 게 또 있으랴만 명정이란 복병이 있고 팔방망이 손짓이 두렵고 선고선비先考先妣의 유고遺誥가 떠오른다. 저간에는 폭주의 늪을 건넜고 절주의 세계에서 도연陶然히 노니는 여유도 얻었다.

그러나 금주와 관련해서는 '단연코', '과감히', '작심삼일'이란 어휘를 결코 놓치지 않으리라. 채찍과 탄압을 안주 삼고 정성으로 차리는 현미찹쌀밥의 참살이 식탁 앞에 경건히 앉아 아내와 그 후배 식품영양 학자에게 감지덕지할 것이다.

강호제현께 권하노니 '현미찹쌀밥의 참살이식탁' 앞에 앉아 증험해 보시라.

처음으로 겪는 일들

사람의 한살이는 오늘이 누적된 세월이다. 오늘은 항상 처음이라는 출발점에 있다. 우리는 오늘을 경험해야 한다. 오늘은 누구에게나 다가오는 변함없는 보편적 가치이다. 싱그럽고 풋풋하고 사랑스럽고 희망적이고 생동적이기 때문이다. 참다운 한살이에서 가장 신비로운 첫 출발이 있다. 그것은 어머니의 문을 열고 나오면서 고고呱呱로 노래하며 쉬는 첫 숨쉬기이다. 그리고는 첫물로 입을 닦고 알몸을 씻긴 다음 배냇저고리 떨쳐입고 겉싸개에 꽁꽁 감싸인다. 하나의 사람으로 서는 순간이다. 한살이야말로 처음으로 시작하거나 맞이하는 사건들의 연속이다. 아기는 오늘을 이어 살면서 인지능력이 일진월보로 발달해 간다. 수많은 적응을 통해 경험이 축적된다.

소꿉동무들과 이웃집 호박에 대침주고, 아낙네 이고 가는 물동이에 돌팔매치기는 예사이고, 참외밭서리는 개구쟁이들의 사회적 등극이다. 초등학교 입학을 시작으로 중고대학을 공부함은 난생의 엄청난 스트레스다.

해야 할 공부보다 부모님 쌈지 털어 목로주점을 큰집 드나들 듯하며 백두산 무궁화 공작 풋초로 줄담배를 피운다. '개살구모로터진[98]' 짓거리로 일탈이 지나치다. 명절 때면 열리는 동네 음악콩쿠르대회에 소악단小樂團을 꾸려 무대를 독차지하는 악동樂童들은 안하무인이다. 유치가요계의 비뚤어진 데뷔 행태다.

우등상으로 장학생 되고 명문중고대학에 턱거리로 올라섬은 부모님들의 고소원固所願이다.

나라의 동량으로서 당당히 군에 입대해 총탄이 빗발치는 전쟁터에서 살아남아 첫 휴가를 나왔다면 하느님의 축복이 아니고 무엇이겠는가.

대학 나와 취직하고 첫 월급 봉투째로 드리니 어버이의 기쁨이 기고만장이다. 부모님의 권유로 새 양복 맞춰 입고 칠피구두에 오리가방 들고 출근하는 본새가 빼어난 멋쟁이다.

결혼 적령기에 이르러 친지의 중매로 메릴린 먼로보다 더 매력적인 규수와 마침내 결혼에 골인했다면 인생사 첫 번째 성취가 아닌가. 직장생활이 성실하고 유능하여 몇 년 사이에 과장으로 특진한다. 동료와 친지들의 선망과 질시를 동시에 받는 참으로 멋진 첫 경험이다.

초중고 시절 이후 틈틈이 써 두었던 시작詩作노트를 다듬어서 권위 문예지 신인상에 응모하여 따 놓은 당상으로 시단에 올랐다면 한살이의 영예요 도약이라고 하겠다.

결혼 3년 만에 아들을 얻고 이어서 딸을 받았으니 바야흐로 '아이 아비'로서 벅차오르는 기쁨 누를 길이 없음이네. 금싸라기 아들딸이 어느덧 초등학생에서 중고등학생으로 자랐고 이제 어엿한 대학생으로 장성하

98) * 개살구 모로 터지다 : 시고 맛없는 개살구가 그나마 제대로 익지도 않은 채 옆으로 터진다는 말로서 보기 싫은 것이 더 보기 싫은 짓을 할 경우를 빗대어 표현하기도 한다.

였으되 부모 속 썩히지 않으니 자식농사 한번 거방지다.

직장생활 20여 년에 마침내 전문경영인이 되어 CEO의 자리에 오르니 웬만한 사람이면 침 삼켜 우러르게 되었다.

인생살이가 어찌 순탄한 성취만이 있단 말인가. 애경사는 동전의 양면처럼 엇바뀌는 것이 보통이다.

그러니 부모님이나 처자권속 형제자매 동기간의 한살이에도 예외 없이 다사다난할 수밖에 없다. 연로하신 부모님이 노환으로 신고 끝에 이승을 떠나는 슬픔을 겪는다. 교통사고로 자식 하나를 비명으로 먼저 보내고 비통을 가슴에 묻고 견뎌야 하는 한살이도 있다. 아들 따라 이민 가셨던 인자하신 백부님이 이역만리의 고혼이 되신 것도 가슴 쓰린 일이다. 잘나가던 누이가 주식펀드실패로 개인회생신청을 하는 등 역경을 헤매는 안타까움도 있다. 국난의 어려운 시기에 사랑하는 애인과의 생이별은 참기 어려운 고통이었지만 20여 년만의 해후는 그나마 행운으로 내내 잊지 못할 첫 경험이다. 성취와 보람과 좌절과 비통과 회한을 겪는 것이 한살이의 보편적 순환일진데 쓴맛단맛을 두루 맛본 사람이야말로 한살이 경주의 최종승자이다. 한갓 얻고 이룸에 우쭐하지 않고 고난에 절망하지 않는 용기와 의연함이 오늘을 시작하는 지혜요 교훈이다.

천료와 첩첩한 행로

중고교 국어교사 시절 이야기다. 문학의 장르를 가르칠 때에, 수필은 시나 소설에 비해 접근하기가 비교적 연하고 보드라운 장르라고 가르쳤던 기억이 난다.

시는 '함축과 운율적 언어로 형상화하는 언어예술이기에, 정서전달의 어려움과 난해성이 있고. 상상력으로 얼개를 짜고, 배경과 인물의 행동 사상 심리 따위를 이야기로 형상화하는 소설, 또한 능숙하고 미끈한 말밑천뿐만 아니라 입담이 있어야 한다. 수필은 특별한 제약이 없는 무형식의 길지 않은 글로서 생활 체험을 통해 얻어진 인생철학이 짙게 밴 주관적, 개성적, 정서적, 감성적 특성을 지니는 도드라진 생활문학이요, 대중문학이라 친근하게 다가오기 때문이라고 했던 것이다.

"나의 심적 알몸을 나만의 감성으로, 함축과 묘사로 그려내는, 정서가 흥건히 배어 있는, 은유보다 좀 더 상징적이고 함축적인 메타포(metaphor)여야 하는, 맑고 투명하고 담담한 한 폭의 수채화 같아야 하느니." 어느 원로수필가의 영양가 높은 길라잡이다.

접미사 가(家)자를 붙이고 단상에 서보니, 타 장르에 비해 만만하지도 사시랑이도 여리지도 않은, 앤생이가 중하重荷를 지고 이었으니, 요철凹凸에서 어찌 뒤뚱거리지 않겠는가. 젖먹이 힘이라도 빌어다가, 들메끈을 고쳐매고 험한 길을 헤쳐가야 한다. 하찮은 잡문쟁이로 스러져서야 어찌….

천료작품명이 「줄탁동시啐啄同時」이다.

줄탁동시란 암탉이 알을 품어 병아리로 까는 과정에서, 달이 찬 알속의 병아리가 밖으로 나오려고 껍질을 쪼는 것(줄啐)과 그 소리를 들은 어미닭이 곁에서 동시에 껍질을 쪼아(탁啄) 도와준다는 뜻이라고 한다. '줄탁啐啄'은 껍질을 경계로 두 존재의 힘이 하나로 모아졌을 때 비로소 새로운 세상이 만들어진다는 것을 비유하고 있다. 불경의 벽암록碧巖錄에 나오는 말이다. H,헤세의 『데미안』에 나오는 "병아리는 알을 깨고 나온다."는 말도 이와 같은 뜻이다. 또 '교봉성복鉸縫成服'이나 '취곡이반炊穀以飯'이란 성어도 줄탁동시와 버금하는 맥락이요, 같은 개념이다. 가위로 마름질한 천을 바느질해야 한 벌의 옷이 되고, 곡식에 불을 때야 마침내 한 그릇의 밥이 되듯이, 결국 세상살이는, 혼자만이 아니라 타인과의 연속적인 '관계(만남·힘을 합해 도움 ·가르치고 배움·주고받음·선후를 가림·융합 따위)' 속에서 이루어진다는, 이치의 사자성어다.

졸문을 가려 뽑은 높은 뜻은, 찹쌀지에밥에 누룩을 비벼, 상상력이란 발효제로 숙성시킨, 상화(想華:수필의 별칭)를 낳으라는 채근으로 받들겠다. 생래의 감격무지感激無地로써 심사위원님들께 감사드린다.

청복(淸福)

취업난에 시달리는 젊은이들과 자영업에 실패했거나 노후대책이 막막한 중·노년들의 탄식이 하늘을 찌르고 있다. OECD다 G20이다 해서 국제적 위상이 높아졌고 세계 10위권의 경제대국으로 발돋움했다. 국민소득 2만 불이 넘는 대한민국 국민들의 입에서 '너무 괴로워 하루하루가…….' 국민생활의 체감온도는 한참 낮다는 이야기인 것이다. 이런 한탄과 탄식이 쌓여가고 있는 것이 작금의 현실이다.

그래서 낙하산감투나 부동산대박 아니면 로또대박 같은 뜬구름을 잡으려는 천민적 졸부문화가 풍미하는 지도 모른다.

그런데 옛사람들은 삶의 질곡 속에서 어떤 행복을 꿈꾸었을까. 예나 이제나 사람 사는 세태는 크게 다르지 않았나 보다. 조선시대 한글 단편소설집인 삼설기三說記 가운데 "삼사횡입황천기三士橫入黃泉記』(조선 헌종 14년. 1848년 엮음. 작자미상)에서 살펴볼 수 있다. 이 소설은 전기적傳奇的 불교환생설화佛敎還生說話로 신선사상을 바탕으로 한 행복의 개념이 잘 나타나 있다.

하루는 옥황상제가 저승사자의 잘못으로 일찍 붙잡혀온 자칭 도가道家의 선비 세 사람을 옥경玉京(옥황상제가 산다고 하는 가상적인 서울)의 통명전通明殿으로 불러드렸다.

"자네들을 다시 인간으로 환생케 해 줄 테니 각자 새 세상에서 어찌 살 것인지 소원을 말해 보라고" 했다.

노자와 장자의 허무虛無(형상이 없어 볼 수도 들을 수도 없는 우주의 본체)와 염담恬淡(욕심이 없어 이익을 탐내지 않고 마음이 깨끗함)과 무위無爲(인간의 지식이나 욕심이 오히려 세상을 혼란시킨다고 여기고 자연 그대로를 최고의 경지로 봄)를 바탕으로 만물의 근원이 되는 자연을 숭배하는 그들인지라, 부귀공명 따위는 하찮게 여길 것으로 옥황상제는 짐작했다.

첫 번째 선비가 말했다.

"세상에 남아로 태어나 용맹이 뛰어난 영웅의 삶을 살며, 천지도수를 안 연후에 병법을 통달하고 과거에 올라 여러 벼슬을 거쳐 대장군에 이르러 천병만마를 지휘하여 위엄이 사해에 진동하는 인물이 되고자 하며 선비가 지녀야 할 팔절(八節 : 明之, 德之, 命之, 道之, 誠之, 敬之,畏之, 心之)을 다 구비한 가운데 겸손하고 검박하며 의로운 것이 아니면 쌀 한 톨이라도 취하지 않겠습니다. 감미로운 술과 여색에 재물을 허비하지 않고, 달면 삼키고 쓰면 뱉어 버려 오로지 입과 창자를 위한 일만을 하지도 않겠으며, 가난한 사람을 업신여기어 남의 급한 처지를 생각해 주지 않는 일이 없겠고, 보기에 아름다운 것만을 취하고 추한 것을 미워하여 처자권속을 소리쳐 핍박하며, 하늘이 낸 물건을 함부로 허비하여 아까운 줄을 모른 채 헛되이 씀이 절제가 없지도 않겠습니다."

천병만마를 거느린 무인으로서 용맹을 떨치고 부귀와 공명을 전제로 겸손 검박 배려의 의연한 삶을 살겠다는 이야기다. 옥황상제는 도가의 선비란 자의 비뚤어진 말이지만 고개를 끄덕여 원하는 대로 뒷날에 서방정토西方淨土(서쪽에 있는 극락세계)에 태어나게 해 주겠다고 허락했다.

두 번째 선비가 말했다.

"원컨대 이 사람은 명가의 자제로 태어나 신선과 같은 풍모의 선비로서 경서를 널리 익혀 일대의 문장이 뛰어남을 떨치고는 이어서 암행어사 겸 팔도순무사로 백성들의 억울함을 풀어 준 연후에 백관반열을 다스리며 지내다가 나이가 들어 물러나서는 부가옹(富家翁)으로서 반드시 내 손으로 거만의 황금을 쟁여 두고 종자 천말을 뿌릴 수 있게 되어, 어버이를 섬기고 처자를 기르는 데 동기간을 괴롭히지 않으며 四禮(冠禮, 婚禮, 葬禮, 祭禮)에 그 곡진(曲盡:매우 정성스럽다)한 예를 다 갖추게 하고, 가난한 친족과 친구를 돌보아 주는 일과 걸인을 맞아들여 먹이고 잠재우는 일에 이르기까지 그 마음을 다하는 데 어려움이 없게 하겠습니다."

일인지하만인지상의 높은 벼슬로 떵떵거리다가 물러난 뒤에는, 근검노작으로 땀 흘려 축적한 거만의 황금이 아니라 상속이나 일확천금으로 얻은 부로 유가적儒家的 체면치례를 함으로써 자기를 과시하려는 위선자에 틀림없다. 부귀를 경계해야 할 도가의 선비란 작자의 욕심이 너무 지나치다. 허나 옥황상제는 그에게도 역시 관용으로 고개를 끄덕여 줬다.

세 번째 선비가 말했다.

"저는 부귀공명을 간구懇求하지 않겠습니다. 산을 등지고 물을 굽어보는 곳을 찾아 초초草草(초라하다)하게 삼간모옥三間茅屋을 짓고 두어 이랑의 논과 몇 그루의 뽕나무가 있어 하늘에는 수해와 한재가 없고 땅에는 결전決戰도 역역力役도 없어서 아침밥 저녁 죽일망정 여름의 베옷은 다만 해지지 않고 깨끗하기를 바랄 뿐이며, 겸하여 자식과 아우가 그 직분을 나누어 맡아 훈계하고 타이르는 일로 애쓰는 일이 없고…. 마음에는 반드시 얻으며 하고자 하는 일이 없고 몸도 또한 평안하며 수가 백세에 이르렀다가 잠들 듯 고요히 왔던 곳으로 돌아가고자 합니다."

신선사상이 풍미하던 시대에 선비들이 갈구하던 생활이다. 잔소리가 필요 없는 자식을 두는 일, 병들지 않고 천수를 누리는 일이 어디 쉬운 일인가 욕심이 지나치다. 비록 산간벽지에서일망정 진취적기상과 노작의지勞作意志로써 후진들의 본이 되기보다는 지극히 자기본위의 안락만을 추구하는 퇴영적退嬰的 삶이 아닐 수 없다.

그러나 평범하게 살면서 얻는 행복이, 헛된 부귀공명보다 낫다는 소중한 가치는 긍정적으로 평가할 만하다.

옥황상제가 언짢은 기색으로 한숨을 쉬며 말했다.

"아아, 그것이 이른바 깨끗한 복, 청복淸福이 아니던가. 그 깨끗한 복은 세상사람 모두 원하는 바이라 하늘에서도 매우 아끼는 바가 아닌가. 만약 사람마다 구한즉 문득 얻어질 수만 있다면, 어찌 써 도가의 선비 자네뿐이랴, 내가 마땅히 먼저 그렇게 되어 그 깨끗한 복을 누릴 것인즉…. 옥황상제가 무엇이 부러우리오."

그가 치세하는 하늘나라 극락세계도 정치경제 사회문화 등 모든 여건이 완벽하지는 못했던 모양이다. 옥황상제인 자신도 바라는 바의 청복인데 네깐 놈이 감히 가지려 하느냐고 은근히 나무랐던 것이다.

첫째와 둘째 선비의 탐욕적이고 속물적인 소원은 논외로 하고 셋째 선비의 소원을 들어 줄 수 없다는 것은, 그 평범한 소원이야말로 인간의 참된 행복이라는 점이 반의적反意的으로 표현되어 있기 때문이다. 세상의 권세나 부귀공명보다는 치준지맹蚩蠢之氓(한갓 미물 같은 어리석은 백성)으로 자연을 벗 삼아 누리는 즐거움 속에서 병 없이 장수하는 것(시쳇말로 9988234)이 최대의 행복이요, 청복이라는 작가의 인생관이 나타나 있다. 그리고 현묘지도玄妙之道라고 일컫던 신선사상을 옛 사람들이 얼마나 동경하고 있었던가를 보여주는 동시에 그것이 얼마나 어려운 것인가도 역설적으로 형상화하고 있다.

또한 끊임없는 당쟁에 환멸을 느끼고 강호한정江湖閒靜(속세를 떠나 자연 속에 묻혀서 한가롭게 사는 것)을 찾는 사람이 늘어가던 조선 후기사회의 영향으로 형성된 인생관일 것이다. 작가는 저승에 잡혀간 세 선비의 행동을 통해 실리를 좇아 기회주의적인 처신을 하는 인정세태도 꼬집었다. 우리는 이 전기소설을 통해서 선인들의 내세관과 행복관을 알게 되었다. 사람들의 어리석음과 지혜는 시대의 구분이 없는 모양이다. 이 이야기는 21세기를 살고 있는 우리들로 하여금 오늘을 통찰할 수 있게 해주었기 때문이다.

세 선비의 유형은 지금도 엄존하고 있다. 부도덕하고 몰염치한 모리간상배나 정상배들이 발호하고 있음이 그것이다. 부와 권력을 획득하기 위해서는 수단과 방법을 가리지 않는다. 지난 반세기 동안 급속한 산업화 과정에서 현대적 사회계층구조가 형성되어 왔다. 천민적 졸부문화도 한 축을 이루고 있음은 현실이다. 정직하고 성실하게 살아온 대다수의 선민善民들은 상대적 박탈감과 위화감을 애써 삭여야만 했다.

'노블리스 오블리제(Noblesse oblige)'라는 익숙하지 못한 말이 있다. 부와 권력이나 명성을 지닌 지도층은 사회적 책임과 높은 도덕성을 지녀야 한다는 뜻의 프랑스어이다. 노블리스 오블리제의 불모지였던 우리나라에도 기부문화가 뿌리를 내리고 있어서 긍정적이다. 몇몇 재벌이나 지도층 인사가 수천억의 거액을 기부하는 사례가 늘어나고 있기 때문이다. 후진성을 벗는 디딤돌이요, 나라의 앞날을 밝히는 등댓불이다.

평생을 어렵게, 어렵게 모은 재산을 장학금으로 쾌척하는 할머니들의 미담사례도 언론에 자주 올라 우리들을 감동시키고 있다. 참으로 아름답고 자랑스러운 선행이 아닌가.

'더불어 희망을 품고 살아가는 사회를 꿈꾸며'는 요즘 회자되고 있는 말이다. 기부문화가 확산되어 갈가리 흩어진 국민정신이 묶어지는 계기가 되었으면 얼마나 좋겠는가.

세 선비들이 부끄러워 얼굴을 가렸고 마침내 옥황상제께 나아가 죄를 청했다는 황천통신이다.

(참고문헌 : 金東旭 校註 韓國古典文大系4. 민중서관 1974.)

청출어람이청어람

용진산 솟은 마루 빼어난 기상/ 저대로 우리 모습 빛나는 이상/ 굽이쳐 흘러가는 황룡강 같이/ 걸음걸음 희망찬 우리의 앞길/ 새 일꾼 자라나는 임곡중학/ 우리는 겨레의 힘 나라의 자랑.

'가고파', '봄 처녀'의 시인 노산 이은상님이 가사를 짓고 광주사범학교 음악교사 김형구님이 곡을 붙인 임곡중학교 교가다. "우뚝 솟은 용진산聳珍山의 빼어난 기상과 도도히 흐르는 황룡강 물처럼 희망찬 앞날을 개척함으로써 나라와 겨레의 자랑스러운 인물로 우뚝 서라"는 격려와 염원이 담겨있다. 임곡중학교의 건학이념이 상징적으로 응축凝縮되어 있다. 교가를 매양 부름으로써 '임중생林中生'이라는 소속감과 긍지를 느끼며, 소망이 이루지기를 기원하고 다짐하는 효과가 있다.

지역의 선각자들이 힘을 모아 설립한 임곡중학교는 발전을 거듭하여 어느덧 명문학교로 우뚝 섰다. 역사와 전통을 자랑하는 학교이기에 입학한 학생들은 긍지와 자부심을 갖고 열심히 공부했다. 당연히 학력이 높았고 각종 경시대회에서 상위 입상함은 물론 상급학교 입학성적이 좋았다. 이 명문의 요람에서 배출된 졸업생들은 나름으로 자기성취를 거듭하여 각계각층에 진출, 국가사회발전에 기여하고 있다.

나는 교직생활 40년 중 임곡중학교에서 6년(1964~1969)을 근무했다.

돌이켜보면, 교사와 학생 학부모 그리고 지역사회가 일체감을 가지고 교육발전을 위해 협력했던 그 시절이 못내 자랑스럽다. 당시의 민병채閔炳彩 교장이나 채양석蔡洋錫 교감은 투철한 교육철학을 가진 유능한 관리자였다.

지식이나 기능 일변도의 교육에서 벗어나 인격함양과 바람직한 품성도야를 우선으로 하고 연후에 교과학력을 정착시키기 위해 전인교육을 펼쳤다. 학생들이 지닌 잠재적 자질을 조화롭게 계발하는 것이 교육목표였다.

1966년도에 3학년1반 학급담임을 했다. 그때에 나는 '방과 후 자율학습'이란 것을 처음으로 시도했다. 야간자율학습을 운영하는 학교는 별로 없었다. 개개인의 의사와 상관없이 일률적으로 시키는 자율학습이 아니었다. 방과 후 일단 귀가시켰다가 희망자만을 나오게 하여 자기공부를 하도록 유도했다. 참여 학생들은 앞 다투어 학습에 몰두했다. 교실분위기는 너무나 정숙했다. 담임교사의 임장지도가 필요 없었다. 이렇듯 자율적으로 하는 공부는 학습효율이 높았다. 실력은 날로 향상되어갔다. 부진학생의 성적이 놀랍게 올라감에 따라 우열을 가리기가 어려울 만큼 평준화되어갔다. 개개인의 성취감은 학습의욕을 더욱 북돋았다. 자율학습이 정착단계에 이르자 학급성적도 점차 상향곡선을 그었다.

학우 상호간에는 자율과 겸양과 배려의 기풍이 싹트기 시작했고 그것을 바탕으로 우정이 돈독해지고 면학분위기도 조성되어갔다. 예를 들면

통학거리가 먼 친구를 자기 집에 대려다 기숙하게 한다든지 저녁밥을 싸다 주는 일은 흔히 있었다. 옆 친구가 공부에 지쳐 졸기라도 하면 조심스럽게 흔들어 깨워주었다. 아는 문제와 모르는 문제는 상호보완적으로 가르치고 배우는 짝꿍학습을 함으로써 성적도 오르고 우정도 깊어갔다. 전해 듣기로 이들은 지금도 견권지정繾綣之情으로써 형제처럼 지낸다니 참으로 그때의 인연이라 하겠다.

나의 국어과 수업방식도 개선하였다. 단순히 지식을 전수하는 주입식 수업에서 탈피하여 학습자가 타고난 능력을 자기 힘으로 개발하도록 하는 수업, 즉 자주적 학습 태도와 습관을 길러 주는 문답식 교수-학습법을 채택했다.

그해에 고등학교 입시에서 좋은 성적을 거두었음은 물론이다. 이른바 명문 고등학교를 비롯해서 희망하는 학교에 대부분 합격한 것이다. 사제동행으로 마음을 합친다면 이루지 못할 일이 없다는 것을 입증한 셈이다. 학업에 충실하고 예의바르며 성실한 제자들을 만난 덕분에 교직의 보람을 만끽할 수 있었다.

당시의 제자들은 이미 중년으로서 60이 다되어 갈 것이다. 인생의 나이 50이면 지천명이요, 60이면 이순이라 하지 않던가. 세상을 알 만큼 아는 나이가 된 것이다. 요즘 세간에 회자되는 말로 나이는 숫자에 불과하고 '몸과 마음은 청춘'이라고들 한다.

그렇다. '사무엘 울만(Samuel Ullman)'의 말을 빌린다면, "청춘은 인생의 어느 기간을 말하는 것이 아니라 마음가짐을 말한다. 강한 의지, 풍부한 상상력, 불타오르는 열정을 가지고 있다면 나이와 상관없이 청춘"이라고 했고, "인생은 나이로 늙는 것이 아니라 이상의 결핍으로 늙는다. 세월은 피부에 주름을 보태지만 열정을 잃으면 영혼에 주름이 진다." 고 부연했다. 내일을 바라보는 이상과 열정을 강조하고 있다. 사랑하는 나의 임곡중제자들은 모두 '청춘'일 것임에 틀림없다.

순자荀子의 권학편勸學篇에 청출어람이청어람青出於藍而青於藍이란 말이 있다. '쪽 풀'에서 뽑아낸 푸른 물감이 쪽빛보다 더 푸르다는 뜻으로, 스승보다 제자가 더 뛰어나거나 훌륭함을 이르는 말이다. 임곡중학교 출신의 모든 제자들이 각기 자기분야에서 대약진하고 있음이니 어찌 청출어람이 아니겠는가.

내게 있어서 임곡林谷이라는 고을은 시공을 초월한 영원한 추억속의 고장이다. 청출어람의 출중한 제자들과 만날 수 있었던 행운은 물론이고 딸 하나와 아들 둘을 얻었던 곳이기 때문이다. 게다가 큰아들과 큰딸이 임곡중학교에 입학하는 기쁨도 누렸다. 그리고 내 육남매의 외가마을이기도 하다.

'재경황룡산악회'가 동문회 회원 상호간의 유대와 교류의 광장으로 회지를 출간한다니 매우 뜻 깊은 일이다. 축하해 마지않는다. 더구나 옛 은사들에게도 동참의 기회를 마련해 주니 감사할 따름이다. 격려사를 써 달라는 청탁을 받았지만 격려사라기보다는 지난날을 회상하는 추억담이라고 해야 맞겠다. 한낱 늙은이의 졸문을 금쪽같은 지면에 올려준다니 영광이 아닐 수 없다.

내 나이 어느덧 성성백발星星白髮로 산수傘壽를 바라보고 있다. 여명이 얼마일지 알 수 없으나 전직교원으로서 자긍심을 잃지 않고 품위와 명예를 지킬 것이며, 문인으로서 마지막 성취와 결실을 향해 열정을 불사를 것이다.

큰 어른의 그늘

미항 여수반도의 3월은 봄 같지 않다. 옷 속을 파고드는 스산한 바람 때문이다. 바다를 낀 지형적 특징인지 모르지만 학년 초이고 입학식이 있는 3월 초순이면 어김없이 을씨년스런 날씨가 된다. 2년 동안 모셨던 S교장이 이웃학교로 옮겨가고 새 교장이 부임하게 되었다. 그날따라 성긴 빗발이 흩뿌리는 을씨년스러운 날씨라 운동장에서 부임인사도 제대로 하지 못했다.

새 교장은 열두 살이나 연상인 훌륭한 인품의 대선배였다. 첫인상은 여느 시골마을의 순박한 촌로 그대로였다. 시체時體교장다운 위엄이나 세련됨은 찾아 볼 수 없었다.

악수를 청하면서 "교감선생의 성화는 들어서 잘 알고 있소, 우리 잘 해 봅시다." 마치 큰형님이 막내 동생을 사랑으로 어루만지듯 다정한 말씨였다. 교감은 새로 부임하는 교장에게 학교현황을 요약 보고하는 것이 관행이었다. 권위주의적 군사문화가 팽배하던 시절이라 준비해둔 브리핑

차트로 현황을 보고하려고 했다. "아, 교감선생님, 그런 요식은 필요 없으니 구두로 간략히 설명하시오." 하는 게 아닌가. 나는 당황해서 "그래도 절차는 밟아야지요." 라고 해도 막무가내로 나를 자리에 앉혔다.

당시로서는 파격적인 일이었다. 신임 W교장의 배포나 성격, 학교 운영 스타일을 짐작할 수 있는 대목이다. 뒤에 안 것이지만, 상부 기관에서 높은 사람들이 내려와도 긴장하거나 경직되지 않는 흔연스럽고 호방한 성품을 지닌 분이었다. 지금까지 학교현황 설명은 부리핑차트 없이 해 왔다고 한다. 자유와 민주를 역행하는 군사문화에 대한 반발이었던 것이다. 교감으로서는 걱정도 되고 일면 편하기도 했지만 날이 갈수록 그런 교장에게 존경과 신뢰가 쌓여갔다. 어떤 어려움을 당해도 결코 당황하거나 흔들리지 않는 호걸남아였다.

구수하고 유머러스하며 거침새 없는 언변은 사람들을 끌어당기는 힘을 지녔다. 어떤 화두가 생기면 순식간에 관련된 이야기를 끌어다가 재미있고 설득력 있게 좌중을 압도해 나갔다. 이분의 어디에서 이런 끝이 없는 이야기가 풀려나오는지 알 수 없었다. 아무튼 교장과 마주앉아있으면 이야기에 파묻혀 시간가는 줄을 몰랐다. 거기에 더해 원만하고 다정다감한 성품과 건장한 체구는 사나이다운 매력이었다. 학교운영 스타일은 전임 S교장과 비슷했다. 학사 전반을 교감에게 일임할 것이니 당신의 철학인 '자율과 성취'를 학생지도의 방침으로 삼아달라고 했다.

교장은 대신 밖으로 나돌았다. 지역의 기관단체장이나 유력자들을 만나 학교 발전에 협조를 당부하는 등 지원과 유대를 튼튼히 하는 데에 힘썼다.

W교장은 교육여건이나 환경조성에 심혈을 기우렸고, 교감과 교사들은

학교장의 교육방침에 따라 열심히 연구하고 가르쳤다. 이렇게 학생, 학부모, 교사, 지역사회가 한마음으로 전력투구함으로써 학교는 날로 새로워졌다. 교장은 부하직원들에게 칭찬하기를 좋아했다. 어떤 부문의 실적이 좋아졌을 때엔 반드시 칭찬과 보상을 아끼지 않았다. 나무랄 일이 있어도 조용히 타일러 스스로 반성하고 깨닫도록 했다. 교직원들의 애경사에는 성심껏 돌봐주는 인정 많은 어른이기도 했다.

W교장은 일찍이 미술교사로 출발했다고 한다. 남종화를 주로 그렸는데 개인전도 여러 차례 열었고, 국전에도 출품해서 입선작가가 되었다. 그림과 함께 시문학 쪽에도 재능이 뛰어나서 틈틈이 써 모았던 작품으로 일찍이 등단했다고 한다.

검정고시를 거쳐 국어교사로 전과를 했다. 미술교사가 시인국어교사로 거듭난 것이다. 국어교사로 이름을 떨친 일화가 있었다고 한다. 어느 여학교에 근무할 때인데 소풍날의 여흥시간에 노래를 부르라는 주문을 받았다. 음치라서 노래는 부르지 못하니 시를 낭송하면 어떻겠는가고 물으니 그래보라고 했단다.

소월의 「진달래꽃」, 「금잔디」, 「초혼」, 「산유화」, 등 열대여섯 시편을 낭랑한 음성으로 리듬감 있게 암송했다. 여느 전문 낭송가에 못지않은 제스처까지 써가며 낭송을 끝내자 학생들은 펄쩍펄쩍 뛰며 열광했다고 한다. 여학생 특유의 섬세하고 예민한 감성을 부추겨 감동을 주었기 때문이었다. 흥분 끝에 실신한 여학생까지 있었다니 요즘으로 치면 열성팬들의 오빠부대와 같은 모습이었던 것 같다.

입에 대면 말술로 즐기는 주호인 W선생은 그날 밤 만취상태로 학교숙직실에 떨어져 자게 되었다. 다정한 사이인 청부가 생각고 방에 불을 따습게 때주었다고 한다. 술에 취해 정신없이 자다가 엉덩이와 등짝에 통증이 느껴져서 일어났다. 너무 뜨겁게 달구어진 구들장에 맨살을 덴 것인데 병원에서 입원치료를 받는 등 소동이 벌어졌다. 이래저래 시인국어선생은 유명세를 넘어 여학생들의 우상이 되었다고 한다.

그분은 젊어서부터 공방살空房煞[99]이 끼어서 부인과는 금슬이 좋지 않았다고 한다. 부임한지 얼마 되지 않은 때인데 '교장부인'으로부터 전화가 걸려 왔다. 관사에 "손님이 오셨는데 교장에게 좀 전해 달라", "어제는 집에 들어오지 않았는데 무슨 일인지 교감선생님은 알고 있지요?" 공방살이 대화 장벽을 만든 것이다. 그분처럼 서글서글하고 원만하신 인격자도 공방이 들면 그럴 수가 있다는 것을 알고 놀랐다.

W교장은 건강하게 정년하신 후 20여 년을 안한자적安閑自適하셨다. 같은 광주 하늘 아래 살면서도 자주 찾아뵙지 못했다. 지난해에 망백望百이니 올해로 아흔두 살이시다. 2월 달의 일이었다. 노환이 비록 침중하셨으나 쾌차 회춘하시길 바랐는데, 기어이 영면하셨다는 흉음에 접했다. 무정과 등한을 자책하면서 영전에 분향했다.

그분은 내 삶의 나침반이었다. 편안한 마음으로 분수를 지키며 만족할 줄을 알았다. 설치지 않고 자기를 낮추는 겸손을 실천하였다. 측은과 배려로써 어려운 이들의 손을 잡아주었다. 권위주의를 멀리하고 수하라도 인격을 존중했다. 천의무봉의 호걸로서 전두리의 구심점이었다. 의리를 지키고 재물을 탐내지 않는 고결한 인품의 선비로 살았다. 삶의 정서를 아름다이 노래하여 뭇사람에게 감동을 준 시인이었다. 수묵과 담채를 써서 문인의 내면세계 표현에 치중했던 남종문인화가였다. 가리개로 표구한 그림 '대부귀도大富貴圖'는 어른의 표상表象이다. 나는 오늘도 '큰 어른'과 함께 한다.

---

99) 空房煞 : 부부간에 사이가 나쁜 살.

숙부와 숙모

동네에는 가난하나 효자인 노총각이 있었다. 늙은 어머니가 오늘만 내일만하는데 이불마저 헤어져 엄동설한에 추위에 떠는 어머니가 측은하고 죄송하다. 생각다 못한 이 노총각효자가 동네 부잣집에 가서 헌 이불 한 채를 동냥 구걸했지만 거절당했다는 이야기가 동네에 퍼졌다.

그 말을 들은 내 숙부님께서는 당신이 덮는 이불을 둘둘 말아 싸들고 가 노총각에게 주면서 어머니 덮어드리라고 했다. 다섯 식구가 함께 덮고 자는 겨울솜이불은 그것 한 채 뿐인데, 그걸 주어버렸으니 무얼 덮을 것인지 내 숙모님은 난감했을 것이다. 숙모님의 택호는 태평泰平이댁이다. 택호를 닮아 세상사 천하태평인 숙모님이라도 봄가을 이불을 꺼내고, 포대기를 덮고 자야만 했으니 그 심정을 알만하다.

가난한 집의 대주가 중병이 들어 그 가족들이 굶기를 밥 먹듯 하는 이웃집이 있었다. 숙부님은 당신도 근근이 대 먹는 찻독 바닥을 긁어 쌀을 나누어 주신다. 숙모님은 그런 숙부님에게 아무 내색도 하지 않으셨다. 마음이 깊고 넓으며 어려움을 큰마음으로 견디는 태평스러운 심성의 숙모님이셨다. 이렇듯이 숙부님과 숙모님 내외분은 한몸 한마음이셨다. 남의 어려움을 그냥 보아 넘기는 일이 없는 자선가이자 선비이셨다.

1940~50년대까지만 해도 남을 가엽고 불쌍히 여기는 마음(惻隱之心), 자신의 잘못에 대해 부끄러워하는 마음(羞惡之心), 겸손하여 남에게 사양할 줄 아는 마음(辭讓之心), 옳고 그름을 가릴 줄 아는 마음(是非之心)의 사덕四德이 시대정신으로 풍미했어도 그걸 실천하는 사람은 흔치 않았다.

효제孝悌정신도 뛰어나셨다. 어버이께 효도하고 형제끼리 우애가 도탑고 신실한 것을 말한다. 아버지는 세 살, 숙부는 생후 100일의 갓난애였을 때 양친을 여의고 조부모님 품에서 자라나셨다고 한다. 어려서 이후 효손이었고 형제분은 남다른 우애로 아끼고 사랑하셨다. 세 살 위의 형을 따르면서 공경했다.

집안에 어려움이 생기자 당신의 숙부를 따라 만주로 이민을 가셨다. 재산을 정리하여 뒤따른 것이다. 이국땅, 생소한 만주의 생활은 고달프고 견뎌내기 어려운 인고의 나날이었다고 한다. 더구나 이민 동포들과 고난을 함께 하면서 예의 측은지심이 발동해서 파산의 아픔을 겪게 된 것이다. 2~3년을 버티다가 초심을 버리고 귀국할 수밖에 없었다. 재산을 탕진한 끝이라 고국생활도 어려움이 있었다. 내 아버지의 형제애와 애틋함, 그리고 근면과 성실함으로 가계를 꾸려나가셨다.

일제강점기, 식민지 조선(한국)에서 경제수탈은 물론 강제징용징병으로 장정들을 국외로 끌어냈다. 숙부님도 영락없이 징용으로 끌려 나가셨다. 동남아시아를 점령하고 고무를 비롯한 군수자원을 수탈하고 점령지를 지켜내기 위해서는 조선인(한국인)의 인적자원이 절실했다. 인도네시아 자바를 거쳐 미얀마(당시 버마)에서 연합군의 포로수용소 노무자로 노역에 종사했다. 태평양전쟁(2차 세계대전)이 일제가 패전했으니 강제징용에서 풀려나 귀국해야 마땅했다. 그러나 어찌 뜻하였으랴, 포로수용소의 노무자였던 숙부님을 비롯한 조선인(한국인)들을 일본인으로 오인한 연합군은 일본군에 포함시켜 포로로 수감해 버렸다. 일본군이라면 역전이 당연하지만 조선 노무자들로서는 억울하기 짝이 없는 일이었다. 1년여의 포로생활 끝에 풀려나 1947년에야 그리던 고국 땅을 밟을 수 있었다. 고난의 세월 5년이었다. 일제는 자기들이 저지른 역사적 죄업을 아직도 부인하거나 외면하고 있으니 파렴치의 극이 아닐 수 없다.

해방된 조국 땅은 남북으로 분단되었고, 남한에서는 남남이념갈등으로 날 샌 줄을 모르다가 마침내 김일성도당의 6·25남침을 당하게 되었다.

귀국한 숙부님은 약한 자를 돕는 측은지심과 옳고 그름을 가리는 시비지심으로 좌익들을 동정하던 끝에 공산당으로 몰렸다. 이승만 정권은 좌익들 가운데 비교적 온건한 인사들을 포섭 회유한다는 명분으로 보도연맹保導聯盟이라는 것을 만들어 가입시켰다. 북한공산군이 서울을 점령하고 파죽지세로 밀고 내려오자 지역의 경찰은 보도연맹원들을 구금했다가 후퇴 직전에 옥석구분 없이 학살하기에 이르렀다. 숙부님은 좌익활동이라기보다는 살림이 어려워 굶주리고 있는 좌익운동자 몇 집에 식량을 조금씩 대어준 일밖엔 한 일이 없음에도 억울하게 학살당하신 것이다. 향년이 33살의 산을 뽑고 강물을 가로막을 젊은 나이었다. 기구한 일생이었다. 예의염치효제禮儀廉恥孝悌나 사덕四德의 가르침을 실천하다가 졸개들의 흉포에 죽음을 맞이한 걸 생각하면, 세상이 무상하여 가슴이 저림을 어찌 할 수 없다.

숙모님의 일생도 현모양처로서 본이 되셨다. 뜻하지 않은 만주 이민의 고난을 시작으로 5년여의 강제징용, 6·25와 장부의 피살로 겪으신 고통은 이루 말할 수 없는 참혹함이었다. 전란 이후에는 일가친척들의 몰락과 출향 등으로 외롭게 고장을 지키셨다. 내남없이 가난의 한가운데서 3남매를 키우시느라 가시밭길을 헤쳐 상처투성이 내 작은어머니, 먹을 만큼 사시던 양반집 외동딸로 생장하시다 출가해 오신 작은어머니, 현숙하고 자비심 넘치는 부덕과 모성으로 3남매를 훌륭히 키워내신 작은어머니, 불행은 잇따르는 것인가. 작은아버지가 가신 지 10년, 1960년 45살의 아까운 나이, 요즘 같으면 새 출발도 할 황금기에 하늘에 오르셨다. 안 잊히는 3남매와 한 많은 이승, 구천을 떠돌고 계실 우리 작은어머니, 이젠 마음을 내려놓으시고 하느님의 오른편에 앉아 차분히 영생하시지요.

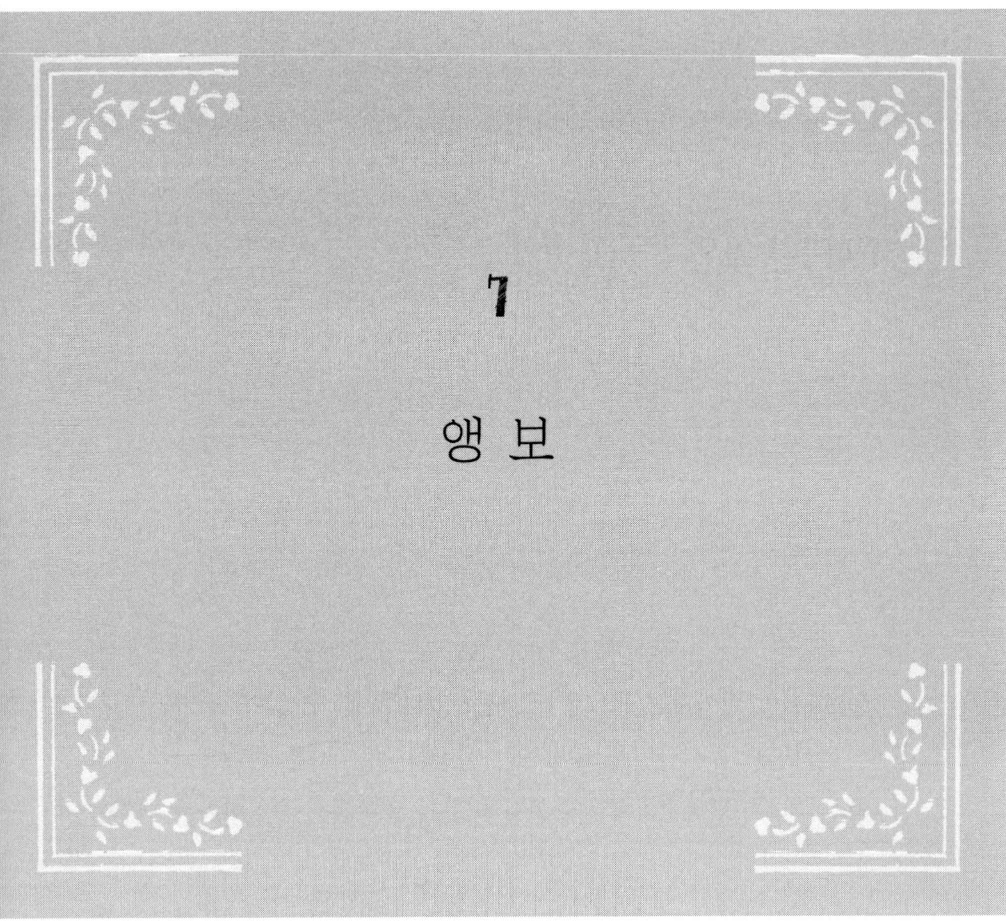

7

앵 보

어른들이 정보를 얻는 수단은 TV나 신문광고 정도지만,

디지털세대, 특히 유행에 민감한 Z세대,

잘 나가는 트위터리안인 까꿍이는 SNS가 안성맞춤이다.

SNS에서 얻은 IT정보를 할아버지께 신속히 제공하는 일은 까꿍이의 몫이다.

이렇듯이 주고받음은 조손간의 사랑이나 밀착의 원천이 되었다.

HAPI한 노인

고령자들이 살아가는 모습은 크게 두 가지로 볼 수 있다. 하나는 건강만을 지키면서 무사안일을 추구하는 사람들이다. 다른 하나는 건강관리는 물론 지식정보화시대에 사람들과 어울려 역동적으로 살아가는 사람들이다.

전자는 먹고사는 데엔 별 어려움이 없는 사람들이다. 젊어 현역일 때에는 자기 일에 충실하면서 자녀교육에도 나름으로 성공한 사람들이다. 거리낌이나 부담 없이 사는 것이 그들이 바라는 최선의 덕목이다. '뭐니 뭐니 해도 건강이 최고다'라며 몸에 좋다는 건강식품을 챙겨먹는 건강제일주의자들이다. 또한 일가친지들과 어울려 인생을 즐겁게 살려는 낙천가이기도 하다. 세상 돌아가는 일에는 별 관심이 없다. 용돈 넉넉히 챙겨서 친지들과 술·밥 나눠먹으며 담소하는 등 안한자적安閒自適하는 삶을 산다. 늦장보기로 이성 친구를 만나 노을빛 사랑을 구가하기도 한다. 동네 노인정이나 공원 같은 곳이 이들의 주된 생활무대이다. 화투놀이, 장기나 바둑 따위로 시간을 메우면서 때로는 등산이나 당일치기 버스투어도 즐긴다.

중국 요순시대를 태평성대라 했던가. 함포고복含哺鼓腹(실컷 먹고 배를 두드린다. 먹을 것이 풍족하여 즐겁게 지냄)하며 불렀다는 격양가擊壤歌(풍년이 들어 농부가 태평한 세월을 즐기는 노래)의 고사를 동경한다. 하루하루가 흥겨워 콧노래도 흥얼거린다. 게다가 욕심은 놀부라, '세월아 내월아 구구팔팔로만 오너라.' 그들의 절절한 염원임을 말해 무엇하랴.

후자의 경우는 보다 의도적이고 지혜롭게 사는 사람들이다. 어떻게 사는 것이 보람차고 가치 있는 삶인지 끊임없이 고민한다. 젊어서 쌓아올린 경험을 바탕으로 은퇴 후의 생활 설계를 했기 때문에 매일 매일의 일과가 짜임새 있고 건전하다.

정기적으로 종합검진을 받아 건강을 관리한다. 의사의 처방으로 맞춤운동, 걷기, 등산, 체조 따위 운동을 규칙적으로 한다. 자기전공의 동아리 모임에 참여해 작품 활동을 한다든지, 친구들과 국내외 답사여행을 한다든지, 전국의 맛집을 찾아 식도락을 한다든지, 음악 스포츠댄스 같은 프로그램이나 강좌에 참여한다든지, 관심 있는 전시회를 참관한다든지, 아카데미상 수상작이나 인기화제작의 작품 감상회에 참가한다든지, 스스로 강좌를 개설해서 노인들에게 특정분야의 지식이나 정보를 제공하기도 한다. 평생 종사했던 분야의 전문지식을 필요한 이들에게 기부하는 일이야말로 국가 사회적 측면에서는 퇴장退藏된 인적자원의 재개발이요, 활용이라고 할 수 있다. 당사자에게는 일생일대의 보람이요, 영광이 된다.

날로 새로워지는 정보기술을 제때에 익혀 활용한다면 젊은이들에 못지않다. 대중화되어가는 '페이스북' 같은 SNS에 참여하는 등 자아실현을 위해 노력하는 노인이야말로 희세의 멋쟁이가 아닐쏜가.

SNS는 사교적인 소통을 위한 연결망이다. 내 홈에서 '친구'를 만날 수 있다. 긴 메시지보다는 현재의 모습을 단문으로 기록한다. 종전의 SNS는 데스크톱을 활용했지만 지금은 주로 스마트폰을 이용한다. 자손들과의 소통이 원활해져 혈육의 정을 나누는 매체로도 두드러진다.

"따르르릉~ 할아버지 뭐하셔요? 어제 저녁에 늦게까지 마셔댔더니 도무지 일어날 수가 없어요, 출근해야 되는데. 할아버지, 저 매 좀 때려주세요~옹, 네~?" e-메일이나 문자가 따를 수 없는 매력이 페이스북에 겐 있다. 나도 손주 녀석의 '페이스북 담벼락'에다 "아, 상쾌한 아침~ 오늘도 파이팅이다!", "그래 이 녀석아 종아리 걷어라, 가만있자 회초리를 어디다 두었더라?" 조손간의 애교 섞인 대화가 정겹다.

10대와 20대 두 사람을 '친구추가' 메뉴에서 '친구'로 맺었다. 기성세대는 도무지 알 수 없는 비속어나 줄임말, 은어, 신조어를 마구 쓴다. 담벼락이나 댓글에서 그들의 언어 실태를 대충 알 수 있었다. '안습(안구에 습기가 차다-슬플 때 눈물이 난다)', '메롱스럽다(난감하다. 어색하다. 우울하다)', '버카충(버스카드충전)', '장미단추(멀리서 보면〈長〉 미인인데〈美〉 가까이서 보니〈短〉 못생겼다〈醜〉)', '생선/생파(생일선물/파티)', 'IBM(이미〈I〉 버린〈B〉 몸〈M〉 : 술이나 담배 등에 찌들어 폐인 같은 생활을 하는 사람) 등은 그들만의 은어이다. 심한 언어파괴로 외계어外界語(?) 수준이다. 그나마 욕은 올리지 않아 다행이었다.

가입자 5백만을 헤아린다는 Facebook은 기존의 카페와 비슷해서 사진이나 동영상도 올릴 수 있다. 다른 점은 역시 방문의 개념보다는 친구를 비롯한 많은 사람들과의 '정보공유'다. 따라서 친구의 페이스북을 방문하지 않더라도 내 페이스북에서 글을 받아볼 수 있는 것이 특색이다.

페이스북에서 '친구삼기'를 50여 명을 했다. 소통과 친교라는 이점이 있지만 좀 하다보니까 폐단도 나타났다. 이른바 '페이스북 피로감'이라는 신조어가 등장한 것이다. SNS를 통해 많은 지인들의 일상을 매일 확인하는 것이 귀찮아졌다. 예컨대 타인의 사생활과 시시콜콜한 집안이야기까지 읽다보면 피곤해진다. 세상사 빛이 있으면 그늘도 있게 마련이다. 편향된 정치적 주장이나 허황된 괴담, 프라이버시 침해나 개인정보 유출 같은 역기능이 문제로 대두하고 있다. 최근 내 주변에는 소셜네트워크에서 모습을 감추는 이들이 늘고 있다. 나도 페이스북에서 탈퇴를 결심하고 '계정에서 비활성화'를 선택했다. 이젠 시간 여유도 좀 생겼고, 무거운 짐을 내려놓은 것처럼 한결 홀가분해졌다.

광주 노대동 '빛고을노인건강타운'이나 서울 '강남시니어프라자' 같은 곳이 60세 이상 노인들만을 위한 고품격 문화여가 복지시설이다. 이런 곳은 노인들의 천국으로 발 딛을 곳이 없을 정도로 북적인다.

근자에 HAPI라는 말이 생겨났다. '건강하게 늙기(Healthy Aging)', '활기차게 늙기(Active Aging)', '생산적으로 늙기(Productive Aging)', '통합적으로 늙기(Integrative Aging)'에서 머리글자를 따온 말이라고 한다. 단순한 행복happy가 아닌 hapi라는 말은 노인들이 자아실현을 지향한다는 뜻이라고 한다. 적극적으로 사회참여를 하며 품격 있는 노후, 젊은 노인으로 살겠다는 의지가 담겨있다는 것이다.

'노인건강타운이나 시니어플라자' 같은 복지시설들은 앞서가는 노인, HAPI하게 사는 노인들의 온상이다.

노인들이 많이 모이는 곳에 가보면 80대는 흔하다. 적어도 90은 넘어야 노인대접을 받는다. 장수시대의 현주소다.

어느 미디어에서 얻어들은 실화이다. 경영일선에서 물러날 나이, 92세의 현역 CEO의 장수비결을 소개하는 내용이었다. 장수도 경영도 원칙이 중요하다고 했다. 매일 9시에 규칙적으로 출근해서 신문도 보고 결재도 하면서 머리를 쓰는 것이라고 말했다. 헬스클럽에 가서 운동하고 사우나 하는 데 2, 3시간씩 쓴단다.

정직, 노력, 봉사를 신조로 떳떳하게 사업하면 마음 졸이고 신경 쓰고 그럴 게 없다는 것이다. 만병의 근원인 심화心火(스트레스)를 피하는 길이라고 했다. 대수롭지 않은듯하나 실천하기 쉽지 않은 이야기다. 사업과 건강 모두 장수만세가 아닌가. 부러운 젊은 노인, HAPI한 노인, 이 최고경영자 이야기는 새겨둘만하다.

핵가족의 분화

우리 역사를 상고詳考해 볼 때, 농경시대의 대가족은 3代 이상의 조부모와 부모 그리고 형제자매들로 구성된 애정적인 혈연관계로서 한집에서 기거하고 취사炊事하는 기본적 사회집단이었다.

자손들은 가부장적인 조부모로부터 삶의 지혜와 경험을 전수 받고, 이어져오는 풍습이나 범절, 집안의 전통적 도덕관인 가훈을 몸에 익혀 실천함으로써 바람직한 인간으로 성장할 수 있었다. 조부모는 자손들을 사랑으로 감싸고 자손들은 조부모께 효도로써 섬기는 사랑공동체였다. 따라서 오늘날 대두되고 있는 노인문제 같은 것은 발생할 여지가 없었다.

1970년대의 산업사회를 거쳐 정보화시대에 이르러 부모와 미혼자녀가 함께 하는 핵가족시대로 가정형태가 바뀌었다. 시대변화의 흐름은 더욱 거세져 4인 기준의 핵가족이 2인 가구로 분화되어 가고 있다.

자녀가 결혼하면 곧장 분가시키는 것이 추세라 부부만 사는 '빈 둥지(공소空巢 empty nest)' 2인 가구가 우리나라의 대표적인 가구형태로 자리 잡게 되었다.

통계청의 발표에 따르면 지난해 처음으로 2인 가구(24.3%)가 4인가구를 넘어섰으며 앞으로 2인 가구의 증가는 물론 나홀로 1인 가구도 계속 늘어나는 추세라고 한다.

빈 둥지 2인 가구 현상은 노인문제 등 여러 사회문제를 수반하게 되었다. 우선 '빈둥지증후군症候群'이란 걸 생각해 본다. 중·노년에 이른 가정주부가 자신의 정체성에 대해 회의를 품게 되는 심리적 현상으로, 마치 텅 빈 둥지를 지키고 있는 것 같은 허전함을 느껴 정신적인 위기에 빠지는 일을 말한다. 평생을 애면글면 키운 자식들을 다 내보내고 늙은 내외나 외짝으로 외로이 말년을 보내야 하는 비정한 현실을 슬퍼한다. 그러나 빠른 속도로 변해 가는 현대 사회와 가치관의 변화를 거스를 수는 없는 노릇, 긍정적 능동적으로 대처해야만 그나마 부지할 수 있게 되었다. 다만 노후를 안정적으로 살 수 있는 경제력마저 없다면 이를 말해 무엇하랴.

1990년대 말에 막내아들의 성취成娶를 끝으로 아내와 나도 일찌감치 2인가족의 반열에 끼게 되었다. 아내는 공소증후군에 시달렸고 나 또한 현실 도피적 취함과 깸을 거듭하는 가운데 2인 가정 두량斗量에 이골이 나서 새로운 하늘아래, 꽉 차게 둥지를 틀어 거듭났다. 자식 키워 살림 내줬으니 할일 다한 듯 손 털고 먼산바라기로 지낼 일이 아니라 힘닿는 데까지 아들딸 줄줄이 더 낳아 기르자는 데에 뜻이 모아졌다.

동내 뒷동산기슭에 공한지가 있었다. 어슬새벽부터 달보기까지 허리 휘게 괭이질 삽질해서 어림으로 한 백 평쯤의 산밭을 일궜다. 공해시대라 화학비료 농약치지 않는 재래농법을 따르기로 작심했다.

부엽토 장만하고 잡초 뽑고 풀 베어 퇴비 마련하랴 소매항아리에 오줌 채우는 일이며 대용농약 만들기에 동분서주했다. '농가월령가'의 조상 지혜로써 철 맞춰 씨앗 뿌려 싹이 트니 새 생명이 귀엽고 고마워 뒷밭에서 밤낮 죽치고 살았다. 늦가을에 매실, 살구, 자두, 복숭아, 무화과, 감, 대추, 복분자 묘목을 밭둑가에 듬성하게 울타리 치니 제법 농장의 구색이 갖춰졌다. 땀 흘려 일군 우리 밭이라 볼수록 뿌듯하고 대견하다.

여러 해 내팽개쳐졌던 데다 무농약이라 포제酺祭100)를 지낼 만큼 벌레 떼의 침노가 자심했다. 그들과의 끊임없는 전쟁으로 노력老力을 탕진했지만 이삼년 거뤄 땅심을 돋우니 어설프지만 유기농을 흉내 낼 수 있었다.

상추, 쑥갓, 아욱, 오이, 강낭콩, 동부, 토마토, 당근, 비트, 열무, 대파, 실파, 고추, 감자, 고구마, 무, 배추 등 철철이 색색으로 심어거두니, 김매 거루고 벌레들과 숨바꼭질 힘겨웠지만 친지나 이웃에게 나눠주는 재미가 오달졌다. 자식 손주들에겐 유기농산 채소와 과일 김장김치 가져가란 핑계로 주말에 내려오게 하여 색색으로 꾸려 손에 들려 보낼 때 '님도 보고 뽕도 따는' 일거양득이 아닐쏜가.

싱싱하고 풋풋하게 살아 숨 쉬는 야채와 과일을 가꾸고 키움으로, 인정친정人情親情이 도타워지니 이야말로 아들딸 '줄로 낳아 기름'이 아니고 무엇이란 말인가.

핵가족으로 흩어져 살아가지만 집안 기제사나 생일 같은 연례행사에는 알아서들 모인다. 스무 남짓 핏줄 모임이라 시끌벅적 야단법석이다.

---

100) 酺祭 : 논밭의 충해蟲害가 심할 때에 그 피해를 떠는 신에게 지내는 제사.

오랜만에 손잡아 흔들고 머리 쓰다듬어 아름다이 보듬는 정 나눔은, 차라리 모여 살며 자질구레한 일로 부대끼는 것보다 나을지도 모른다.

이로써 십유여년이 훌쩍이라 근년에는 이 핑계 저 핑계로 밭에 나가는 빈도가 떨어진 내게, 아내는 호리병·호중천지壺中天地101)에 홀렸다고 혀를 찬다. 핑계 없는 무덤 없다고 글 모임을 둘러대지만, 기실은 밭에서 꼼지락거리기엔 노력老力의 밑천이 딸린 탓인지 모른다. 덤터기를 무릅쓴 아내가 내심 짠하기만 하다.

우리 세대가 대가족제에 대한 향수에 덜미잡혀있듯이 아들딸 세대도 핵가족시대에 대한 미련으로 가슴저려할 것이다. 그네들과는 가치관의 차이를 넘어 형성된 공감대가 비교적 넓다. 그러나 세대차가 천지天地로 현격한 손자들과의 혈연적 유대를 복원하려면 꾸준한 커뮤니케이션을 통해서 공감대를 넓혀나가는 수밖에 없다. 손자세대의 가치관과 문화를 이해하고 따뜻하게 다가갈 때 비로소 할아버지세대의 위상이 바로 서게 될 것이다. 다행히 할아버지가 당당히 내놓을 만한 문화유산을 갖고 있다면, 그것을 다듬어 넘겨준다면, 그들에게 감동을 주고 긍지를 갖게 할 수 있을 것이다.

101) 壺中天地 : 항아리 속에 있는 신기한 세상이란 뜻으로, 별천지 선경仙境 따위를 이르는 말이다. 여기서는 술과 함께 유유자적 즐긴다는 뜻으로 씌었음.

홍어 이야기

1970년대까지만 해도 지금의 나주시 영산포榮山浦는 수륙교통의 요충지였다. 목포와 영산포 사이에는 범선이나 발동선이 오갔다. 등대불이 명멸하는 영산강의 내륙포구였고, 철도가 없는 전남 서남부지역인 해남 강진 장흥 영암 등지의 물산이 모여드는 장터였다. 바다에서 생산되는 해물과 내륙물산이 유통되는 영산포 선창은 밤낮으로 벅적거렸고, 홍어 집산지로 이름을 날렸다.

1950년대 중엽에 영암에 근무하던 2년여 동안 영산포는 필수 경유지였다. 광주의 집에 올라갈 때면 부모님께서 좋아하시는 '흑산 홍어'를 잊지 않고 사갔다.

"올라왔느냐? 그래 오늘도 홍어를 사왔구나. 삭힌 것이지?" 흐뭇한 표정의 아버지께서는 흑산 홍어에 얽힌 고사를 입담 좋게 말씀해 주셨다.

홍어는 흑산도 근해에서 잡힌 것을 제일로 친다. 같은 전라도라도 군산 것보다 차져서 씹히는 맛이 좋고 비린내가 나지 않기 때문이라고 했다. 자산어보玆山魚譜를 보면 흑산도 사람들은 잡은 자리에서 그대로 회를 떠서 먹는다고 했다. 원래는 삭혀먹지 않았다는 이야기다.

삭혀 먹게 된 데에는 역사적으로 까닭이 있었다. 고려 말엽에 흑산도 주민들이 왜구倭寇들의 노략질을 피해 홍어를 배에 싣고, 5, 6일 거리인 나주로 피난을 갔는데 가는 도중에 홍어가 저절로 숙성이 되었다고 한다. 좀 이상한 냄새가 나긴 했지만, 식량이 부족한 판이라 먹어 보니까 맛이 좋은데다 배탈도 나지 않았다고 한다. 흑산도 피난민들이 영산포에 정주한 이후 자연스럽게 삭혀 먹는 홍어문화가 형성된 것이다. 영산포가 발효홍어의 태생지가 된 연유다.

부패한 생선은 먹을 수가 없지만 홍어의 경우는 다르다. 홍어를 삭히면 홍어살의 단백질이 끈기가 생겨 맛이 곱으로 늘어난다. 눅진하고 찰떡같이 쫀득쫀득하게 씹히는 것이 맛깔스럽다. 자주 먹어 입맛이 붙을수록 숙성이 잘되어 콧속이나 혀끝이 알알하고 똑똑 쏘는 것만을 찾게 된다.

삭히는 방법은 홍어를 항아리에 넣고 뚜껑을 닫은 다음에 두엄 속에 묻어 7, 8일 숙성시킨다.

홍어는 한갓 해산물이 아니라 이제는 건강식품으로 각광받고 있다. 홍어의 살과 애肝에는 고도불포화지방산이 75% 이상 함유돼 있다. EPA·DHA가 35% 이상 들어 있어서 관상동맥질환, 혈전증을 억제한다고 한다. 유리아미노산은 뇌졸중 심부전증을 예방해준다. 산성체질을 알칼리성체질로 바꾸어 주며 위염을 억제하고 대장에서는 잡균을 죽여 속을 편하게 해준다. 홍어가 각광받게 된 까닭이다.

흑산 홍어는 어획량이 적어서 비싼 값으로 판매되고 있다. 고급어종으로 옷을 갈아입은 것이다. 오늘날 시장에서 거래되고 있는 홍어는 대부분 칠레산이라고 한다. 하지만 '삭힘기술'의 발전으로 굴러온 돌이 박힌 돌을 빼고 홍어시장의 터줏대감이 되었으니 금석지감今昔之感이 아닌가.

삭힌 홍어는 건강식품이기 이전에 술안주로 일품이라 애주가들이 사족을 못 쓴다. 회膾가 가장 유명하지만 무침, 찜, 애탕, 전, 튀김 등 홍어요리는 다양하다. 삼합三合은 홍어요리의 백미다. 홍어 살에 돼지수육과 배추김치 한 점씩을 합해서 한입에 넣고 씹는 것을 말한다. 막걸리와 함께 마신다면 유명한 홍탁洪濁이 된다.

영산포에서 삭힌 홍어 한 마리를 사가면 음식솜씨가 좋으신 어머니께서 손수 요리를 하셨다. 맨 먼저 홍어를 무쳤다. 저고리끝동을 한번만 살짝 걷어 올리시고 옷고름을 허리띠로 동인 다음, 도마에다 홍어를 올려 알맞게 써셨다. 그 기품 있는 맵시와 날렵한 손놀림이 지금도 눈에 어른거린다. 고추장과 된장을 적당한 비율로 섞고 식초에 갖은양념을 넣어 버무리는데 양념이 속속들이 스며들도록 오물조물 무치는 일이 맛을 내는 비결인 것 같았다. 입에 넣으면 톡 쏘면서 알싸한 것이 몇 번 우물거리면 사르르 녹아버린다.

아버지께서는 호탕한 성품으로, 친구 분들과 자주 어울리시는데 홍어안주로 술잔치를 베푸실 때면, 아들이 사온 '흑산 것'이라면서 은근히 자랑하시곤 했다. 그렇게 많이 마신 이튿날에는 홍어앳국으로 속풀이를 하셨다. 홍어애탕은 애肝에다 된장과 풋보리 싹을 썰어 넣어 끓였다. 개미嘉味가 있는 애탕이 시원하여 숙취를 다스리는 데는 그만이다.

음식문화란 공동사회가 공유하며 전수되는 생활양식으로 전파력이 매우 크다. 이제 홍어는 호남은 물론, 미식가들의 굴레를 닫고 모든 국민의 식탁에 오른 미각의 총아가 되었다. 두 분이 끼치신 음덕으로 홍어는 풍요로운 추억으로 내 삶을 관통해 왔다.

때때옷 입고 어리광부리던 때가 그리운, 나이든 고아는 외로운 대로 마음이 춥지 않으니 어버이의 애틋함이 아니고 무엇이랴.

황국신민 만들기

1941년 12월 8일, 무모한 일본은 미국 하와이의 진주만 기습공격을 시작으로 태평양전쟁을 일으킨다. 미군은 42년 4월 일본 본토에 공습을 감행했다. 6월에는 미드웨이 해전에서 제해권을 가지고 있던 일본의 주력함대에 큰 타격을 입혀 전쟁의 주도권을 잡은 뒤 일본을 거세게 몰아붙였다. 일본 본토에 대한 폭격이 본격화되고 식민지 조선반도에까지 공습을 했다. 일본은 개전초기와는 달리 날이 갈수록 전세가 불리해지자 패세를 만회하기 위해 안간힘을 쓰고 있었다.

나는 당시에 국민학교 4학년생이었다. 나라를 팔아먹은 구한말의 매국역도들에 못지않은 조선인 민족반역 훈도訓導 '하야시はやし(林씨의 창씨명)'가 담임을 맡고 있었다. 일인日人들도 어려운 사범학교 수석 출신인데 민족의식 따위는 아예 없었다. 일신의 영달만이 최고가치인 민족의 망종이었다. 어떻게든 교장에게 잘 보이기 위해 혈안이 되어 있었다. 일본 고유의 민족 종교인 신도神道에 바탕한 신사神社라는 것이 각 시군이나

읍면 등 행정 단위 마다 세워져 있었다. 학교에는 작은 신사인 봉안전奉安殿이 있었다. 신사는 일본왕실의 조상이나 고유의 신앙 대상인 신神 또는 국가에 공로가 있는 큰 사람을 신으로 모시는 사당을 말한다. 학교의 봉안전에는 천황·황후의 사진과 교육칙어教育勅語(일본 제국의 교육방침을 명기한 천황의 포고문) 등을 안치해 둔다.

내선일체內鮮一體(일본과 조선은 한 몸)라는 논리로 황국신민화운동皇國臣民化(우리 국민을 일본천황의 충실한 백성으로 만들려는 정책)을 펼쳤는데 역점사항으로 신사참배를 강요했다. 조석으로 궁성요배宮城遙拜(일본천황이 있는 동쪽을 향해 매일 절하게 하는 의식)와 황국신민의 서사皇國臣民誓詞(일황의 충실한 백성이 되겠다는 맹세)를 제창하게 했다. 학교에서는 일본어만을 사용하게 하는 소위 국어상용國語常用을 의무화했다.

민족정신을 말살하려는 일련의 시책구현을 위해, 황국신민화의 앞잡이 하야시 역도는 가장 악랄한 수법으로 어린 학생들을 몰아세웠다. 황국신민화 '실천요목일람표'의 누가기록으로 주말이면 개별평가 한다. 평점이 낮은 학생에게는 사정없이 매질을 하고 정학처분 등의 엄한 벌을 내린다. 신사참배의 경우는 2번 빠지면 정학처분을 하고 매일 반성문을 써내야 한다. '국어상용카드제'는 참으로 악랄하다. 가로 새로 3센티 크기의 카드를 월요일에 7장씩 배부하고 학생 상호간에 감시하게 한다. 조선말을 쓰다가 들키면 한 장씩을 빼앗긴다. 토요일에 카드 소지현황을 검사하는데 5장을 빼앗기면 역시 몽둥이찜질을 당하고 1주일간 변소 청소를 하게 된다. 상용카드를 많이 빼앗은 학생에게는 포상을 한다. 망종 하야시는 어린 학생들의 저승사자였다. 전쟁말기에 이를수록 그의 친일 행위는 극에 달했다.

전시경제는 날로 어려워졌다. 공출供出이라는 명목의 강제수탈이 시작되었다. 식량이나 기물(놋그릇鍮器) 따위를 의무적으로 총독부에 바치게 하는 제도이다. 동남아에서의 패퇴로 고무원료 공급이 차단되자 운동화나 고무신을 생산할 수 없게 된다. 궁여지책으로 일본식 집신(와라지草鞋わらじ, 소오리草履ぞうり)이나 왜나막신(게다下駄げた)을 만들어 신게 했다. 어린학생들을 동원해서 산에 올라가 송탄유(松炭油:소나무 뿌리를 불에 구워 짜내는 기름)의 원료인 소나무뿌리를 파게 했다.

학생복은 군복 비슷한 국민복을 권장하되 국방색(군복빛깔인 카키색, 진초록색) 물을 들여 입게 했다. 펄프 수입도 원활하지 않았으므로 뽕나무 껍질을 벗겨 종이원료로 쓰기 위해 뽕나무껍질 벗기기에도 동원했다.

연합군의 공습에 대비해서 방공호를 팠다. 땅을 깊이 파서 만든 대피소다. 전쟁 중이라 인력이 크게 부족했기 때문에 국민학생도 동원했다. 사실 이 작업은 어른들도 버거운 중노동이지만 학교 당국은 서슴없이 어린애들을 내몰았다. 일제의 주구走狗 하야시는 3, 4학년 어린이들이 고된 일에 잠시 허리라도 펼라치면 가차 없는 매질로 독려했다.

나는 이때 뺨을 얻어맞고 쓸어졌는데 고막이 터져서 피가 나오는 중상을 입었다. 당시에는 이비인후과 같은 전문병원이 없는 시절이라 대충 치료를 받았다. 고막이 재생되기는 했어도 왼쪽 귀는 청력이 떨어져서 어른들이 '가는귀를 먹었다'고 하며 걱정했다. 젊은 시절에는 그런대로 큰 불편 없이 생활할 수 있었다. 나이 들수록 귀·코 질환과 난청이 심해져서 이비인후과 병원 출입이 잦았고 끝내는 보청기라는 걸 끼게 되었지만 큰 도움이 되지 않는 상태이다.

눈이 나빠 안경을 끼면 오히려 멋이 있다고 하면서도 난청인 사람을 보는 시각은 다른 것 같다. 더러 농아자聾啞者 취급을 하는 편견을 지닌 사람들이 있다. 그럴 때면 하야시 훈도에 대한 원한이 되살아난다. 세일러복의 깜찍하게 예쁜 여학생, 일인교장의 딸과 결혼까지 해 떵떵거리던 나의 담임훈도, 차라리 왜놈보다 못한 겨레의 쓰레기, 매일 동방을 향해 일본천황폐하에게 요배를 하면서 어린 제자들을 황국신민으로 만들려고 몰강스럽게 내몰았던, 주구 하야시가 해방이 되자 하루아침에 애국자가 되어 설치는 꼴불견을, 의분을 누르고 앉아서 봐야 했던 시절이 있었다.

회한 서린 목소리

계층을 막론하고 노소간에 유행 좇아 멋지게 보이려는 게 인생사인 듯싶다.

무심한 듯 시크(chik)한 맵시. 신경 쓰지 않는 듯해도 어쩐지 멋져 보여야 트렌드세터 진짜 멋쟁이로 통하는, 같은 호리병이라도 올드파위스키나 헤네시코냑 루스키스탄다르트 보드카쯤 폭탄주로 원샷해야 술멋쟁이로 통하는, 알알이 박힌 빨간 석류알처럼 화려한 겉이 금단의 열매되어 호리는 세태이다.

한생 언어를 구슬려 블랙코미디, 인생극을 주연으로 연출하고 있다.

개뿔이나 넉넉지도 않으면서 말끔히 차려입고 세련을 자랑하며, 호리병 차고 한생 꿀컥대도 숨 쉬는 걸 에덴동산의 이변이라고 갸웃거린다. 호리병瓶의 S라인을 귀여워했을 뿐이지, 갑甲질 멍석은 깐 적 없다고 살며시 발을 뺀다. 유체이탈遺體離脫 화법을 빼닮았다. 맹자 진심편에 "소구어인자중 이소이자임자경所求於人者重 而所以自任者輕이란 구절이 있다. 남에게 요구하는 것은 엄중히 하고 자신이 맡은 바는 소홀히 한다."고 경계했다. 요즘

위정자들이 상습처럼 자기 허물은 선반 위에 올려놓는 화법이다.

공자의 말씀에 "학불염 교불권 낙이망우 부지노지장지學不厭敎不倦樂以忘憂不知老之將至라, 배움을 실증내지 않고 가르침을 게을리 하지 않으니, 마음이 즐거워 근심마저 잊을 수 있었고, 세월이 흘러 늙어가는 줄도 모른다."는 치사致詞를 황새 여울목 넘겨다보듯이 얄팍하게 시샘하기도 한다. 순자의 학지호몰이후지學至乎沒而後止로 죽을 때까지 배우기를 그치지 않아야 하나니, 길 없는 길에서 논어의 학이시습지 불역열호學而時習之 不亦說呼로, 배우고 때로 익히니 곁다리일지언정 즐거운지라, 시문의 향기를 맡아보는 우아한 감성도 새록새록 돋아나, 늦깎이 주제에 문단 밑을 세발갈퀴질로 어정어정 서성인다.

생로병은 인생사 통상通常일런가. 요산尿酸이란 망나니가 통풍을 용병傭兵하여 발가락을 공략하고, 낡아빠져 성가신 이를 뽑아 심고, 안개 낀 백내장을 걷어낸다. 귀가 슬피 울고 보청기 변별력이 성에 안 찬다. 오줌줄로 버티다가 전립샘을 갉아낸다. 어리 설핏 휘청거려 명아주 청려장이 반려로 지탱해 준다. 사대육신 불민하니 뛴 의술이며 통치약通治藥인들 무엇하랴.

팔방망이 저승길에 개구멍 내얄 판에 해롱해롱 덤벙대는 삶으로 진선미가 가당키나 하랴만, 싸 덮은 조강糟糠과 다섯째가 골수에 응어리져 백곡왕을 혐오한다. 푸른 구름 비껴 싣고 떨어지는 방울방울 낙수처럼 홍도야 백도야 점점이 낙화로 가름해다오.

겸연쩍은 나날로 전전반측 불면의 밤이 야속하다. 건강수명 궁핍한데 기대여명期待餘命 하늘인들 어찌하랴. 심장이 규칙 없고 의식이 부침하니 숨쉬기를 그만둘까 보다. 필시 일장一場의 파이널세트요, 블랙코미디라, 대단원의 막이 내려옴이니 어허, 진화의 질서야 실존이 아닐쏜가.

Y군의 이모작

꼼꼼族 Y군에게서 e-메일이 날아왔다. 돌연한 일이라 놀랐다. 얼마 전만 해도 컴맹이던 그가 작심하고 인터넷을 배운 듯싶다. 재능은 뛰지만 미수米壽가 가까운 터라 과연 꼼꼼족답다는 칭찬이 이구동성이다.

Y군과는 2년여만의 해후다. 친구들 몇이 회식자리를 마련했다. 반주가 몇 순배 돌아 도연해지자 질문이 쏟아진다. 야, 이 옹생원아 네 깜냥으로는 컴퓨터를 장만하진 못했을 거고, 자손들 걸로 썼지? 지금 들고 온 스마트폰이나 노트북은 어떻게 된 거니? 그 e-메일 네가 쓴 게 아니고 대필이지? 우스개로 궁금증을 풀어나간다.

어려서는 성격이 옹망추니라 별명이 꽁생원이었다. 제 것 남 줄줄 모르고 남의 것 달라지도 않는. 커가면서 차츰 꽁생원의 티를 벗었다. 충실하고 믿음직한 말, 참되고 진실한 행동. 꼼꼼하고 빈틈없는 일처리. 이래저래 꼼꼼족이란 별명이 붙었다.

퇴직 이후 접촉이 뜸해졌다. 잔병치레에다 우울증까지 앓았다. 보다 못한 막내아들이 서울로 모셔다가 내과 정신과는 물론 운동치료까지 받게 했다. 문화센터 같은 곳에서 젊은이들과 어울리게 했다. 컴맹은 소외다. 인터넷은 요지경이다. 생활의 고리요 젊음이다. Y의 막내며느리는 혜안의 시대효부다.

"아버님 공백기가 너무 길었어요. 20년도 넘었잖아요. 아직 늦지 않으니 이모작을 시작하셔야지요.", "건강도 웬만큼 찾으셨으니 컴퓨터학원에 나가보시지요." 며느리 말을 좇았다. 학원이다 개인교습 다 팽이를 쳤더니 e-메일쯤은 대수롭잖다. 문제의식으로 우물을 깊게 파 들어갔다. 자손들과의 디지털 디바이드(digital divide)를 줄여 반열에 서 보려는 오기였다. 블로그와 카페도 만들었다. 흥미롭고 유익한 정보만 올렸다. 처음엔 미셀러니였지만 에세이도 연재했다. 종이책도 섭렵하고 자료를 취사선택한다. 시간에 몰렸다. 손님 블로그가 하루에 20여명, 성시였다. 두그루부치기 삶은 보람차다.

하루는 큰손주가 조그만 박스를 들고 왔다. "할아버지께 드릴 선물이에요, 풀어보세요." 놀랍게도 갤럭시노트3였다. 내심 갖고 싶던 터라 더넘차다. 오늘은 복 벼락이 내리는 날인가. 애교꾸러기 골드미스 큰손녀가 핸드헬드컴퓨터(handheld computer)를 사왔다. "외출이나 여행하실 때 사용하셔요." 할아버지 맞춤형으로 사왔단다. 이 아귀참을 어찌 표현하리.

카카오톡, 보이스톡, 화상통화, S메모가 신기했다. 사진도 찍어 전송하거나 블로그나 카페 e-메일에서 쓴다. 느꺼웠다. 활기찬 '꽃보다 할배'라는 막내 내외의 격려가 용기백배다. 핏줄들의 애정교환愛情交驩, 헹가래가 아니고 뭣이겠는가.

"친구야 잠깐만," 나는 Y군의 청산유수에 끼어들었다. 선망 섞인 오기가 뻗친 것일까 "여보게 듣자니 웃프네. 자넨 자손재벌 아닌가, 출천대효 애교꾸러기 골드미스 손녀를 내게 팔게. 내 손붓감으로 속치부했네. 나야 무녀다남 기초생활수급자 아닌가. 몸값은 우선 자네 불법비자금으로 대체하시게나. 기초연금 모아 갚을 테니. 어때? 허허허" 박수갈채로 홍연대소哄然大笑다.

"할아버지, 사무엘 울만의 시 청춘에 '영감이 끊기고 정신이 냉소의 눈雪에 덮이고 비탄의 얼음氷에 갇힐 때 그대는 스무 살이라도 늙은이가 되네, 그러나 머리를 높이 들고 희망의 물결을 붙잡는 한, 그대는 여든 살이어도 늘 푸른 청춘이네.'라는 구절에 할아버지가 거기 계셨어요."

"할아버지! 축복해요. 열정이 잔병을 쳐내고 인터넷을 드렸고 저희들에게는 허물없는 끈으로 오셨잖아요. 이젠 시골에도 다녀오시고 약주도 좀 하시고요. 할머니도 모셔와 팔짱산책도 하시구요. 오페라도 구경하시구요. 젊은 손주들의 정곡情曲이었다.

이젠 하루가 흐뭇하다. 한강물 기업둥실 흐르고, 마천루가 하늘을 가리고, 거리를 누비는 인산인해, 창연한 경복궁, 덕수궁돌담길이 새삼스럽다. 기나긴 가을밤 짧고 혹한의 밤거리 흩날리는 눈발이 다습고, 세상은 워즈워스의 수선화가 기쁜데 산수를 건넌 세월이 애달프다. 허나 Y군만의 낙천이 아닌가.

평균 수명이 어느덧 81.44세로 군불 장대다. 사고四苦의 연장이다. 산업사회 주역들의 고단한 삶에 노년예비란 어처구니다. 애면글면 살림때에 절다가 문득 저녁노을 앞에 선다. 3만 불 언저리의 복지 현실이 심란하다. 노년사회에 회자되는 고통을 넷으로 간추리면 가난貧苦, 외로움孤獨苦, 할일無爲, 병고病苦다. 세상사 음양이라지만 선진국 문턱에서 온 국민이 가슴으로 풀어야 하는 복지과제가 아닌가.

친구들은 Y군의 단란하고 여유작작한 자손들, 용의주도한 성품 등 빼어난 복록을 못내 부러워했다. 그의 블로그를 찾아갔다. 메뉴가 오밀조밀했다. 메인화면의 스킨 중간에 눈길을 끄는 글발이 있었다.

"사람의 얼굴은 한 폭의 풍경화요, 한 권의 책이다.
얼굴은 결코 거짓말을 하지 않는다." - 오노레 드 발자크

Y군의 얼굴을 떠올려 본다. 과연 거울에도 호기심 열정 성실 엄격 자애 같은 그림과 책이 담겨 있었다. 나는 Y군을 존경한다, 그리고 인생 제2막을 순연히 선망한다.

아내와 산밭

외출에서 돌아와 보면 아내가 집에 없다. 둘만의 둥지인데 수수롭고 썰렁하다. 가 있는 곳을 짐작하면서도 전화를 걸어보면 의례히 산밭에서 응답한다. 밭은 한 백 평 남짓하다. 아파트 뒤꼍 산기슭에 있는 공한지였다. 어느 해 아내가 눈여겨 봐 두었던 땅을 개간했다. 칡넝쿨 가시넝쿨들이 얽히고 자잘한 관목들이 듬성듬성 서있는 땅이었다. 밭을 만드는 데는 힘이 들었지만 우리 밭이라고 생각하니 옹골져 가슴이 벅찼다.

아내의 유기농에 대한 집념은 지난날 체험의 산물이다. 사택에 딸린 텃밭에서 채소를 가꿔봤기 때문이다. 이웃에 유기농 하는 분이 있었다. 그분에게서 귀동냥눈동냥을 했다. '안현필, 장두석'같은 대가들의 저서도 자연식 유기농에 대한 의지의 바탕이 되었고 실천의 동력이 되었다.

아내는 화학비료나 농약 같은 합성화학물질은 일체 쓰지 않았다. 부엽토를 파 나르고 음식물쓰레기 생선내장 같은 것들을 얻어 모았다. 잡풀이나 패석회 등 몇 가지를 섞어 발효퇴비를 만들어 끊임없이 시비했다.

철따라 갖가지 채소를 심어 가꾼다. 척박한 산성 땅이라 작물의 생육이 더딘 데다 날짐승이나 해충들의 표적이 되었다. 하루라도 손이 빠지면, 좋을시고 천적들의 노략질이 낭자하다. 무등산 자락이라 멧돼지 고라니 같은 큰 짐승도 이따금 나타나서 분탕질을 한다. 그러니 줄곧 밭에서 살아야 한다. 가시울타리를 치고 덫을 놓아 날짐승을 잡고 해충들은 손으로 일일이 잡아줘야 한다. 밭이 집인지 집이 밭인지 모르는 고난의 세월, 집념의 세월이었다. 한 5년 땅을 거루는 데에 정성을 기우린 보람으로 마침내 땅심이 솟아났다. 기승을 부리던 벌레들의 발호도 점차 잦아들었다. 채소들이 파릇파릇 길차게 자란다. 아내의 유기농법은 일단 성공했다. 아내는 갖가지 채소의 생태에 맞춰 애정으로 보살핀다. 가지치기해 가꾼 과수들도 세월 따라 훌쩍 자랐다. 철마다 과일들이 풍성하게 열린다. 매실, 복분자, 앵두, 오디, 살구, 복숭아, 무화과, 감, 대추들이다.

이래저래 십오륙 년이 흐른 오늘, 아내는 이골 난 농사꾼으로 유명세를 탔다. 농법을 물어오는 사람들이 부지기수라 일일이 응대하기가 힘들다고도 했다.

아내는 지칠 만큼 일의 노예가 되었다. 끼니때나 어둑발이 들어도 집에 돌아오지 못하고 전천후로 매달렸다.

근년에 나는 어쭙잖게 글줄이나 쓴답시고 자판을 두드리거나, 문단활동이라는 핑계로 나들이가 빈번해졌다. 산밭에는 어영부영 발길이 끊어졌다. 부부동행의 유대가 풀어져 버린 것이다. 아내는 겉으로 내색하지 않고 혼자서 억척으로 해냈다. 나는 빚진 죄인이듯 아내에게 무렴하고 뻔뻔함을 자책했다.

이런저런 모임에는 술이 따르게 마련이다. 자고自顧컨대 못된 술버릇으로 마셨다하면 늘 취해야 한다. 하루는 어느 출판기념회에서 마신 술이 지나쳐 대취해 늦게 귀가했다. 아내는 밭에서 아직 돌아오지 않았다. 취중에도 죄의식으로 움츠러들었다. 그때 땀에 흠뻑 젖은, 지친 모습의 아내가 무거운 배낭을 걸머지고 들어오는 것이 아닌가. 나는 순간 술이 확 깼다. 당황망조해서 짐을 받아 내려놓고는 아내 앞에 털썩 무릎을 꿇었다.

"여보 이 알망종, 당신 앞에 무릎 꿇고 죄를 청하오. 당신의 정곡을 몰라주는 파렴치한 모주망태를 내쳐주시오, 진정이요 여보!"

듬쑥하고 유연幽然하기가 한바다인 아내는 "이게 무슨 짓이에요, 어서 일어나세요." 진심어린 모습에 감동한 듯 아내는 나를 일으켜 세웠다. 이래로 심기일전 술을 자제하면서 근신 자중했다.

이전에는 끼니때가 겨워도 아내가 돌아와 차려주어야만 밥상 앞에 앉았다. 게다가 반찬투정은 또 오죽했던가. 이젠 역발상으로 어떡하면 아내의 노고를 조금이라도 덜어줄 수 있을까 궁리를 거듭했다. 서툰 솜씨지만 국을 데우고 반찬을 챙겨 밥상을 차려놓고 아내를 기다렸다.

아내는 정색하며 왜 이러느냐고 생야단이었지만 끝내는 내 충심을 받아주었다. 처음엔 쑥스럽고 어색했지만 하다보니까 괜찮고 보람도 있었다. 이젠 김치찌개도 끓이고 멸치볶음이나 계란찜 등 상 차림에 익숙해졌다. 내킨 김에 설거지까지 도맡아서 주방이 말끔하다. 청소는 물론 도마를 소독하고 행주를 삶아 널 줄도 안다. 상추 씻기 풋콩 까기나 마늘 까기도 이제 손에 익었다.

개운하고 차분함으로 심간이 편해졌다. 자판을 두들겨 글을 다듬는다든지, 책장을 넘긴다든지, 평생교육원이나 글 모임에 얼굴을 내민다. 일련의 새로운 생활패턴이요 일정이다.

가부장적 고정관념을 벗고 부부가 가사를 분담한다면 고령화시대의 선진 가정이라 하겠다. 상호신뢰가 쌓이고 침체된 사랑의 재창조로 이어진다면 일석이조가 아니겠는가.

돌이켜보면 이런저런 일로 아내의 속을 썩이기도 했다. 요즘 들어 애틋한 정은 망태사랑이 되고 지난 허물의 보상심리가 새록새록 돋아난다. 나는 아내를 위하여 늘 기도한다. "사랑하는 아내가 성심으로 가꾼 채소로써 저희 가족과 몇몇 이웃들의 식탁을 풍성하게 해 주심에 감사드립니다. 고마운 아내에게 건강을 주시고 그의 마음에 보람과 기쁨이 넘치게 하소서."

여름은 상추 철이다. 상추는 비타민A와 C가 듬뿍 든 영양가 높은 생식채소다. 줄기에서 나오는 하얀 유액은 진통이나 최면 효과도 있다. 상추쌈은 식욕을 돋운다. 주먹만 한 쌈을 입에 밀어 넣고 눈 부라리며 악착齷齪으로 씹는 모습을 보면 웃음이 절로 난다. 웃으며 씹고 사랑으로 삼키며 오순도순 부부애가 도타워진다.

아내에게 있어 채소는 혈육 못잖은 애착이 가는 생명체다. 희수喜壽를 뛰어넘은 노익장이 자손들에게 영성靈性의 김치를 담가 보내며 이웃에의 배려와 나눔은 오늘의 귀감이 아니겠는가.

"배우자의 장점은 나팔로 불고 단점은 가슴에 소리 없이 묻으라."는 명언이 있다. 마누라 자랑은 팔불출이라고 했던가. 세상이 날더러 팔불출이라고 한들 대수이랴.

처복妻福에 겨워 나날이 즐겁기만 하나니.

앵 보

가족구조의 변화는 핵가족 시대를 열었다. 어느덧 2인 내지 1인 가구도 잇달아 늘어나고 있다. 대부분의 노년들은 확대가족시대의 향수에 젖어 있다. 넓은 식견과 여낙낙한 인품의 벗 A군도 육남매를 키워 시집장가 들여 다 내보냈다. 시대변화에 순응할 수밖에 없었다. 먼저 떠나간 아내를 서러워하면서 고독과 소외의 서글픈 노년을 살아왔다.

마침 막내딸이 맞벌이를 나가게 되어 외손녀를 돌봐준다는 명분으로 3대가 한 지붕 아래 살게 되었다. A군에게는 생애의 행운이요 파격의 은전이었다.

어느 토요일 저녁에 생일 턱 초대를 받았다. 여남은이나 되는 동창생들이 A군의 자택을 찾았다. 예스러운 풍치가 그윽한 고택이다.

"까꿍아, 손님들에게 인사드려야지!, 안 할래!, 그럼 못써!, 눈꽃빙수도 추잉캔디도 안 사왔는데 뭘!, 쇠고기랑 사오셨잖아!, 싫어 그건 어른들 거잖아!, 손님들은 우리 귀여운 "까꿍이"가 있다는 걸 몰랐던 거야,

그러니 예의 바르게 인사해야지!, 그럼 하라신 대로 인사할게, 안녕세요, 오늘이 저희 할아버지 귀빠진 날이어요. 와주셔서 고맙습니다. 저는 '예슬'이라고 해요. 할아버지가 인터넷에서 펌해온 거래요, 하지만 귀엽고 예쁘죠?, 어 험, 까꿍이 이 녀석, 이따가 알밤 하나야!"

조손간의 허물없고 스스럼없는 모습에 놀랐다. '까꿍'은 어린 아기를 귀여워하며 어를 때 쓰는 감탄사이다. 거듭 부르다보니 애칭으로 굳었다고 한다. 금이야 옥이야 귀하고 곱게 키운 터라 천둥벌거숭이로 마냥 깝죽댄다. 까꿍이는 이래저래 A군집의 어덜키드(Adult Kids)요, 생뚱맞은 지배자로 등극했다.

A군은 젖먹이의 어릿광대부터 유아원 유치원이며 초등의 등하교는 물론 갖가지 바라지에 매였다. 국외자에게 비치는 영상은 늘그막에 고달파 보였지만, 신판도우미로서 나날이 즐겁고 보람이라며 입꼬리가 눈에 붙었다.

비록 초등 4년생이라지만 갤럭시S5 광대역LTE-A폰, ATIV 태블릿 PC, 크레마온 에디션 e-북단말기 등 IT기기는 모두 최첨단이다. 기술혁신이 가속화되면서 신제품이 널려나는 판이라 귀여운 손녀에게 안겨주는 할아비의 극진한 사랑이라고 했다.

어른들이 정보를 얻는 수단은 TV나 신문광고 정도지만, 디지털세대, 특히 유행에 민감한 Z세대, 잘 나가는 트위터리안인 까꿍이는 SNS가 안성맞춤이다. SNS에서 얻은 IT정보를 할아버지께 신속히 제공하는 일은 까꿍이의 몫이다. 이렇듯이 주고받음은 조손간의 사랑이나 밀착의 원천이 되었다.

첨단기기의 조작능력 또한 발군이라고 한다. 총명한 두뇌에다 SNS의 활용능력이 빼어난 때문이다. 페이스북 트위터 미투데이 등 댓글나눔터에서도 유능한 유저로 인기정상이라고 귀띔해준다. A군은 나만한 복인이 있으면 어디 손들어 보라고 으스댄다.

까꿍이의 약점이자 고충은 용돈을 타 쓰는 거다. 필요한 만큼의 카드잔고가 없으면 안달이다. 더구나 애 어멈이나 아범이 섣부르게 버릇을 잡으려들다간 집안이 쑤셔놓은 벌집이 된다.

까꿍이는 앵보다. 사사건건 트집을 잡아 성깔을 부려 앵돌아앉으면 편칭할 골키퍼가 없다. 메가톤급 무기는 단식투쟁이나 등하교를 거부하면서 앵을 부리는 일이다. 이때에 할아버지의 회유와 무마는 첨단 소화기다. 가장 가깝고 임의롭고 허물없는 할아비가 어름쌰 달래야만 평정이 된다.

까꿍이도 숨겨놓은 역전키를 하나 쥐고 있다. 부모가 은밀히 소곤거리는 말을 귀담아 들었다."아파트청약저축 불입금이 몇 번 남았지? 핵가족시대에 내 집 마련은 필수인데 우리도 드디어 아파트를 갖게 되었잖아. 아버지껜 뭐라 변명하지, 언제쯤 나갈까?"

까꿍이는 할아버지가 고단하게 사는 것을 바라지 않는다. 자손들과 함께 오순도순 살고픈 것이 할아버지의 마지막 소망이라지 않던가. 나 스스로도 할아버지와의 맺힌 정 때문에 따로 살 수는 없다. 이 비장의 무기를 할아버지에게 살며시 넘기면 어떻게 될까. 할아버지의 절망하는 모습을 상상해 본다. 삶의 의욕을 잃을 것은 뻔한 일이다.'여생이 얼마일지 모르지만, 살아있는 동안 참아 달라'고 하소연할 거다. 가엾은 우리 할아버지껜 아직은 비밀로 해둬야지. 기회를 포착하여 돌직구로 단판을 내야한다. 엄마아빠가 직장생활을 편히 하도록 뒷바라지 해 주셨고, 나를 이

만큼 키워주셨으니 살아계실 동안 모시고 사는 게 도리가 아니냐고 우겨야 한다. "어린 게 뭘 안다고 끼어드니" 하면서 머리를 흔든다면 앵을 부려서라도 마음을 돌려놓아야지. A군도 내심 위기의식을 느끼고 있다고 한다. 까꿍이도 웬만큼 컸고, 승진도 해서 운신 폭이 넓어졌고, 핵가족으로 나가살겠다고 선언할 날이 다가옴을 예감한다. 나이 들면서 혈육에 의존하려는 육체적 정신적 조락(凋落)이 병소病巢가 되었다. 독자생존이냐 의타생존이냐의 딜레마에 빠져 허우적댄다.

지난 여름방학 때의 일이다. 육남매가 모여 2박 3일의 오토캠핑을 갔다. 물론 A군도 함께였다. 서해안의 유명 피서지에 야영막사를 쳤다. 수영복을 입고 해수욕장과 개펄을 누빈다, 물 만난 고기로 생기발랄하다. 오랜만의 바다는 찌든 심신을 깨끗이 씻어준다. 불고기에 맥주 캔을 부딪치며 브라보를 외친다. 응석꾸러기 까꿍이는 사촌형제들의 막내다. 언니오빠들과 온라인 격투게임'개구리 중사 케로로'를 즐긴다. 저녁엔 스물네 명의 자손들이 모닥불놀이로 우애를 다진다. 여느 엔돌핑(Endorphin + Camping)이 이보다 더 아름다우랴.

둘째 날, 점심식탁 앞에서 육남매가 일제히 무릎을 꿇었다. 큰아들이 잘못을 빌었다."아버지! 그동안의 불효를 용서해 주십시오. 생존을 위해 바삐 뛰다보니 홀로되신 아버지께 너무 소홀했음을 자책하고 있습니다. 여러해 전에 막내 동생을 불러들여 함께 지내셨습니다. 이제부터는 저희 육남매가 돌아가면서 모시기로 했습니다. 네스팅(Nesting)족이 되기로 다짐한 것이지요."

뜻밖의 제안에 어리둥절해 있을 때 까꿍이가 당돌하게 할아버지 앞으로 나선다. "하늘의 별이 되신 우리 할머니, 굽어보셨나요? 외숙부와 이모님들의 럭셔리를요, 우리 할아버지 만세 할아버지 만세!"를 거듭 외치면서 엉엉 소리 내어 우는 것이 아닌가.

이제 겨우 초등 4학년짜리 까꿍이의 명민한 행동에 감명 받은 가족들이 모두 일어선다. "우리 가족 만세, 우리 가정 만세, 자애의 화신, 빼어난 선비, 우리 할아버지, 아버지 만만세!"를 불러댄다. 이웃 캠핑족들도 영문은 모르지만 덩달아 만세를 부르고 박수를 쳐주더란다.

돌아오는 날. 승용차 안의 네 식구는 들떠있었다. 까꿍이는 숨겨 두었던 아빠엄마의 비밀을 비로소 터뜨렸다.

"그 청약저축금으로 산 아파트는 방이 몇 개야? 이사는 언제 하기로 했어? 응? 엄마 아빠!"

이모작의 고등작물들

정년퇴직한 지도 그러구러 두 돌이 되어간다. 퇴임을 앞두고 소위 「퇴직 후의 적응교육」이란 것을 받은 적이 있었다.

퇴직 후를 "뜻 깊고 보람 있게, 그리고 건강하게 지내려면 어떻게 할 것인가"라는 명제로 난상토론하여 결론을 내리도록 했다. 갖가지 의견들이 이어지는 가운데, '학식이 있고 행동과 예절이 바르며, 의리와 원칙을 지키고 돈과 자리를 탐내지 않는, 고결한 인품을 지닌 선비로서'라는 대전제를 깔고, 「이모작 인생의 생활덕목」이란 제목으로 열 가지 항목으로 요약 정리했다.

첫째로 평생교육(평생학불염 · 평생교불권(平生學不厭 · 平生教不倦) : 평생을 배우는 것에 실증을 느끼지 않고, 가르치는 일을 게을리 하지 않음)정신으로 꾸준히 매진하는 학로學老로 남는다. 비록 퇴역일지라도 스승으로서의 품위를 잃지 않는다. 둘째로 몸치장治裝은 단정하고 깔끔하게 하며, 정결한 몸으로 노취老臭를 없앤다. 셋째로 절제된 언어생활로 기품 있는 노년을 산다. 덕담과 유머를 구사하고 남의 말, 특히 젊은이들의 말을 경청한다. 넷째로 사랑과 봉사와 배려를 아끼지 않는 넉넉하고 아름다운 노년을 산다. 다섯째로 노욕을 버리고 분수에 맞게 산다. 여섯째로 정리정돈하기다. 마음의 정리와 생활주변의 정돈을 말한다. 걸어온 길을 깊이 성찰하여 세상에 진 빚이나, 이웃과 친지와 가족에게 진 빚을 개운하게 갚아 나간다. 생활주변에 흐트러지고 어수선한 것들을 과감하게 추려내 버리고, 말끔하고 쾌적한 환경에서 차분히 지낸다. 일곱째로 사회교육(문단, 도서관, 박물관, 강연회, 신문잡지)과 각종 동아리 등 대외활동을 통해 삶의 지혜를 공유하며, 심신의 쇠퇴를 늦춘다. 여덟째로 국내외를 주유하여 견문을 쌓는다. 산천경개를 두루 완상하며 유유자적한다. 아홉째로 취미생활을 포함한 자기만의 일을 찾아 보람을 심는다. 열 번째로 규칙적인 운동, 바른 식생활, 과도한 스트레스 피하기, 정기검진 등 건강관리에 힘쓴다.

적응교육에서 다짐했던 인생이모작의 고등작물인 생활덕목들은 세월의 늪에 빠져들었다. 퇴직은 40년 긴장에 느줄을 주었다. 납덩이를 내려놓은 홀가분함으로 나날이 평안했다. 은퇴 이후로 밀쳐두었던 일, 가령 국내외 여행이라든가, 고향마을에 귀휴하여 친지들과 해후한다든지, 외가나 이모가姨母家를 예방하는 일, 우선하여 선영에 소분掃墳(경사스러울 때 조상의 산소를 찾아가 무덤을 깨끗이 하고 제사지냄)을 하고, 묘분墓墳(무덤)들을 한데 모아 '가족묘원'을 조성하는 일들을 실행하기로 아내와 세부계획까지 세웠다.

그런데 차일피일 미루다가 이러저런 모임에 나가 친구들과 회포를 푸는 일이 먼저가 돼 버렸다. 회포를 푸는 데는 의례히 '술'이라는, 헤살꾼에 요사꾼인 마魔가 끼어들었다. 이 마는 요물이라서 한두 잔 기우리다 보면, 부일復一 부이復二 부삼배復三盃로, 에누리 없이 호쾌하게 우화등선羽化登仙한다. "날씨가 좋으니 한 잔, 날씨가 궂으니 한 잔, 꽃이 화사하게 피었으니 한 잔, 마음이 울적하니 한 잔, 기분이 창쾌暢快하니 또 한 잔" 등등 구차스런 변명이나 이유를 붙여, 매일장취로 흥겹더니 언뜻 반년 세월을 좀먹었다. 악순환이었다. 무절제와 무모한 날들이 거침이 없었다. 가족들의 간언諫言이 성가시다. 넋이 빠져 이성을 잃으니, 견강부회牽强附會로 구실을 찾아 합리화하기에 바쁘다. "효는 모든 행동의 시발점이요 귀착점이다. 부모를 섬김에 있어, 설사 잘못이 있을지라도 부드러운 낯빛으로 완곡婉曲히 간諫하여 잘못을 깨우쳐야지, 얼굴빛을 붉히거나 남에게 드러내어 잘못을 말하지 않아야 하고, 혼자 속으로 애태울지언정 아비를 원망해서는 안 된다"고 오히려 나무란다. 논어 이인里仁편의 가르침이라고 출전出典까지 부연한다. 날이 갈수록 지켜보는 눈이 차가와졌고, 마침내 아내와 자식들은 마지막 카드를 꺼내들었다. 정신병원 알코올센터에 입원 치료하자는 것이었다.'쥐구멍 틀어막으려고 대들보 들이미는 격'으로 고육책을 쓴 것이다.

아비를 정신병 알코올중독자로 몰아붙이는 판에, 구겨 박힌 위엄이나 권위 따위는 아랑곳할 계제가 아니었다. 막달은 골목에서 결연히 금주단주를 선언했다. 저간這間의 음주는 애집愛執이었지 중독이 아니었음을 지속단주로써 핍진逼眞하게 되살렸다. 허물에서 벗어나니 웬만큼 낯이 섰다.

사회교육활동(강연회, 도서관, 박물관, 박람회, 문화원, 신문오피니언)을 비롯하여 동창회, 종친회, 퇴직교원모임, 서너 개의 동아리, 미주미식가美酒美食家모임까지, 모든 행보를 접어야 했다. 대면즉명정對面則酩酊(술자리는 곧 취함이다)은 한 바릿대이기 까닭이다.

악몽의 뒤끝이라 새 출발이 어리숭했으나 '정년 후의 적응교육'에서 논의 다짐했던 「이모작인생의 생활덕목」을 상기하고 「나머지를 위한 고등작물:생활덕목을 비유한 말. 뿌리, 줄기, 잎의 세 부분을 다 갖추고 있어서 꽃이 피고 열매를 맺는 매우 발달된 작물」을 심사덕목心思德目과 행위덕목行爲德目으로 간추리고 일일생활계획, 주간, 월간계획을 세웠다. 심사덕목에는 학습하자, 겸손하자, 베풀자, 느긋하자, 노욕을 버리자, 절제하자, 슬로푸드만 먹기이다. 행위덕목은 주로 육체활동을 말한다. 일과에서 가장 중시하는 것은 컴퓨터 자판으로 작품하기와 등산이나 걷기운동 따위 유산소운동이다.

노년에 흔한 노안, 난청, 전립샘비대증(얼마 전 내시경수술로 완치됨) 말고는 큰 병치레 없이 말짱하다. 끊임없는 에어로빅스(aerobics) 효과라고 한다.

내심 쥐구멍을 찾던 터에 큰애가 돌파구를 마련해주었다. 아비의 건전생활을 유도하기 위해 '고성능 데스크톱컴퓨터' 일습을 들여놓았다.

일과 중의 즐거움은 PC의 전지전능을 누리고, 만화경을 들여다보는 일이다. 현역일 때에 전자결재까지 했던 터라, e-메일에 관련 파일까지 붙여 자손들이나 친지들과 소통할 수 있었다. 웬만한 문서작성은 가능했지만, 난삽難澁한 과정은 개인교습이나 학원에서 심화 학습을 했다. 컴퓨터마인드로 무장하니 웬만큼 헤쳐 나갈 수 있었다. 작품에 요긴한 자료는 검색해 저장한다. 촬영한 사진도 모아두었다가 필요할 때 꺼내 쓴다.

사진 편집 기능이 다양하다. 'Photoshop', 'Moviemaker', 'Swishmax', 'Camtasia'따위다. 사진을 수정 합성하거나, 동영상을 제작/편집하고, 이미지와 텍스트에 다양한 효과를 줌은 물론 애니메이션도 만들고, 동영상을 캡처하는 작업도 가능하다. 'PowerPoint'는 강의 등에 시청각 보조 자료로 활용하며, '블로그 & 카페 만들기'도 어렵지 않다.

그러나 노학老學이라 시간이 지나면 까먹는 것이 문제다. 일상으로 반복해 파지율把持率을 높이는 수밖에 없다. 노야老爺들의 고충이요 한계다.

얼마 전에는 최신기종의 캠코더(Camcorder)를 구입했다. 다양한 기능을 제대로 활용치 못해 안타깝기는 하지만 그런대로 촬영법을 익혀서 찍고 싶은 대상을 찍어서 활용하고 있다. 처음에는 캠코더를 들고 여러 행사장에서 촬영하다보면 채신머리없을 듯싶어 쑥스럽기도 했지만, 지금은 오히려 다른 노년들이 하지 못하는 일을 나만이 해내고 있다는 자랑스러움마저 든다.

찍은 사진을 갖가지 편집법으로 단장하고 그 위에 내 작품을 실어서 자손들이나 친지들에게 e-메일 스마트폰으로 보낸다든지, 블로그나 카페에 올리거나, UCC를 만들어서 사이버 세계에 내놓는 것처럼 뿌듯한 즐거움은 없다. 나만의 성취감, 행복감을 누가 알랴. 술에 얽힌 오욕과 성취는 서로 물고 물린 것이 아닌가.

아파트촌 뒷산기슭의 유휴지를 손질해서 100여 평의 밭을 일궜다. 농약이나 화학비료를 내치고 순수유기농법으로 채소를 가꿔 자급하기로 맘먹고, 퇴비를 장만하는 일에 매달렸다. 산의 부엽토를 파다 메마른 땅을 거뤘다. 잡초에 음식찌꺼기를 섞어 만든 퇴비는 알짜였다.

퇴비로 땅심을 돋구는 데는 4~6년이 걸렸다. 해충을 일일이 잡는 손은 살충기殺蟲機였고, EM원액과 식초, 소주 따위로 만든 방제약은 채소들의 구세주였다. 곰삭은 두엄을 듬뿍듬뿍 깔았더니 땅 근력이 세지면서

해충도 주눅이 들었다. 채소들은 한 세상 만난 듯, 생기발랄하니 밭농사가 재미롭다.

> 씨앗/ 눈 떠 고스란히/ 앞서거니 뒤서거니/ 파릇푸릇 싱글생글 덜퍽지누나// 눈에 넣고/ 금자동아 은자동아/ 은을 준들 너를 살까 금을 준들 너를 살까/ 끽주喫酒 단주 씨름터니/ 열매로 옹글어/ 녹중선綠中仙되었구나.

푸성귀 속대 오르는 모양이 오달져 대견하더니 어느새 밥상에 올라앉아 입맛을 간질인다. 자손과 친척에겐 택배하고, 이웃들엔 선심 쓰니 긍지와 보람이 넘친다. 금단주의 열매가 이다지도 옹골질까.

늦깎이로 시·상화想華 양단兩壇에 오르니 말경末境이 걸고 알차다. 내 삶의 변곡점이었다. 한갓 허울에만 안주하지 않으련다. 마감효과磨勘效果로 한두 편이라도 심금에 여운으로 남는 작품이 일편단심이다. 오늘도 마감을 버티면서, 잠적 고갈한 어휘의 발굴에 골몰한다. 무딘 감성을 벼리며 집지어 옷 입히는 일을 위하여, 워드프로세서와의 하이파이브를 위하여…….

8

아버지 우리 아버지

아버지와 키보드

아버지의 첫 번째 시집과 수필집 출간을 손뼉 쳐 환영합니다.

우리 아버지께서는 지금까지 제가 만나고 알아왔던 어떤 사람보다도 재才와 흥興, 그리고 활력活力이 넘치는 분이십니다.

문명의 산물인 워드프로세서 확산으로 그 빛이 많이 바래졌지만 아버지의 유려하면서도 힘 있는 필체는 가히 자랑할 만했습니다. 또한 달문이셔서 주요 일간지에 칼럼 기고도 자주 하셨던 기억이 납니다. 화초를 사랑하고 가꾸는 고상한 취미가 있으셔서 마당에는 항상 아름답고 향기로운 꽃이 피어났고 초목의 푸름이 조화를 이루고 있었지요.

아버지께서는 넘치는 흥興으로 주변을 매양 즐겁게 하셨습니다. 전자오르간연주와 기찬 노래 솜씨, 거침새 없는 말솜씨와 유머감각이 뛰어나서 누구에게나 호감을 주었습니다.

지지자 불여호지자 호지자 불여락지자知之者 不如好之者 好之者 不如樂知者라는 논어 명구가 있습니다. 학문을 알기만 하는 사람은 배움을 좋아하는 사람만 못하고 좋아하는 사람은 즐기는 사람만 못하다는 것인데, 자기가 좋아하는 일을 즐기면서 하는 사람을 따라갈 수 없다는 뜻이지요.

아버지는 이제까지 당신이 하고자 하는 일을 즐기면서 해오셨습니다. 컴퓨터는 겨우 전자결제를 하실 정도였는데 정년퇴임하신 후 기념품으로 사 드린 데스크톱컴퓨터 활용법을 공부하시고, 젊은이들도 쉽지 않은 포털사이트 카페와 블로그를 만들어 운영하셨습니다. 이처럼 아버지는 뒤늦게 배운 워드프로세서를 능숙하게 활용해서 저작활동을 하고 계십니다. 뿐만 아니라 일렉트릭 키보드를 들여 놓으시더니 오래지 않아서 상당한 수준의 연주를 하시는 것을 보았는데, 최근에는 서예도 시작하셨나 봅니다. 이렇듯 예능 쪽에도 기량이 남다르십니다. 팔순이 넘어서도 늘 새로운 목표에 도전하며 세상의 변화를 적극적으로 수용하시고, 쉼 없는 자기계발 의지를 보여주심으로써 자식들을 감동케 하심은 물론 노년층의 귀감이 되고 계십니다.

글을 쓰시는 일보다 아버지에게 더 잘 어울리는 일은 없어 보입니다. 현대인의 자연수명이 이전 세대에 비하면 거의 배로 늘어난 만큼, 건강관리를 잘하시면 100세까지 문필활동을 하시는 것도 불가능한 일이 아니게 되었습니다. 과하게 즐기시는 약주를 절제하시고 어머니와 함께 가벼운 산행과 적당한 노동(밭일)으로 건강을 잘 관리하셔서 앞으로 저희가 아버지의 후속 문집출간도 볼 수 있게 되기를 간절히 바랍니다.

- 큰아들 **신동렬**

노란 전화기

아버님!

어느새 제가 결혼하던 때 나이보다 아버님과 함께 한 시간이 훨씬 많은 세월이 흘렀습니다. 친정아버지를 일찍 여읜 제게 결혼 하면서 제일 축복이었던 것은 내게도 아버지가 계신다는 사실이었습니다. 그동안 아버님은 제게 참으로 많은 것을 주셨습니다.

해마다 노란 개나리가 피어나는 봄이면 아버님을 생각합니다. 처음 저희 신혼집에 오시던 날 개나리처럼 노란 전화기를 선물해 주셨습니다. 그리고 그 전화기와 잘 어울리는 화장대도 덤으로 사주셨지요. 어머님 아버님 다녀가시고 화장대 앞에 앉아 화장을 하고 수첩에 적혀 있는 전화번호들을 찾아 많은 사람들과 안부를 묻고 즐거운 대화를 했던 시간이 바로 어제 같습니다.

손자 종민이(나리라)를 처음 안아보시던 때 제가 아버님께 "아버님 감기에 걸리셨어요." 라고 여쭈었습니다. 그런데 아버님께서 "아니다." 라고 말씀 하시던 순간을 어찌 잊겠습니까. 아마 종민이가 장가를 가서 제게 손주를 안겨 준다면 저도 아버님처럼 눈물을 숨기며 그날 종민이를 안으시던 아버님을 떠올릴 것 같습니다. 생각납니다. 사십이 넘은 저희 부부가 경영하던 사무실을 방문하셨을 때 사무실 앞을 쓸고 쓸던 모습, 명절이면 새벽에야 도착하는 저희를 기다려 조청에 떡을 먹으라고 건네주시던 날들이. 오래전 저의 등단소식에 어머님 아버님께서 금일봉을 주시던 날도 떠오릅니다. 내면과 밖을 잘 조절하여 도도히 흐르는 강물같은 글을 써야겠다고 다짐했던 시간입니다.

지난 설날 거실에서 아버님 글이 실린 책들을 박스에 담아 노끈으로 잘 묶어 챙겨 주시던 시간이 벌써 그리워집니다. 올 여름에도 어머님 아버님 소일삼아 유기농으로 지으신 상추, 토마토, 가지, 고추, 오이, 무화과 등을 택배로 받고 또 받았습니다. 받기만 해서 어떡하지요라는 제게 부모니까 주는 거라고 말씀 하시던 어머님 목소리가 지금도 들리는 듯합니다. 어찌 그동안 말없이 주신 많은 사랑을 다 알겠습니까. 감사하다는 말밖에는 더 드릴 말이 없습니다.

가끔 지면을 통해 아버님을 뵐 때면 참으로 반가웠습니다. 제가 지도하는 문학반 수업시간에 아버님 글을 같이 읽고 이분이 바로 제 아버님이라고 은근히 자랑하는 즐거움까지 주셔서 감사합니다. 아버님과 함께 글을 쓰는 문학가족이라고 부러워하면 제 어깨도 으쓱해집니다. 그러면 저는 바보 엄마가 되어 아버님 손자 자랑까지 한답니다. 아버님 음악성을 물려받아 트럼펫을 전공한 손자 종민이(나리라)는 연주가 끝나고 집에 돌아올 때마다 할머니 할아버지도 오셨으면 좋았겠다고 말하곤 합니다.

은퇴하시고도 끊임없이 새로운 것을 공부 하시던 아버님께서 책을 발간하신다니 얼마나 기쁜지 모르겠습니다. 반가운 소식을 듣고 문득 지난 시간을 떠올려 보았습니다.

아버님 소중한 책 발간을 축하드립니다. 그리고 어머님 아버님 항상 건강하시길 기원합니다. - 큰며느리, 시인 **정란희**

아버지의 노익장

마른장마가 물러가자 불볕더위가 기승을 부린다. 하루하루 견뎌 내기가 힘겹다. 더위와의 싸움이 버거워 여름이 무섭기만 하다.

무더위 속에서도 수백편의 시와 수필을 탈고하고 출판준비에 여념이 없으신 아버지가 진심으로 존경스럽다. 요 몇 년 새 지방과 서울을 왕래하며 문단활동을 하시며 창작에 골몰하시는 노익장을 볼 때면 절로 고개가 수그러진다.

해박한 지식을 바탕으로 작품을 쏟아내시는 걸 보면, 평생학습이라는 명제를 가지고 끊임없이 공부하시는 보람이 아닐까 한다. 젊은이들도 쉽지 않은 워드프로세서를 활용하시는 80대의 우리 아버지 너무나 자랑스럽다.

이렇듯 오늘날까지 아버지가 정신·육체적으로 탈이 없이 능률적으로 글을 써온 데에는, 노익장의 쾌적한 건강을 유지케 한 날개 없는 천사 우리어머니가 뒤에 계시다. 이 세상에 존재하는 그 어떤 말들을 동원해도 그 고마움을 다 표현할 수 없는 우리 어머니, 이 기회 어머니께 진심으로 감사하다는 말씀을 전하고 싶다.

가족이나 가정, 참으로 정겹고 뜻 깊은 단어이다. 이렇다 할 보람도 없이 어느덧 환갑을 바라보는 나이가 되어버렸다. 이렇게 나이만 들어 애석하기도 하지만 결혼 이후 이날까지 나름대로 열심히 사노라고 살아왔다. 정이 많은 성격에 내 가족이라 하면 사족을 못 쓰는, '남편바보, 딸바보, 아들바보'가 되어버렸다. 그렇기에 어느 누가 내게도 열심히 잘 살아왔다며 칭찬해주고 상장을 준다면 사양치 않고 덥석 받아 쥐고 싶다.

이날까지 내 속을 썩혀 눈물 한번 흘리게 한일 없이 성실하게 살아온 남편이다. 가족을 위해 30년 이상을 지각 결근 한번 하지 않고 한결같이 회사 일에 충실하고, 사람 좋아 존경 받는 남편을 바라볼 때 감사한 마음과 측은한 마음도 든다. 더욱더 따뜻하게 잘해 주어야겠다는 생각을 하게 된다. 서로 간에 건강관리도 잘해 팔팔하게 나이 들어야겠다고 다짐을 한다.

딸로 태어난 큰 아이는 예쁘게 잘 자라주었다. 한자리 매김 하느라 열심히 공부하는 모습이 애처롭고 안타깝고 장하다. 곧 자기 자리를 찾아갈 것이라 고 확신한다.

또한 둘째인 든든한 아들을 키워 낼 때도 큰 걸림돌이 없었고 구김없이 잘 자라주어 고맙다. 직장에서는 없어선 안 될 사람으로서 제 몫이상을 해내는 것을 보고 하느님의 보살핌으로 감축한다. 한편으로 안쓰럽고 짠한 마음도 드는 것은 웬일일까. 내가 낳아 기른 자식들이기에 대견스러워서 일게다.

소중한 내 가족 내 가정, 이대로 아무 탈 없이 각자 자기 자리에서 열심히 살아주고, 두 녀석들 좋은 가정에서 자라난 훌륭한 짝을 만나서 행복한 가정을 이루기를 하나님께 간구한다.

끝으로 수년 동안 써 모은 작품들을 한 권의 책으로 펴내신 아버지께 진심으로 축하와 감사의 말씀을 올린다. - 큰딸, **신미연**

우리들의 엄마

마음을 한 올 한 올 켜켜이 부풀리듯 지나가는 바람결.

어릴 적, 어둑하게 비구름이 몰려오는 날이면 엄마는 큰 함지에 밀가루를 반죽하여 한껏 부풀어 오르기를 기다렸다가 하나씩 하나씩 둥글게 빚어 쪄 낸 보드랍고 향기로운 찐빵을 만들어주곤 하셨다. 그 따뜻하고 그리운 추억은 코끝으로 먼저 다가온다. 밀가루를 발효시키는 술 냄새와 함께.

그렇게 빵을 빚는 날이면 옆에서 꼴딱꼴딱 침 삼켜가며 엄마의 손을 거쳐 한 단계씩 완성되어 가는 빵에 대한 기대감으로, 부풀어 오른 밀가루만큼이나 들떠 재잘거리던 우리 형제자매들. 그렇게 만들어진 찐빵은 침 흘리며 기다렸던 우리들의 배를 실컷 채우고도 남을 만큼 늘 여유가 있어서 먹고 남은 찐빵은 파란 모기장으로 만든 바구니에 담겨 기둥에 걸렸고, 식어서 적당히 굳어진 빵을 마지막 하나까지 껍질 홀랑 벗겨 야금야금 달게 먹었던 행복한 내 어린 날의 추억….

그 때의 엄마 나이보다 더 먹은 이 나이까지 기억 한 켠에 남아 있다가 문득문득 떠오르곤 한다. 오늘 같은 날. 기분 좋게 살갗을 간질이며 지나가는 바람결에, 가볍게 몸을 내맡긴 나뭇잎들의 살랑거림에, 재잘거리며 일상을 즐기는 수다스러운 새소리에, 아련한 어릴 적 추억이 아스라이 떠오르곤 한다.

내 어릴 적 엄마,

지금의 막내 나이보다도 더 젊었던 엄마는 여섯이나 되는 어린 자식들을 남겨둔 채 다시는 돌아올 수 없는 곳으로 떠나셨고, 그 빈자리를 지금의 엄마가 채워주고 계신다. 어쩌면 먼저 가신 엄마가 우리들에게 보내주신 천사였을 그 분이 나이 드신 아버지 곁에, 그리고 성장한 우리들 옆에 든든히 자리하고 계신다.

내가 고 3을 앞둔 시기에 우리에게 오신 그 분께 이미 성인이 된 오빠나 큰언니, 그리고 이미 집을 떠나 있던 작은 언니나 어린 동생들과 달리 난 참 못되게도 굴었다. 낯설고 서먹한 그 분이, 비록 비어있지만 우리들 마음속에는 늘 살아있다고 믿고 싶은 엄마의 빈자리를 차지하는 것이 못내 싫어 짓궂게 심술을 부렸다. 아침 일찍 일어나 이전의 엄마보다 더 예쁘게, 더 정성을 다해 싸 주셨을 도시락을 일부러 보란 듯 거의 손도 안 댄 채로 되가져갔고, 묻는 말에 못 들은 척 대답도 하는 둥 마는 둥 그렇게 온갖 미운 짓은 다 했던 것이다. 하지만 그렇게 모난 내게 목소리 한 번 높인 적 없이 오히려 다른 자식들보다 더 마음 써서 키워주셨던 분…….

한참 예민한 나이였으니, 그럴 수도 있지 않았을까? 라는 핑계로 나의 못난 행동을 덮을 수 있다면 하는 참말 가당치 않은 생각으로나마 엄마께 뒤늦은 용서를 구하고 싶다. 지금 생각해 보면 그저 숨만 쉬고 있어도 부담스러웠을 그 많은 자식들에, 고집불통의 시어머니까지 어딜 둘러 봐도 숨 돌릴 곳 한 곳 없었을 우리 집에 오셔서 어쩌면 어릴 적 엄마가 살아 계신다한들 받을 수 없었을 무한한 사랑을 베풀어 주셨다. 그래서 지금의 나에게, 아니 우리 형제자매들에게'엄마'는 핑 도는 눈물과 함께 마음속에 감사함으로 자리 잡은 분이다.

엄마, 그동안 저희들과 함께 해주신 것, 온 마음으로 감사드리고 항상 건강하시고 평화로움과 함께 하시는 나날이길 빌어봅니다. 사랑해요.

참, 제일 중요한 사실을 잊을 뻔 했네~

"아버지, 아버지의 전 생애가 담긴 글들을 모아 책 출간하신 것, 막내딸이 진심으로 축하드려요. 긴 시간 준비하고, 정리하시느라 정말 고생 많으셨어요. 누구나 쉽게 할 수 없는 큰일을 성취하심에 진심으로 존경과 축하의 마음 가득 담아 보냅니다." - 셋째 딸, **신미리**

아버지의 성실과 어머니의 헌신

중고등학교에서 국어와 한문을 가르치셨던 아버지의 영향을 가장 많이 받고 자랐던 것 같다. 나는 어려서부터 한자에 관심이 많았다. 고등학교에서는 제2외국어를 중국어로 선택하였고, 중국어 시험에서는 타의 추종을 불허하였다. 대학 진학은 서해안 시대에 발맞춰 중문과를 선택하게 되었고, 그 후로 나는 중국과 떼려야 뗄 수 없는 관계가 되었다.

박봉인 아버지의 경제력으로는 3남 3녀의 대학 등록금을 감당할 수 없었다. 형들과 누나들은 어렵게 공부해야만 했다. 다행히 학자금융자제도가 처음 시행되었고, 장학금의 혜택으로 학업을 마칠 수 있었다.

어머니의 부업으로 살림 형편이 좀 나아졌다. 형이나 누나들 때에는 상상도 못했을 해외 어학연수를 다녀올 수도 있었다. 막내인 나는 참으로 행운아였다. 부모님께는 늘 감사했고, 형들과 누나들에게는 미안하기만 했다. 형제자매들은 막내인 나를 오히려 격려해주고 사랑으로 감싸주었다. 혈육의 정을 한껏 느끼면서 성장했다. 행복했다. 대학을 졸업하고 좋은 직장에 들어가는 것으로 감사함과 미안함과 고마움을 보상하기로 마음먹었다.

내가 중국 땅을 처음 밟은 것은 1994년 2월이었다.

청운의 꿈을 안고 북경 '제2외국어대'에 입학했다. 6개월간 열심히 공부한 보람으로 유학생고급반 수석으로 한 학기를 마칠 수 있었다. 이젠 귀가 트이고 입이 열려 공부 의욕이 넘쳤다. 나머지 6개월은 1학년 대외무역학과에 입학했다. 중국 학생들과 직접 교유하면서 어학 실력을 쌓았다. 중국을 좀 더 폭넓고 깊이 있게 알려고 이것저것을 섭렵했다.

그렇게 1년간의 유학을 마치고 4학년에 복학하여 취업전선에 뛰어든 나는 마침내 바라던 대기업에 입사할 수 있었고, 지금까지 직장생활을 하면서 출장 및 주재원 신분으로 약 15년이라는 긴 세월을 중국과 함께 했다.

그 동안 결혼을 하여 한 가정을 이루었고, 예쁜 딸 슬기나와 귀염둥이 막내아들 종관(으뜸나)이까지 얻어 키우고 있다.

아버지의 성실함과 어머니의 헌신적인 사랑, 그 음덕이 있었기에 지금의 내가 존재한다고 생각한다.

나도 어느덧 50을 바라보는 나이가 되었다. 아버지 어머니께서 우리 자식들을 키우시면서 겪으셨을 마음고생과 경제적인 어려움을 어느 만큼 이해할 것 같다. 부모님의 헌신적인 사랑과 희생에 고개가 절로 숙여진다.

고등학교 교장선생님으로 정년퇴직을 하신 뒤에 문단활동을 하시면서 써 모으신 글을 한 권의 책에 담아내시려고 애쓰신 아버지를 존경한다. 특히 시인·수필가로서 후손들에게 숭앙을 받는 할아버지로 남기 위한 교훈이 담겨져 있어서 값지다.

드디어 시집과 수필집, 두 권의 책으로 출간되어 아버지의 염원이 이루어진바 자식으로서 매우 기쁘고 자랑스럽다.

평생을 그렇게 살아오셨지만, 아버지의 글 사랑과 건강을 뒷받침해 오신 어머니의 헌신에도 감사드린다. 또한 우리 자손들을 위해 아파트 뒷산에 텃밭을 일구시고, 청정 유기농 야채들을 힘들여 가꾸어 건강까지 챙겨주신 어머님께도 깊은 감사의 말씀을 드린다.

- 막내아들, **신병태**

사랑하는 우리 외할아버지

나의 이름은 '鞠 은송이'이다. 누군가에게 나의 이름을 들려주었을 때에 "어머, 아주 아름다운 이름이네요." 라고 반응한다. 이렇게 아름다운 이름은 국문학을 전공하시고 한글을 사랑하시는 외할아버지께서 애써 지어주신 아주 소중한 이름이다. '은은한 꽃송이처럼 모든 사람들을 즐겁게 하고 향기로운 사람이 되라'는 아주 아름답고 멋진 뜻을 갖고 있다. 더구나 모음 'ㅡ, ㅗ, ㅣ'가 잘 어울려 어감이 부드러워 부르기가 쉬어 좋다.

나는 은송이라는 이름으로 22년을 살면서 사람들의 머릿속에 깊이 새겨져 뚜렷하게 기억될 수 있었다. 학창생활을 하면서 이름으로 인한 많은 혜택도 입었다. 예를 들면 수상대상자를 가리려는데 차이가 거의 없을 때 이왕이면 예쁜 은송이가 뽑히는 일 따위다.

이 글을 쓰며 다시 한 번 외할아버지께 감사의 말씀을 드린다.

존경하고 사랑하는 외할아버지에 관한 추억 하나를 떠올려본다. 내가 초등학교 2학년 겨울방학 때였다. 어머니(외할아버지의 둘째딸)께서 중이염

치료의 일환으로 단식원에 들어가시자 나와 오빠는 외갓집에서 생활하게 되었다. 18일 동안 외할머니가 직접 재배한 유기농 먹거리와 외할아버지의 식사 시 예절교육은 나의 몸과 마음을 더욱 건강하게 만들 수 있었다. 사실 인스턴트와 과자에 길들여진 어린이 입맛에 외할머니의 야채와 이름 모를 풀들, 외할아버지의 예절 교육은 나와 오빠를 힘들게 했다. 하지만 외할머니의 밭에서 즐겁게 뛰어 놀 수 있었고 농작물들을 가꾸는 일이 쉽지 않다는 것을 깨닫게 되었다.

또한 외할아버지께서는 식탁예절로, 어른들이 먼저 수저를 들고 식사를 시작한 뒤에 아랫사람들이 따라서 수저를 드는 것이 예절이라고 가르쳐 주셨다. 젓가락질의 중요성과 올바른 방법도 일러주셨다. 그때 배운 젓가락질이 사람들과의 식사자리에서 부러움을 받았다. 그렇게 외할머니와 외할아버지와의 18일은, 나와 오빠를 예쁘게 살이 오르게 해주셨고, 그 동안 오빠는 키가 5센티 정도나 컸었다.

지금 이 글을 쓰며 회상해 본다. 그 때 외갓집에 가서 생활하지 않았더라면 지금의 나는 어땠을까. 성인인데 젓가락을 쥐는 모습은 서툴고, 밥상에서의 예절을 몰랐더라면 지어주신 예쁜 이름처럼 살 수 있었을까?

나는 외할아버지의 첫 번째 시집과 수필집 출간을 진심으로 축하드린다. 앞으로도 시인으로서 수필가로서 멋진 문단활동을 하실 수 있도록 응원해 드리고 싶다. 끝으로 매년 명절 때면 들을 수 있는 외할아버지의 뜻 깊은 덕담처럼 외할아버지의 글이 많은 사람들에게 마음의 양식이 되었으면 좋겠다. 80이 넘은 나이에도 젊은이들이 하는 SNS를 하시고, 옷차림이 깔끔하고 멋스러우시며, 글로 무엇이든 표현해 내는 멋진 우리 외할아버지께서 오래오래 내 옆에 계셨으면 좋겠다.

- 외손녀, **국은송이**

할아버지가 지으신 책은 우리들의 보배

사랑하는 할머니와 할아버지, 저와 종관이를 보시면 쓰다듬어 주시며, "그 동안 훌쩍 컸구나. 너희가 어느새 15살 13살이라니, 참으로 세월이 빠르기도 하다."고 하시지요. 그 말씀에는 저희가 대견하기도 하지만, 한편으로는 할아버지와 할머니도 그 동안 많이 늙으셨음을 안타까워하시는 뜻도 들어 있잖아요. 그렇지요? 지금은 100살까지 오래오래 사는 세상이라고 하데요. 몸 관리를 잘하셔서 건강하게 100살까지 사셔야 해요. 저희가 장성해서 시집·장가들면 증손주도 보시고요. 네? 사랑하는 우리 할머니 할아버지!

할아버지~ 이번에 시·수필집을 펴내게 되셔서 축하드려요. 책 나오면 잘 읽고 책 속의 가르침을 평생 동안 잘 익히고 실천할게요.

할머니! 남달리 뛰어난 유기농의 솜씨로 갖가지 채소와 과일을 가꾸어 택배로 보내주셔서 잘 먹고 있어요. 감사해요. 사랑해요.

저희 가족이 중국에서 귀국한지도 벌써 3년이 돼가고 있어요.

아빠는 올해 47세, 엄마는 44세랍니다. 제 이름은 슬기나라고 하며 15살의 중2입니다. 제 귀여운 남동생은 13살이며 초등 6학년이랍니다. 저희 부모님께서는 우리 남매를 지극히 사랑해 주십니다. 항상 맛있는 음식을 만들어 주시고, 제가 가고 싶은 곳, 갖고 싶은 것, 하고 싶은 일을 말씀드리면 서슴없이 들어주셔서 늘 감사하게 생각하고 있습니다. 감사한 마음으로 공부도 열심히 하고 집안일도 시간 나는 대로 도와드리려고 노력합니다.

오순도순 평화롭고 행복하게 사는 우리 가족의 대화 한 토막을 여기에 올릴게요.

아빠 : 중국에서 오랫동안 살던 끝이라 한국의 생활환경에 맞추어 나가기 힘들 줄 알았는데 너희 남매가 잘 적응해줘서 고맙구나. 사랑해~

엄마 : 자기 할 일을 스스로 척척 잘해내는 우리 딸, 아들! 고맙고 대견하고 사랑스러워. 앞으로 더 행복하게 파이팅!!

동생 : 엄마 말도 더 잘 듣고 싸우지 말자 누나야~ 이따금 라면도 끓여 주고 여러 가지를 챙겨줘서 고마워.

종관아 : 우리 싸우지 말고 잘 지내자. 그리고 엄마, 아빠께 : 제가 잘못한 게 있어도 혼내지 않고 좋은 말로 타일러 주셔서 늘 감사해요. 사랑해요.

– 막내 손녀, **신슬기나**

가헌嘉軒 신극주辛克洲의 수필집 상재에 붙여

- 수필집 『도둑술 이야기』를 중심으로

장 정 식

(수필가 · 한국수필가협회 부회장)

가헌嘉軒 신극주辛克洲 문우가 교직에서 정년퇴임을 한 한참 후에야, 산수傘壽를 지나 미수米壽를 바라본 나이에 수필집 「도둑술 이야기」를 상재하게 되었다.

산수를 지난 연령에서 수필집 처녀출판을 한다니 늦깎이도 너무 늦다는 생각이 앞선다. 그러나 이 나이에 이르러 글 쓰는 노작勞作을 그토록 심히 했다는 열정에 우선 놀라며 존경이 앞선다.

가헌嘉軒 신극주와 나는 같은 교과의 전공자로서 전남도 단위 중등학교 국어과 교사로 임용된 후 정년퇴임을 맞을 때까지 교육자로서 흔들림 없이 박봉의 외길을 살아왔다. 동시대의 연배로서 격동의 한 시대의 어려움을 극복하며, 교단을 지켜온 그와 나는 동도同途의 동지로서 정의상통情意相通한 처지였다.

내가 아는 바 신극주는 국문학을 전공한 문학도로서 일찍이 문학 창작활동에 열의를 쏟았으면 오늘날 출중한 문학 대가로서 추앙을 받을 재사이다. 그러나 그는 교편을 들면서 우선 눈앞에 보이는 학생(제자) 이외에는 한눈팔 겨를이 없었다. 어떻게 가르쳐야 저 알토란처럼 찰찰한 제자들, 신추알처럼 초롱초롱한 눈빛으로 나를 주목하고, 내 강의를 경청하고 있는 저들을 출군出群한 인재로 길러낼 것인가에만 전념했다. 그러느라 거의 정년에 이르기까지 자기 전공인 문학의 향수에는 마음 쓸 겨를이 없었다. 그렇게 살아온 교단의 정년에 이르러서야 자기 재능의 본질을 찾아 작품활동을 시작한 것이 시와 수필이었다. 이른 바 문단의 늦깎이로 수필과 시로써 문단의 추천을 완료하고 시인과 수필가로서 창작활동에 매진했다.

뿐만 아니라 퇴직한 노령에도 창작활동에 도움이 되는 컴퓨터의 연수에도 각고의 노력으로 워드프로세서 기능을 임의로 활용할 수 있는 탁월한 능력을 갖추었다.

신극주는 문단에 등단한 후 불타는 노익장의 열정으로 시와 수필을 꾸준히 창출했다. 무턱대고 글을 쓰는 것이 아니라 문학도의 초년생 못지않게 창작의 지력知力을 다지기 위해 다방면으로 지식 기반을 다졌다. 그러기 위한 독서를 밤낮 없이 했다. 수필을 40대 이후의 문학이라고 함은, 수필이 인생의 지성을 기반으로 한 내적 체험과 다양한 경험을 아우른 인생관과 세계관에 의한 논리적 감성의 조화를 요구하기 때문이다.

신극주의 수필은 그의 지성의 총량이 수필의 나이에서 여과된 정수精髓의 온축蘊蓄된 것이라 할 것이다. 그렇게 다듬어진 작품이 70여 편의 방대한 묶음으로 상재되어 겸허한 자세로 세상에 얼굴을 내놓게 되었다.

· 가헌嘉軒 신극주 수필의 모습

신극주의 수필은 우선 다양하고 광범위한 소재가 작품의 면면을 묘사하고 있다. 그러나 그것들이 소잡하거나 산만하지 않은, 다듬어진 서정적 모습으로 주제의 형상화에 집약되고 있다.

포괄적으로 말하면 신극주의 수필은 큰 대궐의 대문이 잠겨진 그 안에 수필의 모든 컨텐츠가 구석구석 가득 쌓여 있는 것이 대문의 키를 열고 밖으로 표출되어 사회화의 수필로 재구성을 이루는 것이라고 비유한다면 타당한 비유가 될는지 조심스럽게 이르는 말이다.

어느 평론가가 수필의 특성을 규정하면서 "수필은 일반적으로 사전에 어떤 계획이 없이 어떤 형식의 구애도 받지 않고, 자기의 느낌, 기분, 정서 등을 표현하는 산문 양식의 한 장르이다. 그것은 무형식의 형식을 가진 시도로서 비교적 짧으며 개인적이고 서정적抒情的인 특성을 지닌 산문이라 할 수 있다." 라고 하여 수필을 단순히 논평했다는 것은 수필을 문학적 단면에서 말한 단순규정에 불과하다고 할 것이다.

수필을 흔히 '붓 가는 대로 쓴다'고 하는 말은 옛말이다. 이는 수필의 대가가 한 말이지만 지적 차원이 높은 그들 자신의 겸양에서 한 말이다. 수필도 창작인 이상 지적 수준을 크게 요구함은 말할 나위도 없다. 신극주는 글쓰기에 앞서 지적 탐구에 심혈을 쏟고 있음을 그의 작품 「메마른 어휘 밭갈이」에서도 충분히 깨닫게 된다. 특히 '사전에 어떤 계획이 없이'라고 한 말은 신극주 수필과는 너무도 거리가 먼 이론적 규정이다. 신극주의 수필을 한 편 한 편 어느 것을 들추어도 사전계획 없이 생각난 대로 무턱대고 써진 작품은 찾아볼 수 없다.

신극주의 수필은 삼라만상森羅萬象을 예리한 통찰력으로 관찰한 가운데 심상에 자리 잡은 어떤 작품의 태마가 내적여과를 이루면 그것의 외적 표현을 위해 마음에 굴리며 고민을 했다. 그 고민의 해결을 위해 많은 책을 읽고 자료를 수집하고 소재를 동원했다. 아울러 주제의 선명한 묘사를 시도한 작업이 시작된다. 그런 사고思考의 과정을 거쳐 창출된 신극주의 수필에서는 그 내용상 한자어나 생경한 어휘를 많이 써서 난해하고 지적 과시를 한 점이 있다고 혹자는 지적할 수 있을 것이다. 그러나 그 반면에는 신극주의 문장은 많은 어구를 이용하여 반복, 부언하여 설명을 첨가하면서도 문장 서술이 정확하다. 문장은 열거법의 표현이 상투적으로 사용되고 있으나 그것은 오히려 신극주 문장의 개성이라고 함이 온당하다 할 것이다. 한편 그의 문장이 난해하다고 할 것이나 살펴보면 난해한 문장이 아니다. 한자용어나 생경한 어휘는 사전을 찾아보면 어려운 말이 아닌 일상생활에 의당 활용되어야 할 어휘들이다. 이를 익힘으로써 우리말 어휘 활용의 능력 함양에 도움이 됨은 물론, 지적 식견을 다지는 기반이 될 것이라 생각된다.

이에 신극주는 자기 작품에서 내용의 전개와 문장 서술에서 스스로 장단점을 알고 있다. 그럼으로써 그는 쉬운 말과 간결한 문장 표현의 구사를 위한 쉼 없는 노력을 하는 한편 독자와의 사유思惟의 소통과 이해면에서 친밀해지려고 노력함이 역력하다.

· 신극주의 수필세계

신극주 수필의 개성과 특성을 말하기에 앞서 그의 수필집을 총괄한 결론부터 일별해 본다.

신극주 수필집 「도둑술 이야기」는 수록한 70여 편의 많은 작품을 망라해서 다양한 소재와 많은 고사古事와 소재에 관련된 자료를 참고로 제시해 가면서 한 편 한 편의 작품을 승화된 수필로 재구성 했다. 그것을 초점화 하여 주제를 선명하게 묘사하는데 노력을 집약했다. 그럼으로 인해서 독자로 하여금 해학적이고 풍류가 넘치는 낭만적 정서와 미적 감정이 접목한 지적知的영역에까지 깨달음을 주는 기회를 허락했다.

신극주는 어린 소년시적부터 가계가 넉넉한 가정에서 자랐다. 대를 이어 애주愛酒하는 전통이 남달랐다. 아울러 집안 부줏술이 끊이지 않았다. 집안의 광마루에는 항상 큰 항아리인 3개의 술독에 술이 익고 있었다. 신극주는 어린 나이에도 마을 또래 친구들과 같이 발판을 밟고 올라가 술독에 박아놓은 용수 속에서 청주를 떠마셨다. 멋모르고 마신 술에 취해 정신을 잃기도 했다. 술 마시는 빈도가 자자해진 가운데 성장에 따라 술을 습관적으로 마실 수 있는 애주가가 되었다. 결국 술은 그의 생활의 유일한 벗이 되었다. 따라서 그의 문학은 술과 함께 문학적 낭만 속에 풍류와 해학과 유머가 섞여나는 감성의 정서가 시와 수필로 표출되었다.

신극주의 문학은 술을 풍류로 승화시키는 멋을 부렸다. 그의 문학사상과 인생관의 심층에는 술의 낭만이 잠재해있다. 그가 수필을 본격적으로 쓰기 시작한 창작활동에 열정을 쏟게 된 의지와 욕망의 원천은 술이었다. 술을 바탕으로 한 그의 인생관과 세계관이 확립된 철학이 그의 모든 작품의 베리綱이 된다고 해서 지나친 말이 아니다.

남다른 그의 주도酒道 철학에서 우러난 작품에서 서정적 낭만과 풍류와 해학과 유머 등 비판적 풍자가 조화를 이룬 작품으로서 공감대를 형성하고 있다. 그런 술에 대한 내력을 「도둑술 이야기」를 비롯한 많은 작품에서 다음과 같이 표출하고 있다.

"어린 시절 우리 집 대청마루에는 어른 키 높이의 술항아리 세 개가 놓여 있었는데 사시장철 술항아리에서는 술이 익고 있었다.

부줏술 집안이라서 그랬던지 조상대대로 가양주 빚는 법이 전수되어 왔다. 순하되 독특한 향, 존득거림, 독하지만 달보드레하고 감칠맛 나는 술맛으로 해서 소문이 나 있었다. …(중략)

초등학교 3, 4학년쯤으로 기억된다. 하루는 집안에 어른들이 없는 틈을 타 한 살 터울의 재종형과 함께 …(중략) 용수 속의 청주 한 대접씩을 떠내서 마셔버렸다. 몰론 크게 취해서 정신을 잃었지만 난생 처음 술이었고 몰래 마셨기에 '도둑술'이 된 것이다. 나의 술 편력은 이렇게 시작되었다.

…(중략)

중학교 2, 3학년쯤 되었을 무렵이다. 주말이나 공일 같은 때는 공부한다는 핑계로 친구들을 집에 몰고 와서 예의 술독에서 퍼낸 강술을 겁 없이 마시고는 크게 취해 고성방가로 동네를 시끄럽게 한다든가 마을 주막집을 송두리 채 세내어 막걸리 술독을 거덜 내는 일도 서슴치 않았다.

대학시절에는 등록금 등 학비보다 술값으로 지불하는 돈이 더 많아서 부모님의 속을 썩이기도 했다. …(중략)

교직에 나아가 학생들을 가르치는 입장이 되니 술을 조심스럽게 마시지 않을 수 없었다. 퇴근 후에 동료들과 어울려 마실 때면 과음하게 마련이다. 그러나 그럴 때일수록 정신을 가다듬고 새벽같이 일어나 수업준비를 끝내고 출근을 한다. 술이 덜 깬 상태에서 열강을 하다 보면 어느새 말끔히 깨게 된다. 교직 초창기에는 이 같은 열강으로 학생들은 물론 학부모로부터 칭송을 받기도 했으니 술버릇의 바람직한 진화라 하겠다. …(중략)

삶과 애환이 깃들어 있는 나의 애주 일생을 애써 미화한다면 '숨을 쉬듯 마시고 물속을 헤엄치듯 술잔 속에서 유영했던 술의 일생'이었다고 단언할 수 있겠다. –「도둑술 이야기」 중에서

그러나 신극주의 술은 마시고 취하는 것으로 끝난 게 아니다. 떳떳하고 당당하게 마시지 못한 도둑술이지만 어린 나이의 낭만도 있었고 술을 풍류로 승화시키는 멋을 부리기도 했다. 월하독작月下獨酌의 시선詩仙 이

백李白이나 장진주사將進酒辭의 송강松江 흉내를 낸답시고 풍광 좋은 요월정邀月亭 이나 황룡강가를 찾아가 시회를 열고 시편을 음영하는 흥겨움에 젖기도 했다.

시선 이백李白은 술을 풍류하여 됫술은 통대도通大道 하고 말술이면 합자연合自然 이라고 예찬했다. 그런 이백에 버금갈 정도로 술을 음영吟詠한 신극주였으니, 그의 문학이 과연 자연과 인간을 넘나드는 풍류의 극치라 하여 이 어찌 과찬이라 하랴. 이와 같이 소년 시절부터 이미 주도를 터득하기 시작한 신극주는 생애를 통해서 술에 달관한 그의 술이 어찌 선비의 신선놀음이 아니겠는가. 그의 작품 「장어와 게발선인장」에서 그의 말대로 '술을 숨 쉬듯 마시고 물속을 헤엄치듯 술잔 속에서 유영했던' 애주 일생의 짙은 단면을 다음과 같이 토해내고 있다.

"옛 선비 이백李白의 '월하독작月下獨酌' 같은 아취雅趣에는 미치지 못했다 해도 중략- 장진주사將進酒辭의 송강松江과 명정酩酊 40년의 수주樹州 변영로卞榮魯와 호형호제 할만도 하다" -「장어와 게발성인장」 중에서

이와 같이 신극주의 문학은 술과 함께 알차게 승화된 시와 수필의 꽃이다. 신극주는 서정이 꽃필 때면 거기에는 필연코 술이 따랐다. 거나한 술바람에 발현한 아름다운 낭만적 풍류가 수필로 승화된 작품이 그의 수작인 「갈대의 서정」이라 지목된다. 이른바 신극주의 수필은 애주함으로써 풍류와 낭만을 문학적으로 승화시킨 해학과 유머를 담아 수필의 진면목을 체감케 하는 깨달음의 정수精髓라 할 것이다.

다음으로 신극주의 수필은 그냥 심상心想에 영사되는 서정이 붓가는 대로 써진 것이 아니다. 수필을 쓰기 위한 지적 탐구와 천착의 노력에 쉼 없이

열정을 쏟아냈다. 그는 '삼우엘 울만'의 시 「청춘」에 탐닉한 그 안에 울만의 열정이 신극주의 수필에 곰삭은 정열의 화신이라 하겠다.

거듭 말하거니와 수필의 본질은 작자의 내적 나신裸身을 가감 없이 진솔하게 표출함으로써 인생의 본연적 진실을 수필적 감성으로 표현한데서 수필의 생명력을 갖는 것이다. 이러한 그의 지적 탐구는 「달력을 헤아리다」, 「실버독서클럽」, 「줄탁동시(啐啄同時)」, 「참살이」, 「풋풋한 황혼」 등의 작품에서도 잘 나타나 있음을 본다.

요컨대 신극주의 수필은 일찍이 주도酒道를 통해 성숙한 인간의 휴머니티를 바탕으로 한 낭만과 풍류의 문학성이 그의 작품에 고루 침잠되어 있다. 그것을 식지 않은 열정으로 수필이 씌어지기를 기다리기 전에 책을 손에서 놓지 않는 노력을 쉼 없이 하고 있는 것이 그의 작품의 면면에 재미있게 묘사되고 있다. 따라서 그의 작품에는 인간의 암향暗香을 호흡할 수 있는 매혹적인 분위기를 느낄 수 있다.

· 신극주 수필의 감동과 재미

수필의 감동과 재미는 내용의 진실과 순수에 있다.

신극주의 수필에서는 작가 자신의 체험을 거짓 없이 표현하여, 추호의 가식이나 미화를 위한 첨삭이 없는 내면의 진실을 낭만적 감성의 수필로 승화시켰다. 그럼으로써 수필이 주는 감동과 재미와 진지한 맛을 공감할 수 있게 했다.

술에 만취하여 남의 집 두엄자리에서 쓰러져 자기도 하고, 부부가 생활하는 친구의 단칸방에 들어가 정신없이 엎드려 자기도 했다. 술을 끊기로 맹세한 아내와의 약속을 어기고는 마취상태로 아내 앞에서 무릎을 꿇고 땅에 엎드려 용서를 비는, 손을 비볐다는 일 등 자기의 치부를 숨김없이 드러내는 것 까지도 서슴치 않았다. 그러나 그런 행위들이 인간의 원천적 진심에서 우러난, 무릇 인간의 본연에 보편화되기 때문에 수필의 감동과 재미를 유발한 존재가치를 갖는 것이다.

· 신극주 수필의 해학과 유머와 풍류의 조화

수필이 그 작품 내용에서 해학과 유머, 비평과 풍자가 조화를 이루면 수필의 맛은 한층 맛깔스럽게 공감대를 형성하게 된다. 게다가 인간의 향기를 뿜어낸 작품이면 독자의 사랑을 대물림 받는 생명력을 지닐 것이다. 그런 맥락에서 신극주의 수필에서는 일반적으로 해학적 유머와 은근한 풍자적 비판 내용까지를 무리 없이 조화를 이룬 서술적 기교를 부리고 있다. 특히 다음 작품들에서 그 면면을 느끼게 된다.

「도둑술 이야기」, 「떠가는 구름 흐르는 물이여」, 「보리밥의 애환」「불로소득」, 「오방五方 주머니」, 「연애편지」, 「엽목이우쟁론기」, 「회한서린 목소리」 등이 그것이다.

수필문학사 수필선집 400
도둑술 이야기

2015년 10월 15일 초판 인쇄
2015년 10월 20일 초판 발행

지은이 / 신극주
발행인 / 강석호

발행처 / 도서출판 교음사
편집 / 隨筆文學社 出版部

110-775 ·서울 종로구 경운동 88 수운회관 1308호
Tel (02) 737-7081, 739-7879(Fax)
e-mail : goessay@kornet.net
등록 / 제300-2007-52호

* 잘못된 책은 교환해 드립니다. 값 13,000원

ISBN 978-89-7814-670-8 03810